**Textbook-Rallye: So kannst du mit deinem Buch arbeiten | Digital+**

WES-117845-001

## Methodenseite

Auf diesen Seiten werden Methoden für den Unterricht im Fach Geschichte vorgestellt und schrittweise eingeübt. Eine Musterlösung soll dir die Anwendung der Methode verdeutlichen. Die Methode kannst du dann auch auf andere Inhalte anwenden.

## Kompakt und Lerncheck

Jedes Kapitel endet mit einer **Kompaktseite**, auf der die wichtigsten Inhalte und Begriffe zusammengefasst werden.

Mit dem **Lerncheck** kannst du überprüfen, ob du die Kompetenzen erreicht hast. Deine Antworten kannst du mit den Lösungen im Medienpaket vergleichen.

---

### Bildquellen erschließen

**Was sind Bildquellen?**
Bilder, die Menschen in der Vergangenheit angefertigt haben, sind wichtige Quellen. Diese Bildquellen können Gemälde, Zeichnungen, Filme oder auch Fotos sein. Sie geben uns Auskunft darüber, wie das Leben damals ausgesehen hat. Selbst bei fehlenden Erklärungen können wir Bildern Informationen entnehmen. Dazu müssen die Bilder genau betrachtet und analysiert werden. Auch wenn das Bild klar zu erkennen ist, kann nicht immer zweifelsfrei geklärt werden, welche Bedeutung damit verbunden ist.

**Buchmalerei**
Zu Beginn des Mittelalters wurden Bücher noch nicht gedruckt, sondern von Mönchen in Klöstern mit der Hand geschrieben. Mit aufwendig gemalten Bildern wurden diese Handschriften verziert, man schmückte also die Bücher mit Zeichnungen.
Diese Buchmalereien gehören zu den wichtigsten Bildquellen des Mittelalters.

**Schritt 1: Die Entstehung des Bildes klären**
- Wann ist das Bild entstanden?
- Wer hat es gemalt?
- Unter welchen Umständen ist das Bild entstanden?
- Wer war der Auftraggeber? Recherchiere hierzu, falls die Informationen nicht gegeben sind.
- Berücksichtige Zusatztexte, z. B. eine Bildunterschrift.

**Schritt 2: Das Bild beschreiben**
- Beschreibe, was du siehst.
- Welche Farben wurden verwendet?
- Wie sind die einzelnen Teile des Bildes angeordnet? Achte auf die Position der einzelnen Personen bzw. Gegenstände, auf den Vorder- bzw. Hintergrund.

**Schritt 3: Das Bild deuten**
- Welche Bedeutung haben die dargestellten Personen und Gegenstände für die damalige Zeit? Versuche diese historisch einzuordnen.

M1 *Schafzucht (englische Buchmalerei aus dem Lutrell Psalter, um 1340)*

---

## Leben in der Vorgeschichte

### Die Anfänge der Menschheit
Nach heutigen Erkenntnissen der Wissenschaft gab es in Afrika vor über sieben Millionen Jahren die ersten Vormenschenarten. Im Laufe von Millionen Jahren entwickelten sich aus ihnen der Frühmensch, der Altmensch und vor etwa 300 000 Jahren der Jetztmensch, der Homo sapiens. Der bekannteste Altmensch ist der ausgestorbene Neandertaler. Die Wissenschaft hat nachgewiesen, dass er der engste Verwandte des Homo sapiens, also von uns, ist.

### Menschen der Altsteinzeit
Die Zeit von 2,5 Millionen Jahren bis 10 000 v. Chr. wird Altsteinzeit genannt. In diesem Zeitraum hatten die Menschen keinen festen Wohnsitz. Sie zogen umher und lebten von dem, was sie in der Natur fanden. Dazu jagten sie Tiere und sammelten alles Essbare, wie z. B. Pilze, Früchte oder Wurzeln.
Die Steinzeit heißt so, weil die Menschen vorwiegend das Material Stein für ihre Werkzeuge und Waffen benutzten. Das wichtigste Allzweckwerkzeug war der Faustkeil, ein aus Feuerstein scharf und spitz behauener Stein. Im Laufe der Zeit wurden weitere Werkzeuge und Waffen, wie z. B. Axt, Dolch oder Speer, entwickelt.

### Klimaveränderung – neue Lebensweisen
Vor etwa 10 000 Jahren endete die letzte Eiszeit. Mit dem wärmeren Klima änderte sich die Pflanzen- und Tierwelt. Es breiteten sich Laubwälder aus. Tiere wie das Mammut starben aus und neue Tierarten, wie z. B. Rehe, Hirsche, Schafe und Wildschweine, entwickelten sich. Mit dem wärmeren Klima lernten die Menschen Getreide anzubauen und Tiere zu züchten. Sie bauten Häuser, wurden sesshaft und entwickelten neue Geräte, wie z. B. den Pflug, den Webrahmen, das Rad und die Sichel. Die Zeit von 10 000 bis 2500 v. Chr. wird Jungsteinzeit, Neolithikum, genannt und die Veränderungen bezeichnet man als Neolithische Revolution.
Mit der Entdeckung von Kupfererzen, der Herstellung von Bronze und der Eisengewinnung begann eine neue Zeit, die Metallzeit. Dadurch, dass die Menschen jetzt auch Überschüsse von Nahrung produzierten, konnten sich erste Berufe wie Schmiede, Händler oder Bergleute bilden.

Abb. 1 *Die Menschen lebten vom Jagen und Sammeln.*

Abb. 2 *Die Menschen wurden sesshaft.*

**Wichtige Begriffe**
Ackerbau, Altmensch, Altsteinzeit, Bronze, Faustkeil, Frühmensch, Höhlenmalerei, Jagen, Jetztmensch, Jungsteinzeit, Megalithkultur, Neandertaler, Neolithische Revolution, Pflug, Sammeln, Viehzucht

---

**Kompakt/Lerncheck | Digital+**
WES-117845-061

### Entwicklung der Menschheit

**M1** *Achtung, Fehler!*
A Der Homo sapiens entwickelte sich vor sieben Millionen Jahren direkt aus dem Menschenaffen.
B Der Ursprung zum Homo sapiens liegt im heutigen Marokko, in Afrika.
C Neandertaler hatten einen sehr schlanken Körper und waren besonders groß.
D Für die Entwicklung der Gattung Homo war ihre Anpassung an das Klima und die Ausbildung ihres Gehirns entscheidend.
E Die Neandertaler ernährten sich vorwiegend von pflanzlicher Kost und gingen wenig auf Jagd.
F Frauen und Männer der Neandertaler galten als geschickte Jägerinnen und Jäger.

**1** a) Nenne die Fehler in M1.
b) Berichtige die falschen Aussagen im Heft.

### Leben in der Vorgeschichte

**M2** *Vor 400 000 Jahren – eine heutige Rekonstruktion einer Mammutjagd*

**2** a) Beschreibe die dargestellte Szene.
b) Gib der Szene eine passende Überschrift.
c) Du darfst zum ersten Mal mit deinem eigenen Speer zur Jagd gehen. Notiere deine möglichen Gedanken und Gefühle.

### Menschen werden sesshaft

**M3** *Schüttelrätsel*
A E R A C K B A U
B H C V T I E Z U H
C H A U B U S A
D A S A A U S T
E E R E T N
F T I R E H A S U
G C H L E S I
H D U R O N G
I J E L B
J W B E N E
K S T Z E T I E I N G N U J

**Tipp:** Der fett gedruckte Buchstabe ist der Anfangsbuchstabe des gesuchten Begriffs!

**3** a) Bringe die Buchstaben der gesuchten Begriffe in die richtige Reihenfolge.
b) Erklärt euch in Partnerarbeit gegenseitig die Begriffe.

**4** Stelle die Vor- und Nachteile der Lebensformen sesshafter Bauern den umherziehenden Sammlern und Jägern gegenüber.

### Eine neue Zeit – die Metallzeit

**M4** *Speerkopf aus Bronze (etwa 2000 v. Chr.), gefunden in einem Grab (Zypern)*

**5** a) Beschreibe, wie Bronze hergestellt wurde.
b) Vermute, warum der Speerkopf mit in das Grab gelegt wurde.
c) Ein Bauer und ein Schmied unterhalten sich über die Wichtigkeit ihrer Arbeiten. Entwickle ein mögliches Gespräch zwischen den beiden.

Lösungen: *Lerncheck*

**westermann**

Erarbeitet von:

Stefanie Dinter
Denise Gottschild
Alexander Klaehr
Andreas Klingeberg
Ulrike Lohse
Wolfgang Pankratz

# praxis
## Geschichte

BAND 1
NORDRHEIN-WESTFALEN

Mit Beiträgen von: Jan-Niklas Esser, Melanie Eßer, Laura Knoll, Catharina Schmitt

**Vorbereiten. Organisieren. Durchführen.**
BiBox ist das umfassende Digitalpaket zu diesem Lehrwerk mit zahlreichen Materialien und dem digitalen Schulbuch. Für Lehrkräfte und für Schülerinnen und Schüler sind verschiedene Lizenzen verfügbar. Nähere Informationen unter
**www.bibox.schule**

© 2024 Westermann Bildungsmedien Verlag GmbH, Georg-Westermann-Allee 66, 38104 Braunschweig
www.westermann.de

Das Werk und seine Teile sind urheberrechtlich geschützt. Jede Nutzung in anderen als den gesetzlich zugelassenen bzw. vertraglich zugestandenen Fällen bedarf der vorherigen schriftlichen Einwilligung des Verlages. Wir behalten uns die Nutzung unserer Inhalte für Text und Data Mining im Sinne des UrhG ausdrücklich vor. Nähere Informationen zur vertraglich gestatteten Anzahl von Kopien finden Sie auf www.schulbuchkopie.de.

Für Verweise (Links) auf Internet-Adressen gilt folgender Haftungshinweis: Trotz sorgfältiger inhaltlicher Kontrolle wird die Haftung für die Inhalte der externen Seiten ausgeschlossen. Für den Inhalt dieser externen Seiten sind ausschließlich deren Betreiber verantwortlich. Sollten Sie daher auf kostenpflichtige, illegale oder anstößige Inhalte treffen, so bedauern wir dies ausdrücklich und bitten Sie, uns umgehend per E-Mail davon in Kenntnis zu setzen, damit beim Nachdruck der Verweis gelöscht wird.

Druck A[1] / Jahr 2024
Alle Drucke der Serie A sind im Unterricht parallel verwendbar.

Redaktion: Kerstin Graham, Britta Naumann
Umschlaggestaltung/Layout: LIO Design GmbH, Braunschweig
Druck und Bindung: Westermann Druck GmbH, Georg-Westermann-Allee 66, 38104 Braunschweig

ISBN 978-3-14-**117845**-6

Inhalt

## Geschichte – dein neues Fach

| | |
|---|---|
| Was ist Geschichte? | 10 |
| Quellen und Darstellungen | 12 |
| **Projekt** Wir besuchen ein Museum | 14 |
| Vom Fund zum Wissen | 16 |
| Orientierung in der Zeit | 18 |
| Epochen in der Geschichte | 20 |
| **Methode** Eine Zeitleiste erstellen | 22 |
| Meine Familiengeschichte | 24 |
| **Projekt** Wir erforschen unsere Heimat | 26 |
| **Kompakt** | 28 |
| **Lerncheck** | 29 |

Kapitel 1

## Leben in der Vorgeschichte

| | |
|---|---|
| Die Anfänge der Menschheit | 32 |
| Leben vom Jagen und Sammeln | 34 |
| **Methode** Eine Sachquelle erschließen | 38 |
| Werkzeuge, Waffen und Feuer | 40 |
| Der Neandertaler – ein Altmensch | 42 |
| Kunst und Glauben | 44 |
| Das Klima verändert sich | 46 |
| Menschen werden sesshaft | 48 |
| Erfindungen der Jungsteinzeit | 50 |
| **Projekt** Wir arbeiten wie in der Steinzeit | 54 |
| Glauben und Bestattung | 56 |
| Der Beginn der Metallzeit | 58 |
| **Kompakt** | 60 |
| **Lerncheck** | 61 |

Kapitel 2

3

Inhalt

## Das alte Ägypten – eine Hochkultur

| | |
|---|---|
| Ägypten und der Nil | 64 |
| Landwirtschaft am Nil | 66 |
| Die ägyptische Gesellschaft | 70 |
| Methode  Ein Schaubild auswerten | 72 |
| Die Schrift im alten Ägypten | 74 |
| Alltagsleben in Ägypten | 76 |
| Gesellschaftliche Unterschiede | 78 |
| Kindheit im alten Ägypten | 80 |
| Wohnen im alten Ägypten | 82 |
| Der Pyramidenbau | 84 |
| Das Geheimnis der Mumien | 86 |
| Ein Glaube – viele Götter | 88 |
| Methode  Ein Lernplakat erstellen | 92 |
| Expeditionen in die Fremde | 94 |
| Ägypten als Hochkultur | 96 |
| Projekt  Wir entwerfen ein Brettspiel | 98 |
| Kompakt | 100 |
| Lerncheck | 101 |

Kapitel 3

## Das antike Griechenland

| | |
|---|---|
| Städte als kleine Staaten | 104 |
| Methode  Geschichtskarten auswerten | 106 |
| Die Volksherrschaft in Athen | 108 |
| Mitbestimmung nicht für alle | 112 |
| Demokratie damals und heute | 114 |
| Das Alltagsleben der Griechen | 116 |
| Kindheit im antiken Griechenland | 118 |
| Die griechische Götterwelt | 120 |
| Die Olympischen Spiele der Antike | 122 |
| Die Olympischen Spiele der Neuzeit | 124 |
| Wissenschaft und Kultur | 126 |
| Athen als Seemacht | 128 |
| Sparta – die kriegerische Polis | 130 |
| Ein Weltreich entsteht | 132 |
| Projekt  Wir stellen ein Faltbuch her | 134 |
| Kompakt | 136 |
| Lerncheck | 137 |

Kapitel 4

Inhalt

## Das Imperium Romanum

Die Ursprünge Roms .................................. 140
Vom Dorf zum Imperium Romanum .................... 142
Das römische Militär .................................. 144
Die römische Gesellschaft ............................ 146
Die römische Republik ................................ 148
Von der alten zur neuen Ordnung .................... 150
Methode Eine Textquelle auswerten ................. 152
Die Sklaverei im Römischen Reich .................... 154
Die römische Familie ................................. 156
Kindheit im alten Rom ................................ 158
Rom – Hauptstadt des Imperiums .................... 160
Die Straßen des Römischen Reichs ................... 162
Das Leben in Rom ..................................... 164
Projekt Wir gestalten ein Mosaik .................... 170
Projekt Wir bauen Wachstafeln ...................... 171
Die Germanen ......................................... 172
Der Limes ............................................. 176
Römisches Leben in der Provinz ...................... 178
Der Niedergang des Imperiums ....................... 180
Spuren Roms im heutigen Europa .................... 182
Kompakt .............................................. 184
Lerncheck ............................................ 185

Kapitel 5

Inhalt

## Lebenswelten im Mittelalter

| | |
|---|---|
| Die Ständeordnung | 188 |
| Das Lehnswesen | 190 |
| Die Grundherrschaft | 192 |
| Ein König auf Reisen | 194 |
| Ein mächtiger Kaiser | 196 |
| Herrschaft im Mittelalter | 198 |
| Der Investiturstreit | 200 |
| Das Leben auf dem Land | 202 |
| Fortschritte in der Landwirtschaft | 204 |
| **Methode** Bildquellen erschließen | 206 |
| Leben auf einer Burg | 208 |
| Die Welt der Ritter | 212 |
| **Projekt** Wir erstellen einen Podcast | 214 |
| Das Leben im Kloster | 216 |
| **Kompakt** | 220 |
| **Lerncheck** | 221 |

Kapitel 6

## Anhang

| | |
|---|---|
| Hilfen | 222 |
| Arbeitstechniken | 232 |
| Kooperative Lernformen | 234 |
| Textquellenverzeichnis | 238 |
| Bildquellenverzeichnis | 240 |
| Aufgabenstellungen besser verstehen (Operatorenliste) | 241 |

# Inhalt

## Methoden im Überblick

| | |
|---|---:|
| Einen Zeitstrahl erstellen | 28 |
| Eine Sachquelle erschließen | 38 |
| Ein Schaubild auswerten | 72 |
| Ein Lernplakat erstellen | 92 |
| Geschichtskarten auswerten | 106 |
| Eine Textquelle auswerten | 152 |
| Bildquellen erschließen | 206 |

## Projekte im Überblick

| | |
|---|---:|
| Wir besuchen ein Museum | 14 |
| Wir erforschen unsere Heimat | 26 |
| Wir arbeiten wie in der Steinzeit | 54 |
| Wir entwerfen ein Brettspiel | 98 |
| Wir stellen ein Faltbuch her | 134 |
| Wir gestalten ein Mosaik | 170 |
| Wir bauen Wachstafeln | 171 |
| Wir erstellen einen Podcast | 214 |

## Arbeitstechniken im Überblick

| | |
|---|---:|
| Eine Mindmap erstellen | 232 |
| Im Internet recherchieren | 233 |

# Kapitel 1

- *Was ist Geschichte?*
- *Woher stammt unser Wissen von der Vergangenheit?*
- *Wo begegnet uns Geschichte in unserem Alltag?*
- *Wie kann Geschichte zeitlich eingeteilt werden?*

# Geschichte – dein neues Fach

Geschichte – dein neues Fach

*Womit beschäftigt sich das Fach Geschichte?*

**Abb. 1** *Schülerinnen und Schüler nehmen an einem Projekttag auf einer Burg teil. (heutiges Foto)*

# Was ist Geschichte?

### Geschichte und Vergangenheit
In diesem Schuljahr stehen viele neue Unterrichtsfächer in deinem Stundenplan, eines davon ist Geschichte. Aber was verstehen wir überhaupt darunter? Geschichte beschäftigt sich mit dem Leben der Menschen in der **Vergangenheit**. Die Geschichtswissenschaft erforscht dafür das Denken und Handeln der Menschen. Mithilfe von Erzählungen oder Fundstücken können wir uns so Vorstellungen von früheren Zeiten machen. Geschichte ist also unser Bild von der Vergangenheit. Dieses kann allerdings niemals vollständig sein, denn vieles wurde vergessen oder gar nicht überliefert.

### Geschichte im Unterricht
Im Geschichtsunterricht wirst du dich mit dem Handeln und Denken der Menschen in verschiedenen Zeiten beschäftigen. Dabei werden einzelne Ereignisse und Persönlichkeiten oder auch bedeutende Erfindungen ausgewählt und thematisiert. Zeitlich erstreckt sich der Geschichtsunterricht von den Anfängen des Menschen bis in die Gegenwart hinein.

### Bedeutung von Geschichte
Der Geschichtsunterricht vermittelt nicht nur Wissen über die Vergangenheit. Er kann uns auch dabei helfen, die Gegenwart besser zu verstehen, denn die Vergangenheit hinterlässt viele Spuren im Alltag. Du lernst beispielsweise, warum wir bestimmte Feiertage begehen oder welche Funktion einzelne Gebäude in deiner Heimatregion einmal hatten. Zudem kannst du erfahren, wer die Persönlichkeiten waren, nach denen heute zum Beispiel Straßen und Plätze benannt sind. Durch die Beschäftigung mit der Vergangenheit können wir aus Fehlern lernen. Unser Wissen über Geschichte kann uns damit für die Zukunft helfen.

**A** Arbeite den Unterschied zwischen Geschichte und Vergangenheit heraus.
**B** Beschreibe, womit sich der Geschichtsunterricht beschäftigt.
**C** Erkläre die Bedeutung von Geschichte für unser Leben.

Film: *Was ist Geschichte?*

Was ist Geschichte? | Digital+
WES-117845-011

## Geschichte begegnet uns im Alltag

**M1** *Bilder zu Geschichte*

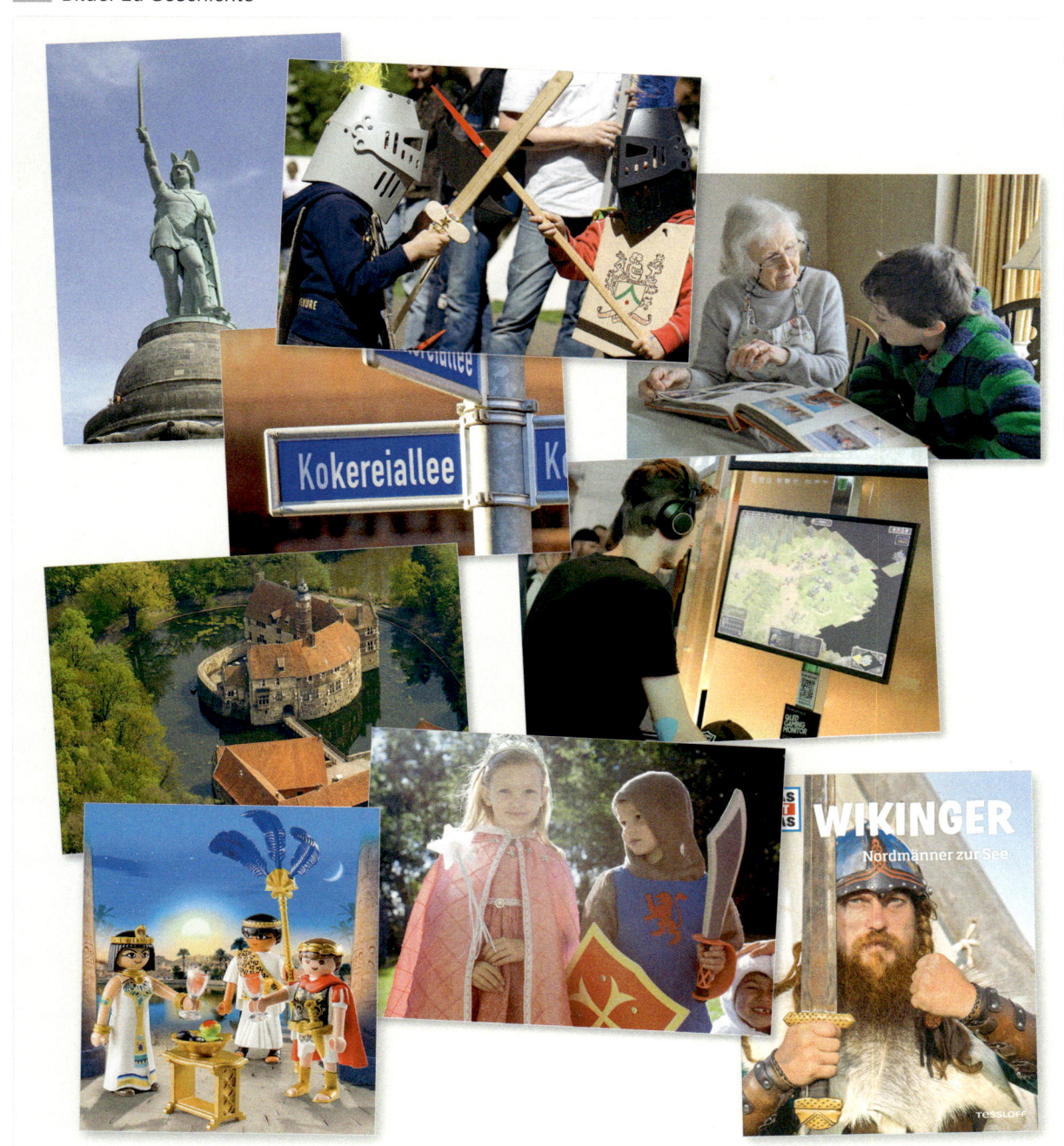

**1 a)** Beschreibt mithilfe der Abbildungen mögliche Berührungspunkte mit Geschichte im Alltag. Placemat
**b)** Ordne die Abbildungen den Kategorien Persönlichkeiten, Freizeit, Gebäude/Orte zu.
**2** Nenne weitere Beispiele dafür, wo dir Geschichte im Alltag begegnet.

Geschichte – dein neues Fach

*Woher wissen wir, was früher war?*

**Abb. 1** *Eine Sammlung verschiedener Quellen*

# Quellen und Darstellungen

### Quellen als Zeugen der Vergangenheit

Unser Wissen über die Vergangenheit erhalten wir aus **Quellen**. Das sind entweder zufällig erhaltene Überreste von früher oder absichtliche Überlieferungen wie z. B. ein Denkmal. Auch heute werden immer noch neue Quellen gefunden, z. B. bei Ausgrabungen. Geschichtswissenschaftlerinnen und Geschichtswissenschaftler untersuchen die Funde und bewerten diese. Dadurch erfahren wir mehr über das Leben der Menschen, z. B. wie sie gewohnt haben oder was sie gegessen haben. Viele Quellen werden in Museen aufbewahrt. Auch in unserem Alltag sind sie zu finden, beispielsweise in Form alter Gebäude oder Fotografien.

### Verschiedene Quellenarten

Quellen werden in verschiedene Quellenarten eingeteilt. Briefe oder Tagebücher beispielsweise zählen zu den **Schriftquellen**. Gemälde, Postkarten oder Fotos werden den **Bildquellen** zugeordnet. **Sachquellen** sind z. B. altes Geschirr oder Münzen. Außerdem gibt es **mündliche Quellen**. Zu ihnen gehören z. B. politische Reden, Volkslieder oder auch Befragungen von Zeitzeuginnen und Zeitzeugen. Nicht immer ist eine eindeutige Zuordnung zu einer bestimmten Quellenart möglich. So kann eine Postkarte sowohl eine Schriftquelle als auch eine Bildquelle sein.

### Darstellungen

Die mithilfe von Quellen gewonnenen Erkenntnisse werden in historischen **Darstellungen** zusammengefasst. Eine solche Darstellung ist z. B. ein Buch über das Leben auf einer Burg oder ein Dokumentarfilm über den Bau der Pyramiden. Eine Darstellung beschreibt also auf Grundlage von Quellen eine bestimmte Zeit oder ein bestimmtes Ereignis und ist zu einem späteren Zeitpunkt entstanden. Darstellungen können sich verändern, z. B. wenn sich unser Wissen von Geschichte durch den Fund neuer Quellen ändert.

**A** Erkläre, was Quellen sind.
**B** Nenne die verschiedenen Quellenarten.
**C** Arbeite Merkmale von Darstellungen heraus.

Film: *Historische Quellen*

**Zeitzeuginnen, Zeitzeugen:** Menschen, die über die Zeit, in der sie leben, berichten
**historisch:** geschichtlich, die Geschichte betreffend

Quellen und Darstellungen | Digital+
WES-117845-013

## Quelle oder historische Darstellung?

**M1** *Unser Wissen über Geschichte erhalten wir aus Quellen und Darstellungen.*

① Fotografie vom Schulanfang
④ Tagebucheintrag
⑦ Geschichtslexikon für Kinder
② Münzen
⑤ Geschichtslehrbuch
⑥ Geschichtscomic
⑧ Höhlenmalerei
③ Dokumentarfilm über das Leben der Ritter
⑨ Erzählung der Großmutter über ihre Kindheit

1 Begründe für die Beispiele ① bis ⑨, ob es sich um eine Quelle oder eine Darstellung handelt.

## Quellenarten

**M2** *Lina hat auf dem Dachboden ihrer Großmutter eine geheimnisvolle Kiste entdeckt. In dieser befinden sich viele verschiedene Dinge aus dem Leben ihrer Großmutter.*

2 Wähle eine Aufgabe aus:
    a) Zähle die Quellen auf, die sich in der Kiste befinden.
    b) Ordne die Quellen der entsprechenden Quellenart zu.
    c) Erläutere, weshalb sich manche Dinge nicht eindeutig einer Quellenart zuordnen lassen.
3 Nenne drei Gegenstände, die du in eine solche Kiste packen würdest.

4 Bringe eine Quelle von zu Hause mit und stelle sie deiner Klasse vor. Marktplatz

# Wir besuchen ein Museum

Unterricht muss nicht immer in deinem Klassenzimmer stattfinden. Gerade für den Geschichtsunterricht lohnt es sich, außerschulische Lernorte wie z. B. ein **Museum** aufzusuchen.

Bei einem Museumsbesuch kannst du dich mit Quellen oder Nachbildungen auseinandersetzen, sodass Geschichte lebendig wird.

In einem Museum werden viele verschiedene Objekte, sogenannte Exponate, ausgestellt und präsentiert. Damit Besucherinnen und Besucher sie auch ohne eine Führung verstehen können, werden sie meist auf Informationstafeln genauer beschrieben. Oft werden aber auch Audioguides oder Führungen, z. B. speziell für Kinder, angeboten.

Die meisten Museen haben sich heute auf den Besuch von Schülerinnen und Schülern eingestellt. Ihr könnt dort basteln, experimentieren oder an Hörstationen Geschichten lauschen.

Ein Museum sorgt für den Schutz und Erhalt der Ausstellungsstücke. Besonders wertvolle Exponate sind sogar mit Alarmanlagen gesichert.

Oft haben sich Museen auf bestimmte Themen spezialisiert, z. B. Heimatgeschichte, Technik oder Kunst. In Freilichtmuseen werden sogar ganze Bauwerke oder deren Überreste ausgestellt.

**Abb. 1** *Eine Schülergruppe im Kölnischen Stadtmuseum (heutiges Foto)*

### Schritt 1: Den Museumsbesuch vorbereiten
- Inhaltliche Vorbereitung:
  Zu welchem Thema soll der Besuch stattfinden?
  Welches Museum eignet sich dafür?
  Bereitet Fragen vor, die geklärt werden sollen.
  Sollen diese einzeln oder in Gruppen bearbeitet werden?
- Organisatorische Vorbereitung:
  Wie sind die Öffnungszeiten?
  Wie viel Zeit benötigt ihr?
  Wie erreicht ihr das Museum?
  Was kostet der Eintritt?
  Werden Schreibsachen benötigt?
  Gibt es besondere Angebote für Schulklassen?

### Schritt 2: Den Museumsbesuch durchführen
- Erkundet das Museum oder nehmt an einer Führung oder an einem Workshop teil.
- Fertigt Notizen zu eurer Fragestellung an.
- Ergeben sich während einer Führung Unklarheiten, stellt Nachfragen an das Personal.
- Haltet die Verhaltensregeln ein.
- Besorgt euch bei Bedarf Informationsmaterialien, fertigt Zeichnungen an oder macht Fotos, sofern dies erlaubt ist.

### Schritt 3: Den Museumsbesuch auswerten
- Tauscht euch in der Klasse über eure persönlichen Eindrücke und fachlichen Erkenntnisse aus. Das könnt ihr im Gespräch oder mithilfe eines Feedbackbogens machen.
- Dokumentiert und präsentiert euren Museumsbesuch. Einigt euch dafür auf eine Präsentationsform, z. B. Gestaltung einer eigenen Ausstellung, eines Museumkatalogs, eines Steckbriefs oder Plakats, Verfassen eines Berichts für die Schülerzeitung oder die Schulhomepage, Erstellen eines Quiz oder einer Museumsrallye.
- Ihr könnt z. B. auch einzelne Ausstellungsstücke, die ihr im Museum gesehen habt, vorstellen.

## Aufgaben und Möglichkeiten eines Museums

**M1** *Ein Museum nimmt viele Aufgaben wahr.*

**vermitteln und informieren**
Objekte erklären

**sammeln**
Objekte aus einer bestimmten Zeit oder zu einem Thema zusammentragen

**Museum**

**bewahren**
Funde vor Verfall schützen, restaurieren und erhalten

**forschen**
Objekte wissenschaftlich untersuchen und beschreiben

**präsentieren**
Vorträge und Führungen anbieten

**M2** *Museum ist nicht gleich Museum.*

*Der Archäologische Park Xanten als Beispiel für ein Freilichtmuseum (heutiges Foto)*

*In einigen Museen werden die Besucherinnen und Besucher aktiv mit einbezogen. (heutiges Foto)*

**1** Erkläre mithilfe von M1 Aufgaben eines Museums.
**2** Beschreibe anhand von M2 mögliche Besonderheiten eines Museums.

## Tipps für euren Museumsbesuch

**M3** *Wie verhalte ich mich im Museum?*

1. Schauen ja, …
2. Gib deine Jacke und Tasche …
3. Iss und trink …
4. Stell dein Handy …
5. Frag nach, ob du fotografieren darfst. …
6. Unterhalte dich …
7. Renne und …
8. Wände sind …
9. Leiste den Anweisungen …

a … keine Schreibunterlagen!
b … an der Garderobe ab!
c … anfassen, nein!
d … leise!
e … des Personals Folge!
f … lautlos!
g … drängle nicht!
h … nichts in der Ausstellung!
i … Fotografiere nur ohne Blitz!

**3** Formuliere Verhaltensregeln für einen Museumsbesuch. Ordne hierfür die richtigen Satzteile in M3 zu.

**4** Führt einen Museumsbesuch entsprechend der Schrittfolge durch.
**5** Nenne Vorteile eines Museumsbesuchs für den Geschichtsunterricht. Bienenkorb

Geschichte – dein neues Fach

*Welche Bedeutung hat die Arbeit von Archäologinnen und Archäologen für unser Wissen von der Vergangenheit?*

**Abb. 1** *Eine Archäologin legt ein über 1000 Jahre altes Skelett frei. (heutiges Foto)*

# Vom Fund zum Wissen

### Die archäologische Arbeit

Archäologinnen und Archäologen erforschen die Vergangenheit. Der Begriff **Archäologie** leitet sich von den griechischen Wörtern archaios für alt und lógos für Lehre ab. Archäologie ist also die Lehre von den alten Dingen. Mithilfe von ausgegrabenen Sachquellen, z. B. Münzen, Knochen oder Werkzeugen, versucht sie herauszufinden, wie die Menschen in früheren Zeiten gelebt haben.

Es wird jedoch nicht einfach losgegraben. Für mögliche Grabungsstellen wird sich oft im Zusammenhang mit Bauarbeiten entschieden. Manchmal finden Grabungen auch an Stellen statt, wo aus wissenschaftlicher Sicht Funde vermutet werden, z. B. auf einem Feld. Meist wurden zuvor aus einem Flugzeug Fotos vom Boden gemacht. Auffällige Verfärbungen von Pflanzen oder Muster im Boden können dabei Hinweise auf eine verborgene Fundstelle geben. Archäologische Funde helfen, Vermutungen über die Vergangenheit zu bestätigen und neues Wissen zu erlangen.

### Die Deutung von Funden

Damit aus einem Fund Wissen erlangt werden kann, muss er genau untersucht werden. Das geschieht häufig im Labor. Unterstützung gibt es dabei von Fachleuten aus anderen Wissenschaften, z. B. solchen, die sich mit alten Sprachen oder Münzen auskennen. Geschichtswissenschaftlerinnen und Geschichtswissenschaftler werten die Funde aus und verwenden sie für ihre Forschung. Sie werden auch **Historikerinnen** und **Historiker** genannt.

Funde, die nicht in einem Museum oder Archäologischen Park ausgestellt werden, werden in einem Depot gelagert. Hier herrschen oft besondere klimatische Bedingungen. Wichtige Schriftquellen werden in einem **Archiv** aufbewahrt.

**A** Erkläre den Begriff Archäologie.
**B** Beschreibe, wie aus einem archäologischen Fund neues Wissen erlangt werden kann.
**C** Nenne den Zweck von Museen und Archiven.

**Vom Fund zum Wissen | Digital+**

WES-117845-017

## Die Arbeit der Archäologinnen und Archäologen

**M1** *Für die Schülerzeitung befragt Luis einen Archäologen über seine Arbeit. Dabei ist ihm jedoch einiges durcheinandergeraten.*

Ⓐ Manchmal wird die Oberschicht der Erde zuerst mit einem Bagger abgetragen.

Ⓑ Nachdem sein ursprünglicher Zustand wiederhergestellt worden ist, kannst du es in einem Museum bestaunen.

Ⓒ Meine Arbeit beginnt nach dem Eintreffen an der Fundstelle. Diese kann z. B. zufällig auf einer Baustelle in der Stadt oder auch geplant mitten auf einem Feld sein.

Ⓓ Danach versuche ich den Fund vorsichtig zu bergen.

Ⓔ Anschließend trage ich die Erde langsam Schicht für Schicht ab. Um nichts zu beschädigen, benutze ich dafür z. B. Pinsel, Kratzer, Schaufeln und Kellen.

Ⓕ Im Labor untersuche ich den Fund genauer und werte ihn aus. Damit versuche ich unter anderem sein Alter und seinen Verwendungszweck zu bestimmen.

Ⓖ Bin ich dann auf einen Fund gestoßen, dokumentiere ich ihn ganz genau. Dazu vermesse und beschreibe ich ihn, erstelle Zeichnungen und Fotografien. Auch den Fundort dokumentiere ich.

**1** Ermittle die Arbeitsschritte bei einer Ausgrabung. Bringe dafür die Textabschnitte Ⓐ–Ⓖ in die richtige Reihenfolge. Think – Pair – Share

Film: *Über die archäologische Arbeit*

## Fundschichten im Boden

**M2** *Die Lage im Erdreich kann Hinweise auf das Alter der Funde geben.*

## Erkenntnisse aus Luftaufnahmen

**M3** *Eine Luftbildaufnahme aus dem Landkreis Düren*

*An den Stellen, an denen einst zwei römische Wachtürme standen, wachsen die Pflanzen anders.*

**2** Wähle eine Aufgabe aus:
 **a)** Beschreibe die Abbildung M2.
 **b)** Erkläre den Zusammenhang zwischen der Grabungstiefe und dem Alter der Funde.

**3** Erläutere die Bedeutung von Luftbildaufnahmen für die Archäologie.

Geschichte – dein neues Fach

*Wie haben die Menschen früher die Zeit gemessen?*

**Abb. 1** *Sonnenuhr am Schloss Neukirchen (heutiges Foto)*

# Orientierung in der Zeit

### Die Einteilung der Zeit

Spätestens mit dem Beginn des Ackerbaus begannen die Menschen die **Zeit** einzuteilen. Dafür nahmen sie Natur- und Himmelserscheinungen zu Hilfe. Daraus sind schließlich Bezeichnungen für die Tages- oder Jahreszeiten entstanden. So wurde z. B. die Zeit zwischen Sonnenauf- und Sonnenuntergang als Tag bezeichnet, die Zeit bis zum erneuten Aufgang der Sonne als Nacht. Bereits vor ungefähr 5000 Jahren besaßen manche Kulturen einen Kalender. Immer wenn ein bestimmter Stern erschien, begann für sie ein neues Jahr. Anhand ihrer Beobachtungen legten sie die Dauer eines Jahres auf 365 Tage fest.

### Die Messung der Zeit

Um ihr Leben und vor allem um die Landwirtschaft zu organisieren, entwickelten die Menschen Möglichkeiten der Zeitmessung. Dies war ihnen schon vor der Erfindung moderner Uhren möglich. Mithilfe von Geräten wie z. B. der Sonnenuhr konnten sie die Tageszeit genauer messen. Durch die Entwicklung der Wasseruhr oder Sanduhr gelang es, einzelne Zeitabschnitte zu messen. So konnten sich die Menschen schon vor Tausenden Jahren zeitlich orientieren.

### Unsere Zeitrechnung

Damit wir uns besser in großen Zeitspannen orientieren können, zählen wir die Jahre. Unsere **Zeitrechnung** beginnt mit dem Jahr 1 nach der vermuteten Geburt von Jesus Christus. Die Zeit davor wird als Zeit vor Christus bezeichnet und die Jahre werden rückwärts gezählt. Diese Jahreszahlen werden mit der Abkürzung **v. Chr.** versehen. Alle darauffolgenden Ereignisse werden der Zeit nach Christus zugeordnet und **n. Chr.** abgekürzt. Die Jahre werden dabei fortlaufend gezählt.

### Jahre und Jahrhunderte

Unsere Zeit wird nicht nur in Jahre eingeteilt. Einzelne Jahre können in Jahrzehnte, Jahrhunderte oder sogar Jahrtausende zusammengefasst werden. Ein Jahrhundert, abgekürzt **Jh.**, umfasst einen Zeitraum von 100 Jahren. So bilden die Jahre 1 bis 100 das 1. Jh. oder die Jahre 2001 bis 2100 das 21. Jh.

**A** Nenne Gründe, warum die Menschen begannen, die Zeit einzuteilen und zu messen.
**B** Erkläre die Abkürzungen v. Chr., n. Chr. und Jh.
**C** Arbeite Merkmale unserer Zeitrechnung heraus.

## Das Zeitmessen

**M1** *Über die Entstehung der Uhrzeit (Beitrag des Deutschen Historischen Museums, 2016)*

[...] eine exakte Uhrzeit spielte für unsere Vorfahren [...] sehr lange keine Rolle. Man orientierte sich grob an natürlichen Abläufen wie dem Stand der Sonne und verabredete sich einfach zum Hahnenschrei am
5 Morgen [...]. Die strenge Gliederung des Tages nahm ihren Ursprung in den Klöstern, wo das Läuten der Stunden den Mönchen den Takt für Gebet und Arbeit vorgab. Diese Praxis ging auf die Städte über, in denen öffentliche Stundenglocken zum Beispiel
10 das Signal für das Öffnen und Schließen der Stadttore gaben. [...] Der Weg zur exakten Stunde begann erst ab dem 14. Jahrhundert, als sich mechanische Uhr- und Schlagwerke von Italien aus in ganz Europa verbreiteten. [...] [Sie] wurden im Laufe der
15 Jahrzehnte genauer – nur gingen sie von Stadt zu Stadt anders. Wenn die Uhr in Köln die vierte Stunde schlug, konnte es in Düsseldorf bereits die sechste sein [...]. Der Bedarf nach einer [...] [einheitlichen] Zeit für alle entstand erst ab dem 18. Jahrhundert, als
20 Verkehr und Handel stark zunahmen.

**M2** *Im Verlauf der Menschheitsgeschichte entwickelten sich die Möglichkeiten der Zeitmessung weiter.*

**1** Beschreibe die Bedeutung der Uhrzeit im Verlauf der Geschichte (M1). Bushaltestelle
**2** Nenne Möglichkeiten der Zeitmessung in der Geschichte (M1, M2).

## Unsere Zeitrechnung

**M3** *Darstellung unserer Zeitrechnung in einer Zeitleiste*

| ... 201 | 200 ... 101 | 100 ... 1 | 1 ... 100 | 101 ... 200 | 201 ... 300 | 301 ... 400 | ... | 1901 ... 2000 | 2001 ... |
|---|---|---|---|---|---|---|---|---|---|
| 3. Jh. | 2. Jh. | 1. Jh. | 1. Jh. | 2. Jh. | 3. Jh. | 4. Jh. | ... | 20. Jh. | 21. Jh. |

vor Christi Geburt (v. Ch.) | nach Christi Geburt (n. Ch.)

**M4** *Was geschah in welchem Jahrhundert?*

| 356 v. Chr. | 27 v. Chr. | 391 | 486 |
|---|---|---|---|
| Der spätere griechische Herrscher Alexander der Große wird geboren. | Die römische Kaiserzeit beginnt. | Das Christentum wird Staatsreligion im Römischen Reich. | Die Franken siegen über die Römer. |

**3** Gib mithilfe von M3 das jeweilige Jahrhundert an, in dem die Ereignisse aus M4 stattgefunden haben.

Geschichte – dein neues Fach

*Wie lässt sich Geschichte zeitlich einteilen?*

**Abb. 1** *Neu und alt – das Museum Ludwig und der Dom in Köln (heutiges Foto)*

# Epochen in der Geschichte

### Zeitabschnitte in der Geschichte
Die Menschheitsgeschichte wird in große Zeitabschnitte – **Epochen** – eingeteilt. Bestimmte Ereignisse und Merkmale prägen diese. Die Übergänge sind fließend. Das heißt, die eine Epoche endet nicht plötzlich und die andere beginnt nicht sofort. Zudem gibt es von Land zu Land Unterschiede. Je nach Region verlief Geschichte anders und so ist auch die Epocheneinteilung verschieden.

### Die Vorgeschichte
Die erste und längste Epoche der Menschheitsgeschichte wird auch als Vorgeschichte bezeichnet. Sie begann vor über 2,5 Millionen Jahren in Afrika. Aus dieser Zeit sind nur Sachquellen überliefert, denn Schrift war den Menschen noch nicht bekannt.

### Die Frühgeschichte
Die Entwicklung der Schrift, z. B. durch die alten Ägypter um 3000 v. Chr., markiert den Übergang in die Epoche der Frühgeschichte. Sie endet ungefähr um 500 v. Chr.

### Die Antike
Griechenland und später das Römische Reich wurden groß und mächtig. Deshalb wird auch von der griechischen und römischen Antike gesprochen. Dieser Zeitabschnitt dauerte von 800 v. Chr. bis 500 n. Chr.

### Das Mittelalter
In der Zeit zwischen 500 und 1500 war in Europa der christliche Glauben sehr wichtig. Außerdem wurden in dieser Zeit Burgen zu bedeutenden Orten des Schutzes und des Handels. Die Entstehung von Städten prägte ebenso diese Zeit.

### Die Neuzeit
Die Epoche der Neuzeit begann um 1500 und dauert bis heute an. Kennzeichen sind neue Erfindungen, die Entdeckung neuer Gebiete durch die Europäer sowie ein enormer Fortschritt in Wirtschaft und Wissenschaft.

**A** Erkläre den Begriff Epoche.
**B** Beschreibe die einzelnen Geschichtsepochen mit je zwei Aussagen.

**Epochen der Geschichte**

**M1** *Ereignisse und Überreste aus der Vergangenheit lassen sich einer bestimmten Epoche zuordnen.*

① *Die Statue von Ramses II., der von 1290 bis 1224 v. Chr. in Ägypten herrschte.*

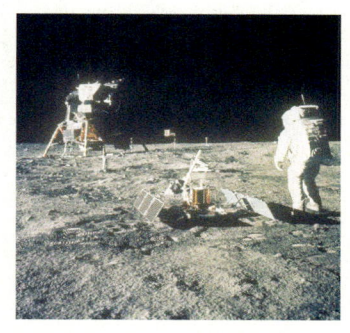

② *Die erste Mondlandung erfolgte im Jahr 1969.*

③ *Die Höhlenmalereien in der französischen Chauvet-Höhle sind über 30 000 Jahre alt.*

④ *Die Burg Altena im Sauerland wurde im 12. Jahrhundert erbaut.*

⑤ *Ab 70 n. Chr. begann der Bau des Kolosseums in Rom.*

**M2** *Die Historikerin Anja Kircher-Kannemann schrieb 2019 über die Probleme bei der Einteilung von Geschichte in Epochen*

Das mit den Epochen ist immer wieder ein leidiges Thema, denn woran soll man sie festmachen? Aber andererseits braucht man ja auch irgendeine Einteilung, so sind wir Menschen nun mal: Wir
5 möchten Kategorien haben, Schubladen, in die wir Dinge hineinstecken können. Das gilt auch für die Geschichte. Aber gerade bei der Einteilung der Geschichte in Epochen ist es schwierig, denn nicht überall verlief Geschichte gleich, da gibt es deutliche
10 Unterschiede nicht nur von Kontinent zu Kontinent, sondern teilweise auch von Land zu Land. Zwangsläufig also stößt man auf ein erhebliches Problem, wenn man „die Geschichte" in Epochen einteilen möchte. Ein Chinese wird die Weltgeschichte
15 durchaus völlig anders sehen und einteilen als etwa ein Franzose.

**1** Ordne die Abbildungen ① bis ⑤ in M1 der entsprechenden Epoche zu. Stühletausch
**2** Erkläre mithilfe von M2, warum die Einteilung von Geschichte in Epochen kritisch betrachtet wird.
**3 a)** Erstelle eine Übersicht zu den Geschichtsepochen.
   **b)** Ergänze jeweils zwei weitere Kennzeichen, Erfindungen oder Persönlichkeiten für jede Epoche. Nutze dafür dein Vorwissen, Nachschlagewerke oder eine Internetrecherche.

Methode

# Eine Zeitleiste erstellen

Mithilfe einer **Zeitleiste** können geschichtliche Ereignisse geordnet und dargestellt werden. Sie kann uns also dabei helfen, Geschichte zu veranschaulichen. Eine Zeitleiste kann verdeutlichen, welches geschichtliche Ereignis vor oder nach einem anderen stattgefunden hat. Sie stellt also eine chronologische Reihenfolge dar. Du kannst zu vielen Ereignissen eine Zeitleiste erstellen, z. B. zur Geschichte deiner Familie, deiner Schule oder deines Heimatortes.

Aber auch in deinem eigenen Leben ist bis heute bereits einiges passiert. Du kannst auch zu deiner eigenen Geschichte eine Zeitleiste mit den wichtigsten Ereignissen erstellen. Frage deine Eltern nach Fotos deiner Familie. An bestimmte Ereignisse kannst du dich sicher selbst erinnern, über anderes werden dir deine Eltern oder Großeltern berichten können.

**Schritt 1:** Vorbereitungen treffen
- Lege das Thema deiner Zeitleiste fest.
- Notiere alle Jahreszahlen und Ereignisse, die du auf deiner Zeitleiste darstellen möchtest. Je nach Thema können dir dabei dein Lehrbuch, Nachschlagewerke, die Befragung von Familienmitgliedern oder das Internet behilflich sein.
- Lege benötigte Materialien bereit, z. B. Bilder, Klebestift, Schere und Stifte.

**Schritt 2:** Die Zeitleiste zeichnen
- Zeichne mit einem Lineal eine große Linie.
- Unterteile die Zeitleiste in Abschnitte. Wähle dabei sinnvolle Abstände, z. B. 1 cm für einen Abschnitt von 1 Jahr oder von 10 Jahren. Möchtest du einen längeren Zeitraum darstellen, musst du den Maßstab kleiner wählen, z. B. 1 cm für 100 Jahre.
- Klebe mehrere Blätter zusammen, wenn du eine größere Zeitleiste erstellen möchtest, oder nutze eine Tapetenrolle.
- Alternativ kannst du die Zeitleiste auch digital mithilfe eines Textverarbeitungsprogramms oder einer App erstellen.

**Schritt 3:** Die Zeitleiste beschriften
- Schreibe die Daten an die einzelnen Abschnitte der Zeitleiste.
- Trage die einzelnen Ereignisse bei den entsprechenden Daten ein. Zeichne bei Bedarf Hilfslinien zum Schreiben.

**Schritt 4:** Die Zeitleiste gestalten
- Gestalte die Zeitleiste mit passendem Bildmaterial oder Farben. Achte auf Übersichtlichkeit.

**1** Wähle eine Aufgabe aus:
Erstelle eine Zeitleiste und präsentiere sie deiner Klasse: Galeriegang
   a) über dein Leben.
   b) über die Geschichte deiner Schule.
   c) über die Geschichte deines Heimatortes.

**Musterlösung: Eine Zeitleiste zum Leben meiner Mutter erstellen**

M1 *Mithilfe einer Befragung werden Daten und Informationen für die Zeitleiste gesammelt. (heutiges Foto)*

Eine Zeitleiste erstellen | Digital+
WES-117845-023

**M2** Passendes Bildmaterial für die Zeitleiste wird herausgesucht. (heutiges Foto)

**M3** Die Zeitleiste wird mit den wichtigsten Daten und Ereignissen beschriftet. (heutiges Foto)

Methode

**M4** Die fertige Zeitleiste (heutiges Foto)

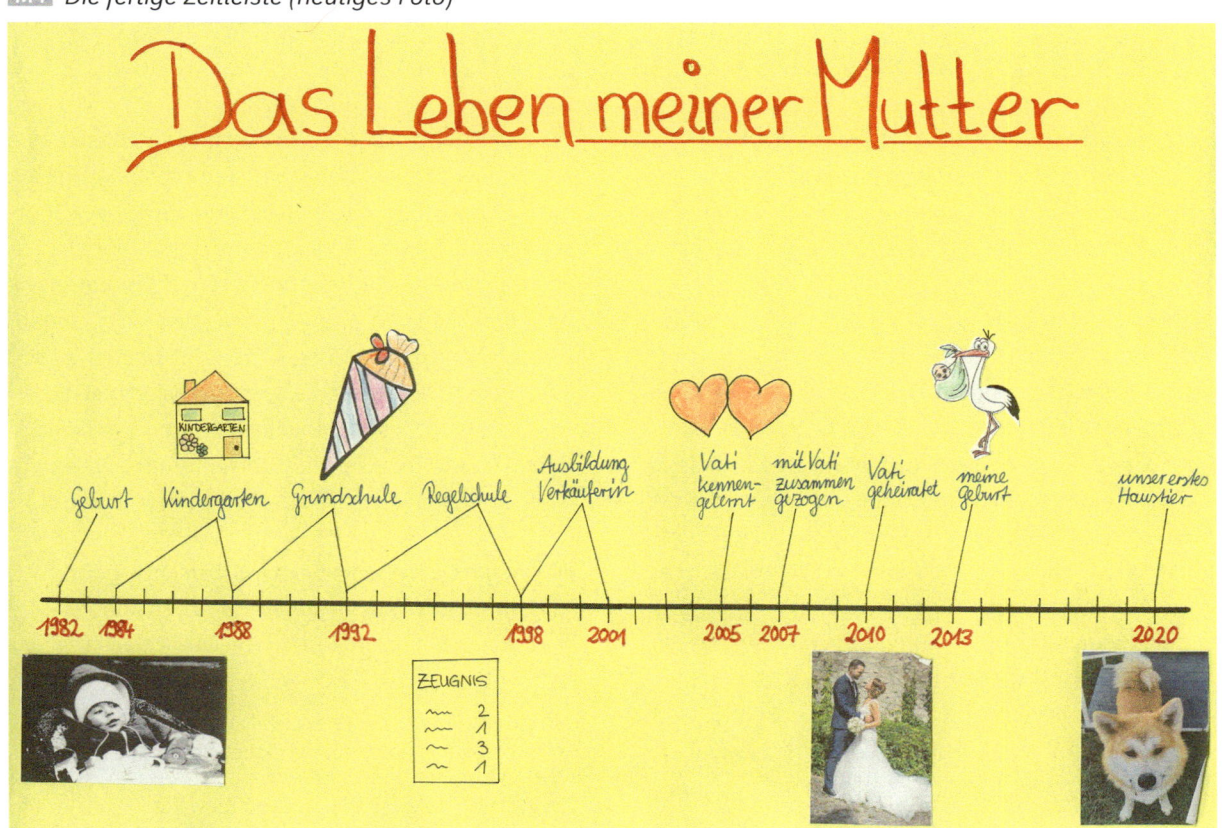

## Das Leben meiner Mutter

Geburt — Kindergarten — Grundschule — Regelschule — Ausbildung Verkäuferin — Vati kennengelernt — mit Vati zusammengezogen — Vati geheiratet — meine Geburt — unser erstes Haustier

1982  1984  1988  1992  1998  2001  2005  2007  2010  2013  2020

ZEUGNIS
~~ 2
~~ 1
~ 3
~ 1

23

Geschichte – dein neues Fach

*Wie kann die eigene Familiengeschichte erforscht werden?*

**Abb. 1** *Eine Familie mit Kind, Eltern und Großeltern (heutiges Foto)*

# Meine Familiengeschichte

### Erforschung der eigenen Geschichte

Wer sind meine Vorfahren? Woher sind sie gekommen? Solche und ähnliche Fragen nach ihren familiären Wurzeln beschäftigen viele Menschen im Laufe ihres Lebens.

Mithilfe der **Ahnenforschung** kann die eigene Geschichte untersucht und neues Wissen über die Vergangenheit erlangt werden. Das Wort Ahnin bzw. Ahne ist ein anderer Begriff für Vorfahrin bzw. Vorfahre. Genealogie ist die wissenschaftliche Bezeichnung für die Familienforschung und bedeutet Lehre von der Abstammung. Quellen wie z. B. Fotos, Briefe, Filmaufnahmen, Familienstammbücher, Geburts- oder Heiratsurkunden, aber auch Eintragungen in Heimatarchiven oder alten Kirchenbüchern können bei der Erforschung der eigenen Familiengeschichte helfen. Zudem bietet das Internet neue Möglichkeiten. Dort gibt es viele Anbieter, die kostenlos oder gegen eine Gebühr die Recherche nach Familienmitgliedern unterstützen.

### Ahnentafeln und Familienstammbäume

Anhand von Ahnentafeln oder Stammbäumen lassen sich die eigene Familiengeschichte sowie Verwandtschaftsverhältnisse über mehrere Generationen bildlich darstellen. Alle Vorfahrinnen und Vorfahren mit ihren Partnerinnen und Partnern sowie den Kindern werden darin erfasst. Eine Ahnentafel betrachtet von einer Person aus die vergangene Familiengeschichte. Im Internet gibt es kostenlose Programme, mit denen eine Ahnentafel oder ein Stammbaum angefertigt werden kann.

**A** Nenne Quellen, die bei der Erforschung der Familiengeschichte genutzt werden können.
**B** Erkläre, was eine Ahnentafel ist.

**Generation:** umfasst Menschen einer bestimmten Altersspanne innerhalb der Gesellschaft. In der Familie stellen die Großeltern, Eltern oder Kinder jeweils eine eigene Generation dar.

Meine Familiengeschichte | Digital+
WES-117845-025

Material

### Darstellung von Familiengeschichte in einer Ahnentafel

**M1** *Ahnentafeln können eine Übersicht über alle bekannten Familienmitglieder geben.*

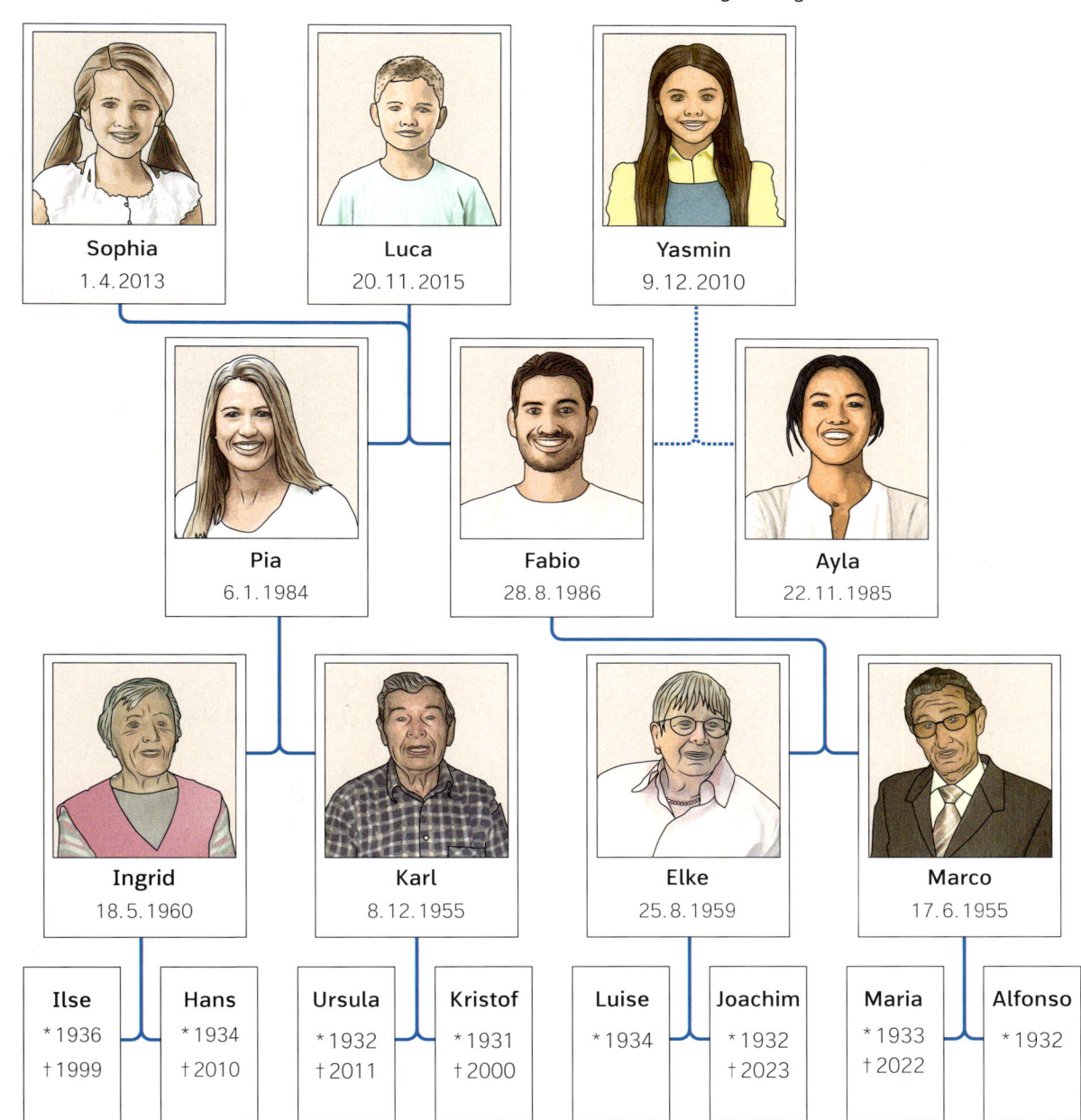

| | | |
|---|---|---|
| Sophia | Luca | Yasmin |
| 1.4.2013 | 20.11.2015 | 9.12.2010 |

| | | |
|---|---|---|
| Pia | Fabio | Ayla |
| 6.1.1984 | 28.8.1986 | 22.11.1985 |

| | | | |
|---|---|---|---|
| Ingrid | Karl | Elke | Marco |
| 18.5.1960 | 8.12.1955 | 25.8.1959 | 17.6.1955 |

| Ilse | Hans | Ursula | Kristof | Luise | Joachim | Maria | Alfonso |
|---|---|---|---|---|---|---|---|
| *1936 | *1934 | *1932 | *1931 | *1934 | *1932 | *1933 | *1932 |
| †1999 | †2010 | †2011 | †2000 | | †2023 | †2022 | |

**1** Arbeite die Informationen über die Familie in M1 heraus.
**2** Wähle eine Aufgabe aus:
  **a)** Stelle das Leben eines Mitglieds deiner Familie in einem Steckbrief dar.
  **b)** Erstelle eine Zeitleiste mit den Lebensdaten deiner Familie bis zu deinen Großeltern.
  **c)** Gestalte eine Ahnentafel zu deiner Familie bis zur Generation der Großeltern.

# Wir erforschen unsere Heimat

Geschichte begegnet uns jeden Tag in unserem Wohnort, sei es in Form historischer Gebäude oder Straßennamen.
Ebenso prägen besondere Ereignisse oder Persönlichkeiten die Geschichte von Ortschaften. Nicht immer lassen sich alle wichtigen Ereignisse einem konkreten Datum zuordnen oder können bis ins Detail wiedergegeben werden. Das liegt daran, dass nicht immer alles genau erforscht ist. Beispielsweise fehlen manchmal konkrete Quellen oder es gibt mehrere Quellen zu einem Ereignis mit widersprüchlichen Aussagen. Es ist spannend, den eigenen Heimatort zu erforschen und sich auf Spurensuche zu begeben. Ihr könnt dabei sicher viele neue Dinge über euren Ort erfahren.

*Eine Schülerin und ein Schüler erkunden ihren Wohnort. (heutiges Foto)*

**Schritt 1:** Vorbereitungen treffen
- Legt ein Thema oder verschiedene Teilthemen fest.
- Überlegt, wie und wo nach Informationen gesucht werden kann.
- Bildet Gruppen und teilt die verschiedenen Themen unter euch auf.

  Mögliche Themen können z. B. sein:
  - historische Straßennamen
  - historische Gebäude
  - Wie sah es früher aus? Gebäude und Plätze, die es nicht mehr gibt.
  - Geschichte unserer Schule
  - bedeutende Persönlichkeiten unseres Ortes
  - Wie lebten die Menschen hier im Mittelalter oder im 19. Jahrhundert?

- Einigt euch auf eine Präsentationsform, z. B.:
  - Erstellen einer Zeitleiste
  - eine digitale Präsentation erstellen
  - ein Lernplakat entwerfen
  - Erarbeitung einer Stadtführung, z. B. für die Familie oder die Parallelklasse
  - Gestaltung eines historischen Stadtführers

**Schritt 2:** Informationen sammeln
- Erkundet euren Heimatort.
- Notiert Informationen und Fragen, die ihr noch klären müsst.
- Fertigt Fotos wichtiger Orte, Gebäude usw. an.
- Sucht passendes Bildmaterial (z. B. alte Ortsansichten, Stadtpläne, Gemälde usw.).
- Klärt offene Fragen, z. B. mithilfe von Büchern, Befragungen oder dem Internet.

**Schritt 3:** Informationen ordnen, aufbereiten und präsentieren
- Ordnet die gesammelten Informationen und Materialien.
- Erarbeitet eure zuvor festgelegte Präsentationsform.

> **Hier kannst du Informationen zu deinem Heimatort finden:**
> - Heimatmuseum, Ortschronik, Stadtarchiv
> - Bibliothek
> - Homepage des Ortes
> - Lexikon und Onlinelexikon
> - Tourismusinformation
> - Befragung des Ortschronisten oder anderer kundiger Personen

## So könnt ihr eure Ergebnisse präsentieren

**M1** *Beispielseiten aus einem historischen Stadtführer*

# Stadtführer
zur Geschichte von Soest

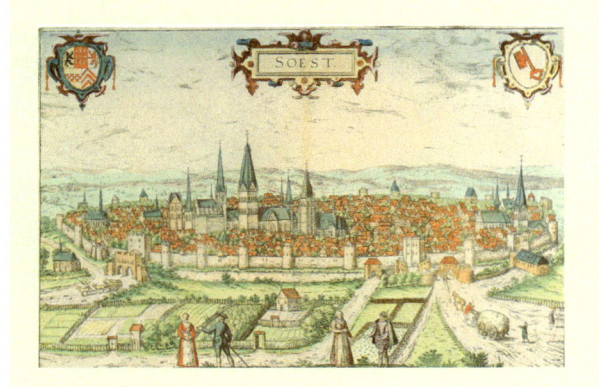

von Alisa, Hanna, Aliar und Konrad
Klasse 5c

## Über die Geschichte von Soest

| | |
|---|---|
| Gründung | 5000 v. Chr. |
| 836 | Ersterwähnung |
| 960 | Bau der Burg des Erzbischofs von Köln |
| Um 1160 | wichtiges Mitglied der Hanse, am Hellweg gelegen |
| im 12. Jh. | erste schriftliche Erwähnung als Stadt |
| 1449 | Lösung vom Erzbischof mit massivem Wohlstandsverlust |
| im 17. Jh. | Soest fällt an Brandenburg |
| 1944/45 | historischer Stadtkern wird im Krieg kaum zerstört |
| ab 1946 | Zuordnung zu NRW |
| ab 1970 | Soest wird Hochschulstandort |

## Historische Gebäude
### Fachwerkhäuser

Am Soester Markt finden sich viele Fachwerkhäuser von Patriziern aus dem Zeitalter der Hanse

### Kirche St. Petri
Die Kirche wurde 1150 gebaut, größte Kirche Soests, erbaut aus lokalem grünen Sandstein

## Historische Straßennamen

Armesündergasse, Georgsgasse, Burghofgasse, Hansastraße, Hospitalgasse, Kohlbrink, Luise-Meier-Weg, Marktstraße, Postgasse, Roßkampfsgasse, Severinstraße, Stiftsgasse, Teichsmühlengasse, Waisenhausgasse

## Bedeutende Persönlichkeiten
### Otto Wilhelm Heinrich Coester

Otto Wilhelm Heinrich Coester wurde 1833 in Soest geboren, er besuchte dort das Archigymnasium. Der Jurist war ab 1858 bis 1894 Bürgermeister von Soest und ließ die Feuerwehr, ein Schwimmbad, eine Mädchenschule und den Schlachthof bauen sowie den Musikverein gründen.

**1** Führt mithilfe der Schrittfolge das Projekt zur Erforschung eures Heimatortes durch.

## Kompakt

# Geschichte – dein neues Fach

### Womit beschäftigt sich Geschichte?
Geschichte untersucht das Leben der Menschen in früheren Zeiten. Das Unterrichtsfach Geschichte beschäftigt sich mit der Entwicklung des Menschen, bedeutenden Ereignissen und Persönlichkeiten bis in die Gegenwart hinein.

### Woher wissen wir, was früher war?
Anhand von Quellen können Geschichtswissenschaftlerinnen und Geschichtswissenschaftler die Vergangenheit rekonstruieren.
Unterschieden werden schriftliche Quellen, Bildquellen, Sachquellen und mündliche Quellen. Erkenntnisse, die mit ihrer Hilfe von der Vergangenheit gewonnen werden, werden in Darstellungen niedergeschrieben. Archäologinnen und Archäologen beschäftigen sich auch mit der Geschichte. Sie suchen nach historischen Überresten und führen Ausgrabungen durch. Besondere Quellen werden später in verschiedenen Museen ausgestellt. In einem Museum können wir uns anschaulich mit der Geschichte auseinandersetzen.

**Abb. 1** *In einem Museum kann man etwas über Geschichte erfahren.*

**Wichtige Begriffe**
Archäologie, Archiv, Epoche, Forschung, Museum, Quelle, Vergangenheit, Zeit, Zeitleiste, Zeitrechnung

### Wo begegnet uns Geschichte im Alltag?
Im Alltag finden sich vielfältige Spuren aus der Geschichte, z. B. alte Gebäude und Denkmäler, aber auch Filme und Computerspiele, die von der Vergangenheit handeln. Geschichte begegnet uns auch in der Familie. Auch unser Heimatort hat eine Geschichte. Wenn wir diesen aufmerksam erkunden, entdecken wir viele historische Plätze und erfahren von solchen, die heute nicht mehr existieren.
Mithilfe von Stammbäumen oder Ahnentafeln können wir unsere eigene Familiengeschichte darstellen. Es ist spannend, die eigene Geschichte zu erforschen. In einer Zeitleiste lassen sich Ereignisse übersichtlich darstellen.

### Wie teilen wir Geschichte und Zeit ein?
Um das Leben besser strukturieren zu können, begannen die Menschen die Zeit einzuteilen, anfangs mithilfe von Naturerscheinungen, später mit Instrumenten, die die Zeit immer genauer messen konnten. Kalender gaben ihnen eine Übersicht über Tage, Wochen, Monate und Jahre. Geschichte wird in verschiedene Epochen eingeteilt. Diese sind die Vor- und Frühgeschichte, die Antike, das Mittelalter und die Neuzeit.

**Abb. 2** *Mit einer Sonnenuhr lässt sich die Zeit einteilen.*

## Was ist Geschichte?

**M1** *Ein Buchstabenspiel zum Begriff Geschichte*

```
              G
VERGANGENHEIT
              S
              C
              H
              I
              C
      HISTORISCH
              T
              E
```

**M2** *Was passt nicht?*

- A Archäologe – Schatzsucher – Historiker
- B Zeitleiste – Stammbaum – Lexikon
- C Rüttelplatte – Pinsel – Schaufel
- D Mittelalter – Zukunft – Antike

1. Begründe anhand von fünf Beispielen, dass Geschichte uns im Alltag begegnet.
2. **a)** Übertrage das Buchstabenspiel M1 in deinen Hefter und vervollständige es. Finde zu jedem vorgegebenen Buchstaben ein passendes Wort, das zum Oberbegriff Geschichte passt.
   **b)** Stellt euch gegenseitig eure Ergebnisse vor.
3. Begründe, welcher Begriff in M2 jeweils nicht in die Reihe passt.

## Geschichte ordnen und darstellen

**M3** *Darstellung von Geschichte und Zeit*

| 2023 | 3000 v. Chr. | 800 | 44 v. Chr. |
| 1789 | 753 v. Chr. | 336 v. Chr. | 79 |

4. **a)** Ordne die Zahlen in M3 chronologisch. Beginne mit der am weitesten zurückliegenden Jahreszahl.
   **b)** Gib für jede Jahreszahl die Epoche an.

## Woher wissen wir, was früher war?

**M4** *Geschichtsquellen*

5. Ordne die Abbildungen A bis D den jeweiligen Quellenarten zu.

Lösungen: *Lerncheck*

# Kapitel 2

- *Wann begann die Entwicklung des Menschen?*
- *Wie lebten die Menschen in der Vorgeschichte?*
- *Wie haben die Menschen ihr Zusammenleben organisiert?*
- *Welche Rolle spielten Werkzeuge für die Menschen?*
- *Welche Bedeutung hatten Naturgegebenheiten?*

# Leben in der Vorgeschichte

Leben in der Vorgeschichte

*Wie entwickelte sich der Mensch?*

**Abb. 1** *Vormenschen in einem Gebiet in Ostafrika (Rekonstruktionszeichnung)*

# Die Anfänge der Menschheit

### Es begann vor langer Zeit

Die Entwicklungsgeschichte der Menschheit ist wie ein Puzzle. Da es keine Aufzeichnungen gibt, ist die Forschung auf Funde angewiesen. Diese führen immer wieder zu neuen Erkenntnissen.

Mit den heutigen Menschenaffen haben wir Menschen gemeinsame Vorfahren. Nach den Erkenntnissen der Forschung hat sich unsere gemeinsame Stammbaumlinie aber vor über 7 Millionen Jahren getrennt. Es entstanden erste Arten von **Vormenschen**. Belegt wird dies durch verschiedene Knochenfunde. Bis auf zwei Ausnahmen aus Süd-Ost-Europa stammen alle bisherigen Funde von den frühesten Vorfahren des Menschen aus Afrika. Deswegen geht die Wissenschaft davon aus, dass die Vormenschen vor allem in Afrika gelebt haben.

In ihrem Aussehen erinnern die Vormenschen noch stark an Menschenaffen. Allerdings konnte die Forschung anhand von Knochenfunden nachweisen, dass die Vormenschen sich schon aufrecht auf zwei Beinen bewegten, aber gleichzeitig auch noch auf Bäumen kletterten.

### Entwicklung fand in Afrika statt

Im Laufe der Millionen Jahre entwickelten sich aus den Vormenschen verschiedene Vertreter der Gattung Mensch: **Frühmensch**, **Altmensch** und **Jetztmensch**. Der Jetztmensch wird auch **Homo sapiens** genannt, was verstehender Mensch bedeutet. Nach bisherigen wissenschaftlichen Erkenntnissen fand die Entwicklung des Menschen in Afrika statt. Von hier wanderten die Menschenarten immer wieder auf die anderen Kontinente. Wesentlich bei der Entwicklung des Menschen war seine Anpassung an das Klima und die Ausbildung ihres Gehirns.

Die bekannteste Gruppe der Altmenschen sind die Neandertaler. Sie gelten als engste Verwandte des Jetztmenschen. Weltweit durchgesetzt hat sich schließlich nur der Jetztmensch. Knochenfunde aus Marokko, die auf ein Alter von 300 000 Jahren bestimmt wurden, belegen auch seinen Ursprung in Afrika.

**A** Arbeite die Aussagen zu den Vormenschen heraus.
**B** Nenne die Entwicklungsstufen zum Homo sapiens.

## Unsere Ahnengalerie

**M1** *Die mögliche Entwicklung zum Jetztmenschen*

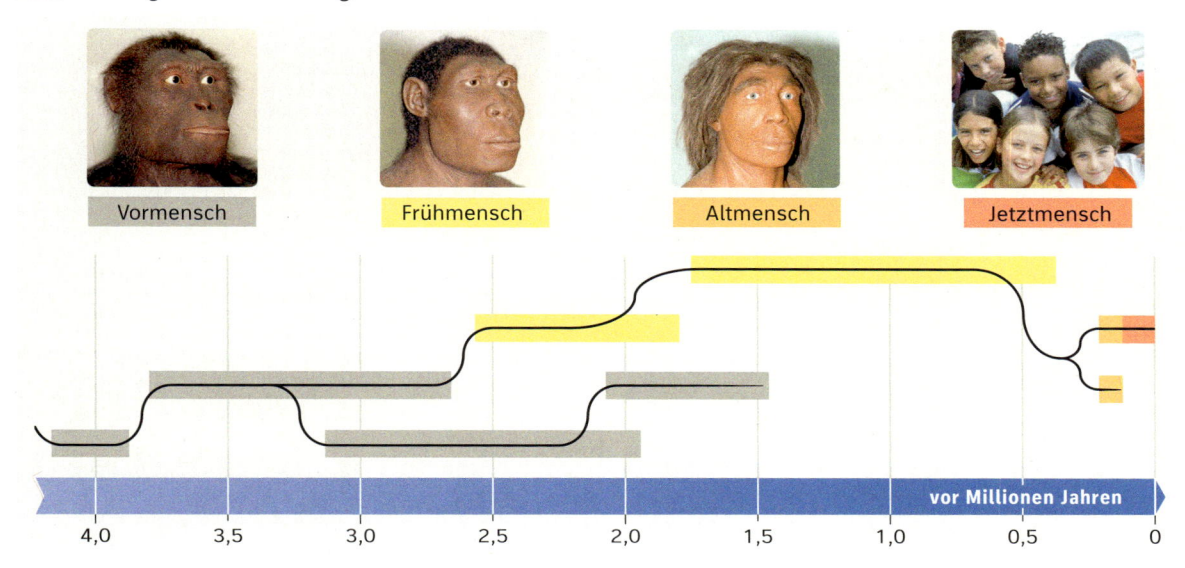

Vormensch — Frühmensch — Altmensch — Jetztmensch

vor Millionen Jahren

4,0   3,5   3,0   2,5   2,0   1,5   1,0   0,5   0

**1 a)** Erschließe die Ahnengalerie des Menschen.
  **b)** Beschreibe wesentliche Veränderungen der Gesichter. Stühletausch

## Von Afrika in die Welt

**M2** *Vermutliche Ausbreitung des Jetztmenschen*

**Ausbreitung des Menschen**
- Verbreitung des Frühmenschen
- Verbreitung des Altmenschen
- Ursprungsgebiet des Jetztmenschen
- Ausbreitung des Jetztmenschen
- 35 000 Jahre vor heute

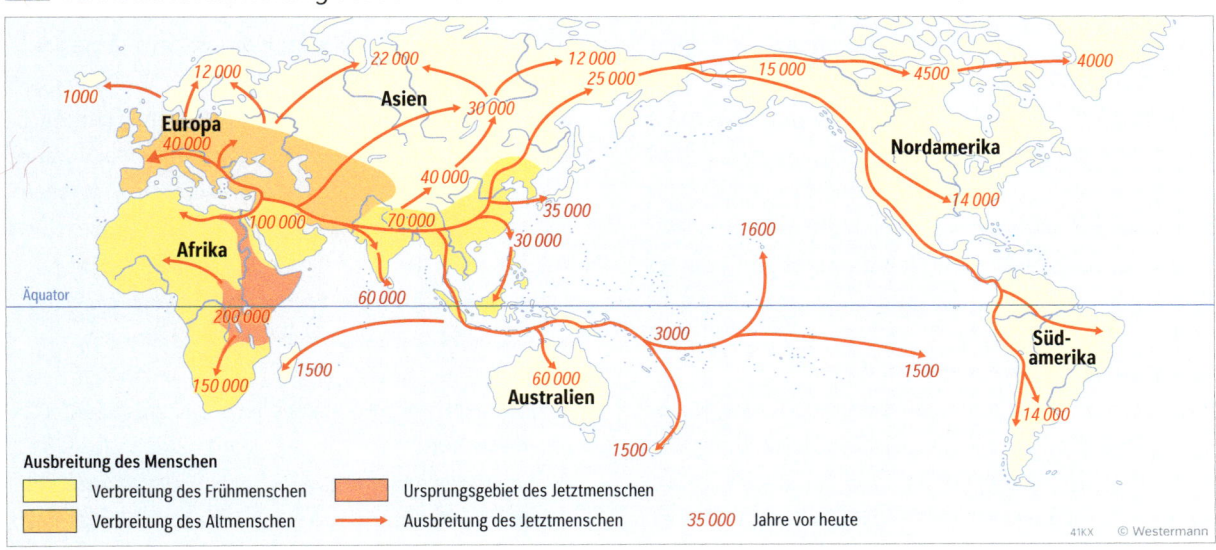

**2 a)** Beschreibe die Ausbreitung des Jetztmenschen. Film: *Über den Ursprung der Menschheit*
  **b)** Erkläre die Aussage: „Von Afrika in die Welt."
**3** Vergleiche die Verbreitung des Jetztmenschen mit der des Früh- und des Altmenschen.

Leben in der Vorgeschichte

*Wie ernährten sich die Menschen in der Altsteinzeit?*

**Abb. 1** *Zeichnung auf einer Höhlenwand (Cova del Cavalls in Spanien)*

# Leben vom Jagen und Sammeln

### Lebensweise der Menschen

Die frühen Menschen lebten von dem, was sie in der Natur fanden. Sie sammelten, was essbar war, wie z. B. Beeren, Pilze, Wurzeln oder Früchte. Außerdem jagten und fischten sie. In unseren Gebieten waren dies z. B. Schneehasen, Bisons, Rentiere oder Mammuts. Die Menschen lebten vom **Sammeln** und **Jagen**. Einen festen Ort, an dem die Menschen lebten, gab es nicht. War nicht mehr genug Essbares zum Sammeln da oder gab es keine guten Jagdmöglichkeiten mehr, zogen sie in andere Gebiete. Zum Schutz vor dem Wetter errichteten sie vorwiegend Zelte aus Tierfellen oder lagerten unter Felsvorsprüngen oder in Höhlen.

### Werkstoff Stein

Stein war das wichtigste Material, aus dem die Menschen ihre Werkzeuge und Waffen herstellten. Ein wichtiges Mehrzweckgerät war der Faustkeil, den sie vor etwa 1,7 Millionen Jahren entwickelten. Dieser Stein hatte durch die Bearbeitung scharfe Kanten und passte gut in die Faust. Er war zum Schneiden, Schlagen, Schnitzen, Hacken und einigem mehr geeignet. Da die Menschen vor allem Steine als Werkzeuge und Waffen benutzten, wird diese Epoche der Menschheit **Steinzeit** genannt. Der Zeitraum von vor 2,5 Mio. Jahren bis vor 12 000 Jahren heißt **Altsteinzeit**. Mit dieser Zeit beginnt die **Vorgeschichte** des Menschen.

### Leben in Extremen

In der Altsteinzeit wechselten sich Zeiten mit warmem und kaltem Klima immer wieder ab. Die Zeiten des kalten Klimas werden **Kaltzeiten** genannt. Dabei sanken die Temperaturen extrem. Es wurde so kalt, dass über ein Drittel der Erde unter gewaltigen Eismassen lag. Nordeuropa, große Teile Norddeutschlands und das Alpenvorland waren mit dicken Eisschichten und Gletschern überzogen. In den **Warmzeiten** schmolz das Eis und die Gletscher wurden kleiner.

**A** Beschreibe die Lebensweise der Altsteinzeitmenschen.
**B** Begründe, warum die Menschen der Altsteinzeit umherzogen und vom Sammeln und Jagen lebten.
**C** Beschreibe das Klima der Altsteinzeit.

Film: *Über das Leben in der Altsteinzeit*

Leben vom Jagen und Sammeln | Digital+
WES-117845-035

## Die Nutzung von erlegten Tieren

**M1** *Die Verwertung eines Mammuts*

① Sehnen
② Fell / Haut
③ Knochen
④ Stoßzähne
⑤ Fleisch
⑥ Magen / Blase

ⓐ Nahrung
ⓑ Schnüre, Nähgarn
ⓒ Dolche, Schaber, Kämme, Angelhaken
ⓓ Behälter
ⓔ Zeltplanen, Kleidung, Schuhe
ⓕ Stützen für Zeltplanen, Schmuck

**1 a)** Ordne den Körperteilen ①–⑥ die Verwendungsmöglichkeiten ⓐ–ⓕ zu. Lege eine Tabelle an.
**b)** Begründe, warum das Mammut oder andere Tiere wie z. B. das Rentier wichtige Beutetiere für die Menschen der Altsteinzeit waren.

Hörszene: *Jagen in der Altsteinzeit*

## Kaltzeiten in Europa

**M2** *Vereisung großer Landmassen in der letzten Kaltzeit (vor 100 000 Jahren bis vor etwa 12 000 Jahren)*

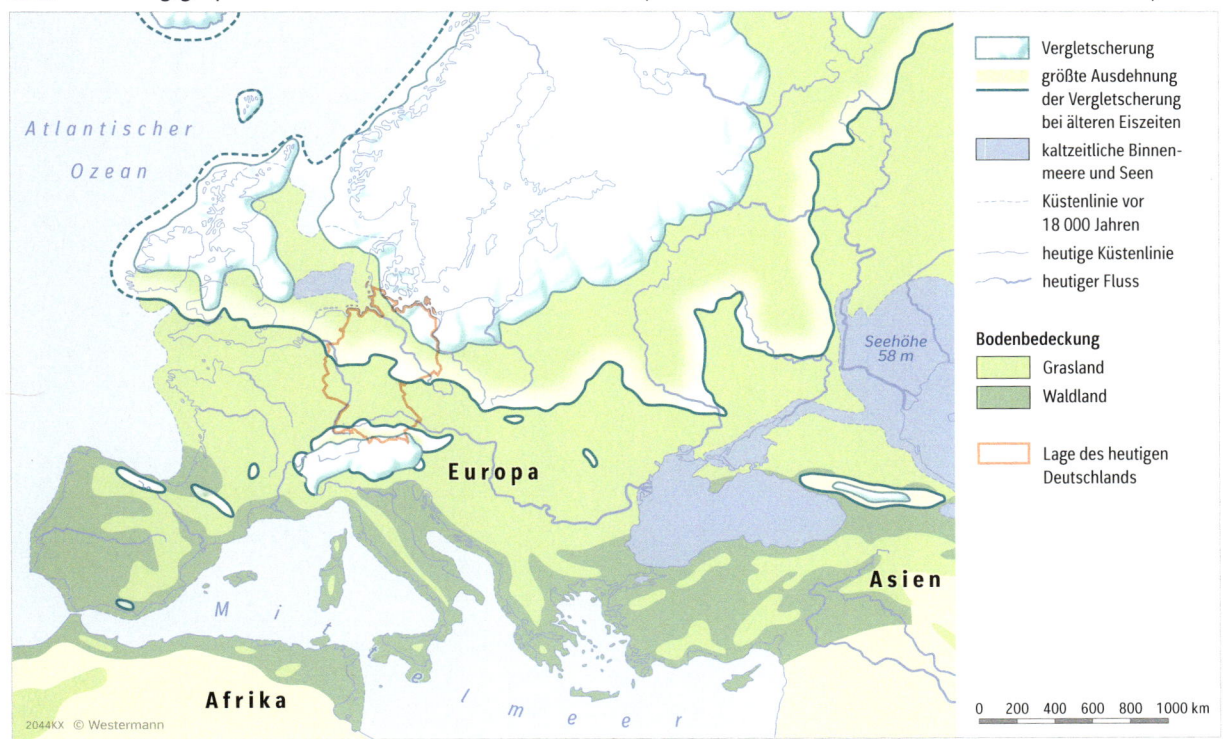

Legende:
- Vergletscherung
- größte Ausdehnung der Vergletscherung bei älteren Eiszeiten
- kaltzeitliche Binnenmeere und Seen
- Küstenlinie vor 18 000 Jahren
- heutige Küstenlinie
- heutiger Fluss

**Bodenbedeckung**
- Grasland
- Waldland
- Lage des heutigen Deutschlands

**2 a)** Beschreibe die Ausbreitung des Eises in Europa während der letzten Kaltzeit.
**b)** Beschreibe die Bodenbedeckung während der letzten Kaltzeit.
**c)** Vergleiche die Küstenlinie während der letzten Kaltzeit mit der von heute.

Leben vom Jagen und Sammeln

**Lebensbedingungen in der Altsteinzeit**

M3 *Ein altsteinzeitlicher Siedlungsplatz (Rekonstruktionszeichnung)*

3 Beschreibe den altsteinzeitlichen Siedlungsplatz.
4 Nenne die verschiedenen Tätigkeiten der einzelnen Gruppenmitglieder.

Leben vom Jagen und Sammeln | Digital+
WES-117845-037

Material

**5** Beurteile, wie gut es den Menschen gelungen ist, sich an ihre Umweltbedingungen anzupassen.
Placemat

# Eine Sachquelle erschließen

Sachquellen sind Gegenstände aus der Vergangenheit. Für die Erforschung der Vorgeschichte sind sie die einzigen Zeugen, denn andere Quellen aus dieser lang zurückliegenden Zeit sind nicht vorhanden. Sachquellen aus der Epoche der Vorgeschichte können z. B. Werkzeuge, Figuren, Schmuck, Kleidungsreste oder Knochen sein.

Wissenschaftlerinnen und Wissenschaftler sind auf diese gegenständlichen Quellen angewiesen, denn sie können viel Aufschluss über das damalige Leben und die Lebensumstände von Menschen geben.

Die meisten Sachquellen zur Vorgeschichte befinden sich in Museen und sind für uns oft nicht direkt zu erreichen. Um trotzdem Vorstellungen von den Gegenständen zu erhalten, helfen uns Fotos oder digitale Darstellungen.

**Schritt 1:** Eine Sachquelle erfassen
- Um was für einen Gegenstand handelt es sich?
- Aus welcher Zeit stammt der Gegenstand?
- Welche Größe (Länge, Breite, Tiefe) hat die Sachquelle? Welches Gewicht hat der Gegenstand?
- Wo wurde er gefunden?
- Wo kann man ihn besichtigen?

**Schritt 2:** Eine Sachquelle untersuchen
- Beschreibe die Form der Quelle.
- Benenne das Material oder die Materialien, aus dem der Gegenstand hergestellt wurde.
- Wenn nicht alle Angaben vorhanden sind, musst du in Büchern oder im Internet recherchieren.
- Ermittle, wofür Menschen den Gegenstand benutzt haben könnten.

**Schritt 3:** Eine Sachquelle deuten
- Was weißt du über die Zeit, aus der der Gegenstand stammt?
- Stelle Vermutungen an, welche Bedeutung der Gegenstand für die Menschen hatte, und begründe deine Vermutungen.

- Überprüfe, ob es solche Gegenstände heute noch gibt. Falls ja, schreibe Ähnliches oder Vergleichbares auf.
- Wenn es solche Gegenstände nicht mehr gibt, finde die Gründe dafür heraus.

**M1** *Faustkeil aus Feuerstein (Silex)*

*Der Faustkeil besteht aus Feuerstein, er ist 20 cm lang und wurde 300 000 v. Chr. hergestellt.*
*Der Fundort war Saint-Acheul bei Amiens in Frankreich. Der Faustkeil wird heute im Nationalmuseum in Saint-Germain-en-Laye (Frankreich) ausgestellt.*

**Musterlösung für die Erschließung von M1**

**Schritt 1:** Eine Sachquelle erfassen

Bei der Sachquelle handelt es sich um einen Faustkeil, der vor 300 000 v. Chr. hergestellt wurde. Er stammt also aus der Zeit der Altsteinzeit.

Der Faustkeil ist 20 cm lang, und wenn ich die Länge mit der Breite vergleiche, muss er etwa 6,5 cm breit sein. Zur Tiefe können keine Angaben gemacht werden. Über das Gewicht ist auch nach meiner Recherche nichts bekannt.

Der Faustkeil ist in dem französischen Ort Saint-Acheul bei Amiens gefunden worden.

Die Sachquelle kann heute im Nationalmuseum von Saint-Germain-en-Laye in Frankreich besichtigt werden.

**Schritt 2:** Eine Sachquelle untersuchen

Der Faustkeil ist im unteren Bereich rundlich und läuft nach oben spitz zu. Die jeweiligen linken und rechten Kanten wurden so bearbeitet, dass sie schmal und scharf sind, ähnlich einer Messerschneide.

Der Faustkeil ist ein tropfenförmiges und sehr scharfkantiges Steingerät.

Er besteht aus Feuerstein. Dieses Material wird auch Silex genannt.

**Schritt 3:** Eine Sachquelle deuten

Ich weiß von dieser Zeit, dass Stein ein wichtiges Material war, aus dem Menschen Waffen und Werkzeuge herstellten. Deswegen wird diese Zeit Steinzeit genannt.

Die Menschen benutzten den Faustkeil als Mehrzweckgerät. Sie erschlugen damit Tiere und sie zerkleinerten ihre Jagdbeute mit den messerscharfen Kanten. Von den Fellen schabten sie Fleischreste ab. So konnten die Felle weiterverarbeitet werden.

Der Faustkeil hatte somit eine große Bedeutung für die Menschen, denn er war vielfältig einsetzbar. Faustkeile werden heute nicht mehr benutzt.

**1** Beschreibe nach der Methode „Eine Sachquelle erschließen" das Material M2. Partnervortrag

**M2** *„Löwenmensch" aus Elfenbein*

*Die Figur wurde aus dem rechten Stoßzahn eines Mammuts angefertigt, ihr Alter beträgt etwa 40 000 Jahre, Länge 31 cm, gefunden in der Stadel-Höhle auf der Schwäbischen Alb, heute zu besichtigen im Museum in Ulm.*

Leben in der Vorgeschichte

*Welche Werkzeuge entwickelten die Menschen in der Steinzeit?*

Abb. 1 *Geräte der Altsteinzeit (heutige Nachbauten)*

# Werkzeuge, Waffen und Feuer

### Werkzeuge und Waffen
Im Laufe der Zeit entwickelten die Menschen neben dem Faustkeil weitere Werkzeuge und Waffen. Diese erleichterten das Leben erheblich. Die Menschen lernten, Steine immer feiner zu bearbeiten. Bessere Steinmesser oder Steinschaber ermöglichten schnelleres und leichteres Zerlegen von Beutetieren. Neben Stein, Holz und Knochen wurden auch **Elfenbein** und Geweihteile verarbeitet.

### Fernwaffen
Mit sogenannten Fernwaffen, z. B. den **Wurfspeeren**, wurde das Jagen leichter und war nicht mehr so gefährlich. Die Jägerinnen und Jäger mussten sich mit ihren Wurfspeeren nicht mehr ganz dicht an die scheuen Tiere anschleichen. Das erhöhte das Jagdglück. Auch verminderte diese Art des Jagens die Gefahr, von Tieren verletzt oder getötet zu werden.

**Elfenbein:** Stoßzähne von Tieren, z. B. vom Mammut, Elefanten oder Walross

### Feuer und Flamme
Brände durch Vulkanausbrüche oder Blitzeinschläge gibt es seit Beginn der Erdgeschichte. Somit kannten die Altsteinzeitmenschen das **Feuer** als Naturgewalt. Aber erst viel später, vor vermutlich 1,9 Millionen Jahren, begannen sie das Feuer zu nutzen. Anfangs mussten die Menschen das Feuer hüten. Auf ihren Wanderungen transportierten sie die Glut in Lederbeuteln. Später lernten sie, Feuer selbst zu entzünden. Feuer bedeutete Wärme und Licht am Lagerplatz. Es hielt außerdem wilde Tiere fern. Neben diesen Eigenschaften war das Feuer besonders wichtig für die Ernährung. Die Menschen begannen ihre Nahrung zu kochen und Fleisch zu garen. So zubereitete Nahrung war für sie viel besser verdaulich und führte zu mehr Energiereserven in ihren Körpern.

**A** Beschreibe die Entwicklung von Werkzeugen.
**B** Erkläre die Vorteile von Fernwaffen beim Jagen.
**C** Gib die wesentlichen Aussagen zum Feuer wieder.

Film: *Über die Nutzung des Feuers*

Werkzeuge, Waffen und Feuer | Digital+
WES-117845-041

## Mit Wurfspeeren zur Jagd

**M1** *Über 300 000 Jahre alte Speere – 1,80 m bis 2,30 m lang – gefunden bei Schöningen in Niedersachsen*

**M2** *Bericht über die bislang ältesten Speere der Welt (2009)*

Die bislang größte Sensation ist das 1994 in 15 Meter Tiefe entdeckte Jagdlager [...]. Hier haben vor mehr als 300 000 Jahren steinzeitliche Jäger an einem Seeufer Wildpferde erlegt, Feuerstellen
5 angelegt – und uns die [...] ältesten Jagdwaffen der Menschheit hinterlassen. Sorgfältig bearbeitete Wurfspeere, heutigen Wettkampfspeeren durchaus vergleichbar, zeugen von einem erstaunlichen handwerklichen Können und deuten auf unerwartet hohe
10 Fähigkeiten der Urmenschen hin. Die [...] entdeckten Spuren belegen organisierte aktive Großwildjagd auf schnell fliehende Herden, die ohne planendes Handeln und Kommunikationsvermögen undenkbar wäre.

**1 a)** Beschreibe die Schöninger Speere. (M1) Nutze die Methodenseite 38/39.
  **b)** Fasse die wesentlichen Aussagen über die Schöninger Speere zusammen. (M2) Stühletausch
  **c)** Begründe, warum die Schöninger Speere wesentliche Fähigkeiten der Frühmenschen beweisen.

## Die Menschen machen selbst Feuer

**M3** *Techniken, Feuer zu entfachen*

*Feuerschlagen mit Feuerstein und Pyrit, einem eisenhaltigen Gestein*

*Feuerbohren mit verschiedenen Hölzern und einem Feuerbohrer*

**2** Beschreibe die Techniken, Feuer zu machen.

## Die Bedeutung des Feuermachens

**M4** *Spuren des Feuermachens (Bericht von 2022)*

[Eine Vermutung] besagt, dass sich der moderne Mensch nur durch die Bändigung des Feuers entwickeln konnte, weil er so seine Nahrung genießbarer und haltbarer machen konnte – und der
5 Körper weniger Energie für die Nahrungssuche und -verdauung aufbringen musste. Nach und nach konnte so das Gehirn der menschlichen Vorfahren wachsen – und sich weiterentwickeln. [...] Neben dem bisher ältesten Nachweis für die menschliche
10 Nutzung von Feuer [...] könnten die in Israel identifizierten Feuerspuren nun einen weiteren Beweis dafür erbringen, dass menschliche Vorfahren vor über 800 000 Jahren bereits Feuer kontrolliert nutzen konnten – also zur Zeit des Frühmenschen.

**3** Erkläre die Bedeutung des Feuermachens.

Leben in der Vorgeschichte

*Warum starben die Neandertaler aus?*

**Abb. 1** „Neandertaler in ihrem Lebensraum" (Rekonstruktion, ausgeführt vom Atelie Wild Life Art für das Rheinische Landesmuseum in Bonn)

# Der Neandertaler – ein Altmensch

### Neandertal – ein Tal wird berühmt

Die **Neandertaler** gehören zu den Altmenschen und lebten bereits vor 400 000 Jahren. Die Wissenschaft hat nachgewiesen, dass sie die engsten Verwandten vom Homo sapiens, also des heutigen Menschen, sind. Die Neandertaler lebten in weiten Teilen Europas und in Asien. Ihren Namen erhielten sie nach dem ersten Fundort eines Teilskeletts im Neandertal, einem kleinen Tal in der Nähe der Stadt Düsseldorf.

Knochenfunde belegen, dass die Neandertaler einen breiten und sehr kräftigen Knochenbau hatten. Sie wogen durchschnittlich 70 kg und waren mit einer ungefähren Größe von 1,60 m nicht besonders groß. Ihre Arme und Beine waren eher kurz und sie hatten eine weit ausladende, tiefe Brust.

Mit ihrem sehr muskulösen und kräftigen Körper waren die Neandertaler bestens an das kalte Klima der Kaltzeit angepasst, denn Körper, die so gebaut sind, verlieren sehr wenig Wärme.

### Lebensweise der Neandertaler

Lange Zeit galt das Bild des Neandertalers als Keulen schwingender Affenmensch. Dies ist überholt. In den letzten Jahrzehnten hat sich die Wissenschaft sehr ausführlich mit den Neandertalern beschäftigt. Daher wissen wir, dass sie in Gruppen von bis zu 60 Personen lebten. Neben Pflanzen war Fleisch ein wichtiges Nahrungsmittel, das ihnen ausreichend Energie lieferte, um in dem kalten Klima zu überleben. Für eine gute Beute brauchten sie ein großes Jagdgebiet.

Frauen und Männer gelten als geschickte Jägerinnen und Jäger. Funde von Speeren, Lanzen und Messern zeigen auch ihr Geschick beim Herstellen von Waffen.

**A** Nenne Gebiete, in denen Neandertaler lebten.
**B** Erkläre, warum Neandertaler besonders gut an das kalte Klima angepasst waren.
**C** Beschreibe die veränderten Vorstellungen über die Neandertaler.

## Der Lebensraum der Neandertaler

**M1** *Das Verbreitungsgebiet des Neandertalers während der letzten Kaltzeit*

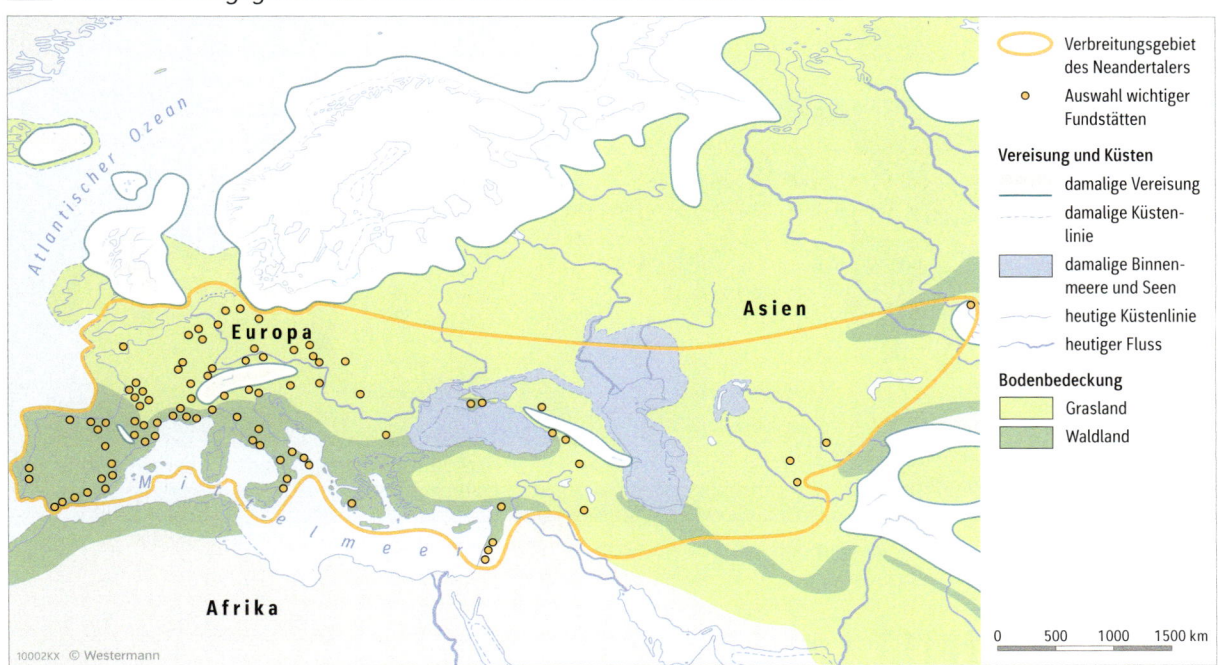

**1 a)** Arbeite das Verbreitungsgebiet der Neandertaler heraus.
  **b)** Nenne Regionen, in denen wichtige Funde von Neandertalern gemacht wurden.
  **c)** Beschreibe die natürlichen Bedingungen, unter denen die Neandertaler gelebt haben.

## Der Neandertaler stirbt vor etwa 40 000 Jahren aus

**M2** *Vor etwa 40 000 Jahren starben die Neandertaler aus (Zeitschriftenartikel von 2019)*

Der Neandertaler war ein intelligentes, robustes und sehr gut an seine Umwelt angepasstes Wesen – und ist dann doch [...] ausgestorben. Der Grund für den [...] Niedergang ist unter Forschern umstritten,
5 eine [...] These nennt [...] den Homo sapiens als Ursache: Vordringende, irgendwie technologisch oder kulturell überlegene moderne Menschen hätten die vergleichsweise kleine Neandertalerpopulation in Europa und anderswo [...] verdrängt
10 und [...] schließlich ausgerottet. [...] Vertreter einer anderen Sichtweise gehen davon aus: Die Neandertaler hatten schlicht [...] Pech, weil es im entscheidenden Augenblick einfach nicht genug von ihnen gab. [...] Schätzungen gehen von mindestens 5000,
15 höchstens 70 000 Einzelwesen aus. [...] Es gab damit in jedem Fall zu wenige von ihnen, sodass ihre Art [...] innerhalb von rund 10 000 Jahren ausgestorben wäre. Und dies völlig unabhängig davon, ob der Homo sapiens sich in den Neander-
20 talergebieten durchgeschlagen hätte oder nicht.

**These:** Behauptung, Vermutung
**Population:** Gruppe von Einzelwesen der gleichen Art

**2 a)** Arbeite die beiden Thesen zum Aussterben der Neandertaler heraus. Think – Pair – Share
  **b)** Recherchiere die neuesten Forschungen zum Aussterben der Neandertaler und berichte der Klasse.

Leben in der Vorgeschichte

*Hatten die Menschen der Altsteinzeit religiöse Vorstellungen?*

**Abb. 1** *Tierzeichnungen in der Felsenhöhle von Lascaux in Südfrankreich (etwa 19 000 Jahre alt)*

# Kunst und Glauben

### Höhlenmalerei in der Altsteinzeit

Die Menschen der **Altsteinzeit** haben sich auch schon als Künstlerinnen und Künstler betätigt. Das belegen 100 000 Jahre alte Funde aus einer Höhle in Südafrika. Für die Farben rieben sie geeignete Gesteinsbrocken mit einem Reibestein ab. Das Pulver vermischten sie anschließend mit Wasser, sodass eine farbige Paste entstand. Diese haben sie nicht nur für ihre Malereien benutzt, sondern vermutlich auch ihre Körper und Kleidung damit geschmückt.

**Höhlenmalereien** konnten in Südostasien, Südafrika, Australien und Europa gefunden werden. In Europa wurden sie vor allem im heutigen Spanien, Italien, Frankreich und auch in Deutschland gefunden. Diese Kunstwerke sind meistens tief in Höhlen versteckt und oft nur schwer zugänglich. Die Wissenschaft geht davon aus, dass die Menschen der Altsteinzeit diese Zeichnungen nicht aus Spaß am Malen angefertigt haben. Vielmehr wird vermutet, dass die Menschen daran glaubten, damit ihr Jagdglück beeinflussen oder Jagdunfälle verhindern zu können.

### Begräbniskultur in der Altsteinzeit

Bei Untersuchungen von steinzeitlichen Gräbern wurden deutliche Unterschiede bei den **Grabbeigaben** festgestellt. In einigen Gräbern lagen besonders viele, in anderen wenige Gegenstände. Die Forschung deutet das damit, dass die Altsteinzeitmenschen zwischen angesehenen und weniger angesehenen Menschen unterschieden haben.

Die Wissenschaft geht auch davon aus, dass unsere Vorfahren religiöse Vorstellungen hatten. Ausgrabungen zeigen, dass die Toten beerdigt wurden, oft in sehr aufwendigen Grabanlagen. Oft waren darin Werkzeuge, Waffen und Schmuck als Grabbeigaben. Die Forschung erklärt diese Grabbeigaben damit, dass die Menschen an ein Leben nach dem Tod glaubten und die Verstorbenen die Gegenstände wieder brauchen würden.

**A** Beschreibe die Tierzeichnungen von Lascaux.
**B** Erkläre, warum Höhlenmalereien vermutlich angefertigt wurden.
**C** Berichte über die Gräber in der Altsteinzeit.

## Ausgrabungen in der Vogelherdhöhle liefern neue Kunstwerke aus der Altsteinzeit

**M1** *2006 wurde in der Vogelherdhöhle in Südwestdeutschland 35 000 Jahre alte Kunst entdeckt.*

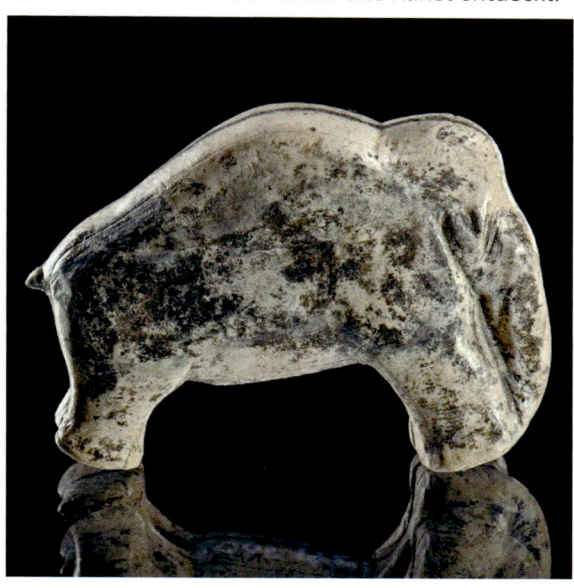

**M2** *Über die Kunst aus der Vogelherdhöhle (Online-Artikel, 2007)*

Besonders spektakulär ist der Fund der ersten vollständigen Elfenbeinfigur von der Schwäbischen Alb, die ein sorgfältig geschnitztes Mammut darstellt. [...]
Wie die meisten [...] Figuren aus den Höhlen der
5 Schwäbischen Alb ist das neue Mammut klein und wurde mit großem Detailreichtum unter Benutzung von [Steinwerkzeugen] geschnitzt. [...] Das Mammut ist einzigartig in seiner schlanken Gestalt, mit dem spitzen Schwanz, den kräftigen Beinen und dem
10 dynamisch geschwungenen Rüssel. Der Kopf der Figur ist mit sechs kurzen Einschnitten verziert [...]. Die neuen Funde demonstrieren die glänzende Kunstfertigkeit der eiszeitlichen Bewohner der Schwäbischen Alb und bekräftigen die Beobach-
15 tung, dass die älteste figürliche Kunst schön und hoch entwickelt und keineswegs primitiv war.

**1** Wähle eine Aufgabe aus:
- **a)** Beschreibe das geschnitzte Mammut. (M1)
- **b)** Arbeite die wesentlichen Aussagen über das Kunstwerk aus der Eiszeit heraus. (M2)
- **c)** Beurteile die Aussage: „die figürliche Kunst war schön und hoch entwickelt und keineswegs primitiv". (M2)

## Religiöse Vorstellungen von Menschen aus der Altsteinzeit

**M3** *Ein vor etwa 28 000 Jahren bestatteter Mann – Fund aus Russland (Rekonstruktionszeichnung)*

Mehr als 3000 Knochenperlen sind Überreste der aufwendig verzierten Kleidung. Zum Schmuck gehörten auch ca. 20 Armreifen aus Mammutstoßzahn.

**M4** *Altsteinzeitliche Säuglingsgräber lassen Rückschlüsse zu (Zeitungsbericht, 2006)*

2005 stießen die Wissenschaftler erstmals auf ein Kindergrab aus einer Zeit vor rund 27 000 Jahren. Es handelte sich um zwei Skelette, vermutlich Zwillinge, von Neugeborenen. Die Kinder waren ganz offen-
5 sichtlich nicht verscharrt, sondern liebevoll bestattet worden. Die [...] Knochen waren nicht zuletzt deshalb so gut erhalten, weil sie unter einem Mammut-Schulterblatt geschützt lagen. Außerdem fanden die Archäologen Schmuckperlen als Grabbeigabe.

**2** Begründe, warum die Wissenschaft vermutet, dass die Menschen in der Altsteinzeit bereits religiöse Vorstellungen hatten.

Bienenkorb

Leben in der Vorgeschichte

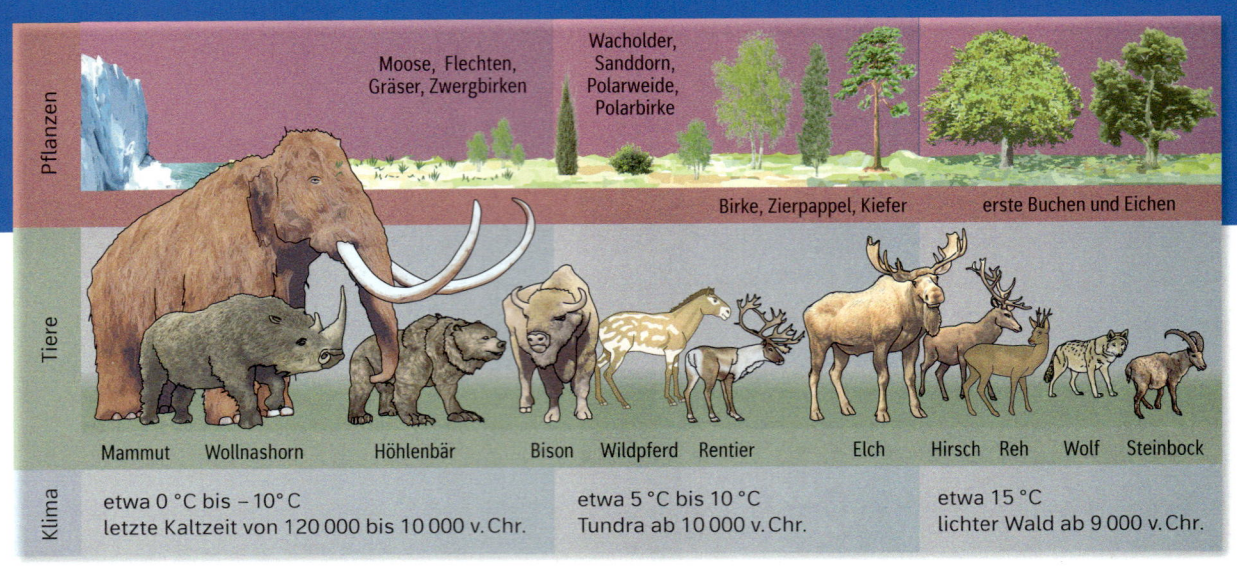

Abb. 1 *Die Pflanzen- und Tierwelt veränderten sich durch ein wärmeres Klima*

# Das Klima verändert sich

### Warmzeiten – die Natur verändert sich

Die letzte **Kaltzeit** begann vor ca. 120 000 Jahren und endete etwa vor 12 000 Jahren. In den letzten Jahrhunderten der kalten Zeit änderte sich das Klima allmählich. Es wurde wärmer und feuchter. Große Teile der Eismassen, die die Erde während der Kaltzeit bedeckt hatten, schmolzen nach und nach ab.
Mit dem wärmeren Klima der **Warmzeit** änderten sich die Pflanzen- und Tierwelt. Es breiteten sich Laubwälder und Landschaften mit Gräsern und Sträuchern aus. In dieser Natur siedelten sich nun auch andere Tiere an, wie z. B. Rehe, Hirsche, Bisons, **Auerochsen**, Schafe, Ziegen und Wildschweine. Große Tiere wie das Mammut oder der Höhlenbär konnten sich nicht an die geänderte Natur anpassen, sie starben aus.
In den Flüssen und Seen, die durch das Abschmelzen des Eises entstanden waren, betrieben die Menschen Fischfang. Das Sammeln von Nahrung war ebenfalls einfacher geworden, denn Beeren, Pilze, Nüsse und Früchte waren nun zahlreicher vorhanden.

**Auerochsen:** ausgerottetes Wildrind
**Ähre:** Blüte und Fruchtstand von Gräsern und Getreide

### Die Menschen legen Getreidefelder an

Die Menschen sammelten auch **Körner** von Gräsern, die aus den **Ähren** der Gräser zu Boden gefallen waren. Sie lernten, aus den Körnern **Mehl** herzustellen, indem sie diese zerrieben. Mit dem Mehl konnten die Menschen einfache Brotfladen backen oder einen Brei herstellen.
Durch Beobachtungen wussten die Menschen, dass aus liegen gebliebenen Körnern wieder neue Pflanzen entstanden. Sie fanden heraus, dass wieder Gräser wuchsen, wenn sie Körner an anderen Stellen aussäten. Mit diesen Erkenntnissen legten die Menschen erste Getreidefelder an, denn Wildgräser sind die Vorgänger unserer heutigen Getreidesorten wie Gerste, Weizen oder Roggen. Auf diese Weise begann die Zeit des **Ackerbau**s.

**A** Erkläre, warum sich vor ca. 12 000 Jahren die Pflanzen- und Tierwelt allmählich änderte.
**B** Erläutere, wie sich durch veränderte Natur auch die Nahrungsbeschaffung der Menschen wandelte.
**C** Arbeite heraus, wie die Menschen begannen, erste Getreidefelder anzulegen.

## Die Pflanzenwelt verändert sich

**M1** *Ein verändertes Klima führt zu einer anderen Pflanzenwelt*

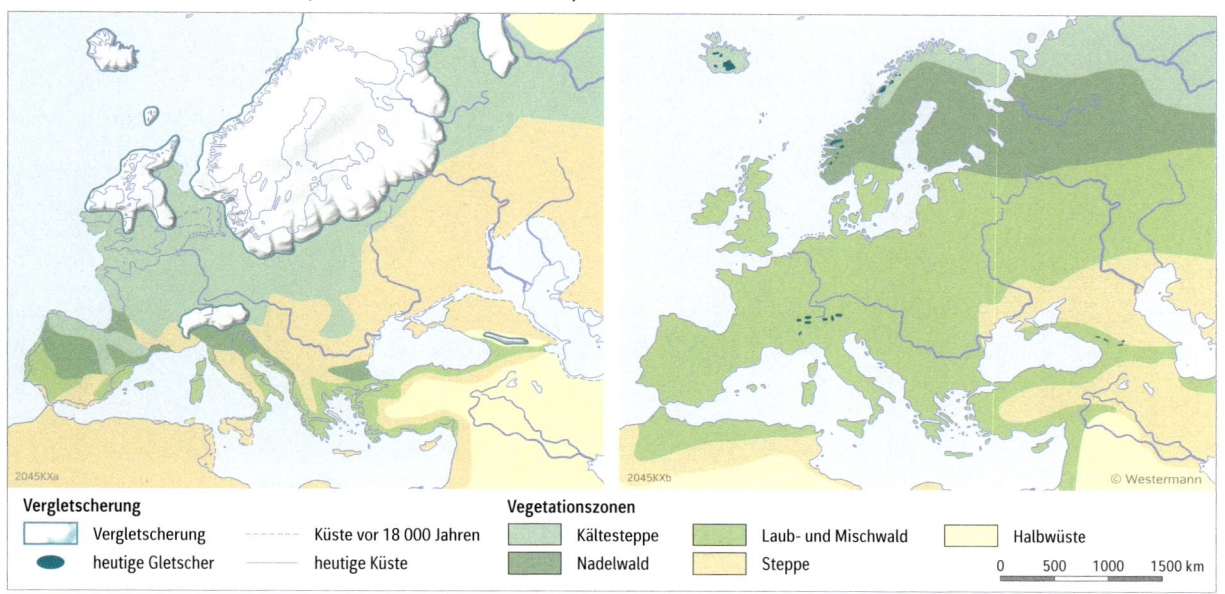

**Vergletscherung**
- Vergletscherung
- heutige Gletscher
- Küste vor 18 000 Jahren
- heutige Küste

**Vegetationszonen**
- Kältesteppe
- Nadelwald
- Laub- und Mischwald
- Steppe
- Halbwüste

**Steppe:** baumlose Graslandschaft
**Kältesteppe:** baumlose Graslandschaft mit überwiegend gefrorenen Böden (auch Tundra genannt)

**1 a)** Vergleiche die Karten und beschreibe die Veränderungen der Landschaften.
**b)** Vermute Folgen für die Besiedelung Europas und die Lebensweise der Menschen.

## Ein größeres Nahrungsangebot durch wärmeres Klima

**M2** *Klimaveränderungen führten zu einem anderen Speiseplan und zu neuen Erkenntnissen. (Zeitungsartikel, 2004)*

Die Menschen legten ihren Speiseplan nun breiter an. Neben Eicheln und Pistazien sammelten sie vermehrt Gerste, Emmer – eine wilde Getreideart – und vor allem kleine Grassamen […]. Eine [Gruppe
5 Wissenschaftler] bestimmte in dreijährigen Versuchsreihen, wie die Steinzeitmenschen die Grassamen gesammelt haben könnten. In einer Veröffentlichung zeigen sie, dass die Menschen […] die Ähren des Getreides weder abstreiften noch
10 abschnitten, sondern einfach […] [die] heruntergefallenen Körner vom Boden auflasen. So konnten sie von Mai bis Oktober Grassamen ernten. Die Wissenschaftler sind überzeugt, dass die Jäger und Sammler so gelernt haben könnten, wie neue
15 Pflanzen aus jenen Körnern entstehen, die im Jahr zuvor liegen geblieben sind. Mit diesem Wissen wäre die Entwicklung einer Technik zum Säen und damit zum Anbau von Pflanzen leicht gewesen.

**2 a)** Begründe, warum der Speiseplan der Steinzeitmenschen nach der letzten Kaltzeit vielfältiger wurde.
**b)** Erkläre, warum die Steinzeitmenschen Samen von Gräsern sammelten.
**c)** Erläutere die Annahme der Wissenschaft: „Mit diesem Wissen wäre die Entwicklung einer Technik zum Anbau von Pflanzen leicht gewesen". Think – Pair – Share

## Leben in der Vorgeschichte

*Warum änderten die Menschen ihre bisherige Lebensweise?*

**Abb. 1** *Die Menschen errichteten feste Siedlungen. Das Foto zeigt Rekonstruktionen von Pfahlbauten aus der Zeit vor 6000 Jahren. Die Rekonstruktionen sind im Freilichtmuseum in Unteruhldingen in Baden-Württemberg zu besichtigen.*

# Menschen werden sesshaft

### Ackerbau und Viehzucht

Jahrtausende hatten die Menschen vom Sammeln und Jagen gelebt. Sie waren umhergezogen und ernährten sich von dem, was sie in der Natur fanden. Die Fähigkeit, Getreide und auch Gemüse selbst anzubauen, war ein grundlegender Wandel in der Geschichte der Menschheit.

Mit dem **Ackerbau** begannen die Menschen erstmals bewusst in die Natur einzugreifen und diese nach ihren Bedürfnissen zu nutzen. Sie bauten jetzt durch Aussaat und Ernte ihre Feldfrüchte selbst an. Dabei lernten sie, ihre Ernteerträge zu steigern, indem sie immer nur große und feste Körner aussäten.

Vor etwa 15 000 Jahren gelang es den Menschen, junge Wölfe aufzuziehen. Als Hunde wurden sie zu Haustieren und dienten den Menschen als Jagdbegleiter. Nach Erkenntnissen der Forschung begannen die Menschen vor ca. 11 000 Jahren, wilde Schafe und Ziegen, später auch Schweine und Rinder als Nutztiere zu halten, d. h. **Viehzucht** zu betreiben.

### Hausbau

Für die Entwicklung des Ackerbaus waren Siedlungen notwendig. Die Menschen errichteten diese an geeigneten Stellen. Das waren Bereiche, an denen sie ausreichend Wasser, geeignete Böden und Materialien für den Hausbau vorfanden. Die Häuser, die sie bauten, waren teils bis zu 40 Meter lang und in Wohn-, Speicher- und Stallbereiche unterteilt.

Die Zeit, in der die Menschen begannen, als Ackerbauern und Viehzüchter zu leben und sesshaft zu werden, wird **Jungsteinzeit** bzw. Neolithikum genannt. Sie dauerte von etwa 10 000 bis 2500 v. Chr.

**A** Erkläre den Begriff Jungsteinzeit.
**B** Beschreibe die Veränderungen bei der Nahrungsbeschaffung.
**C** Erkläre, warum die Jungsteinzeitmenschen ihre Siedlungen an bestimmten Stellen errichteten.

Film: *Über die Sesshaftwerdung*

### Entwicklung und Ausbreitung der Landwirtschaft

**M1** *Es gibt nicht die eine „Wiege der Landwirtschaft". (Radiobeitrag, 2013, sprachlich vereinfacht)*

Die Entwicklung von Ackerbau und Viehzucht ist das wohl wichtigste Ereignis der Menschheitsgeschichte: Es gibt aber keine „Wiege der Landwirtschaft". Sie wurde vor rund 12 000 Jahren gleichzeitig an mehreren Orten zwischen dem östlichen Mittelmeer und dem persischen Golf erfunden. Diese regenreiche Gegend wird als Fruchtbarer Halbmond bezeichnet und liegt zwischen der heutigen Türkei und dem heutigen Irak. Mit einiger Fantasie kann man von oben tatsächlich einen Halbmond erkennen. Viele Pflanzen, die dort gezüchtet wurden, bilden die Nahrungsgrundlage der heutigen Weltbevölkerung.

**M2** *Ausbreitung der Landwirtschaft*

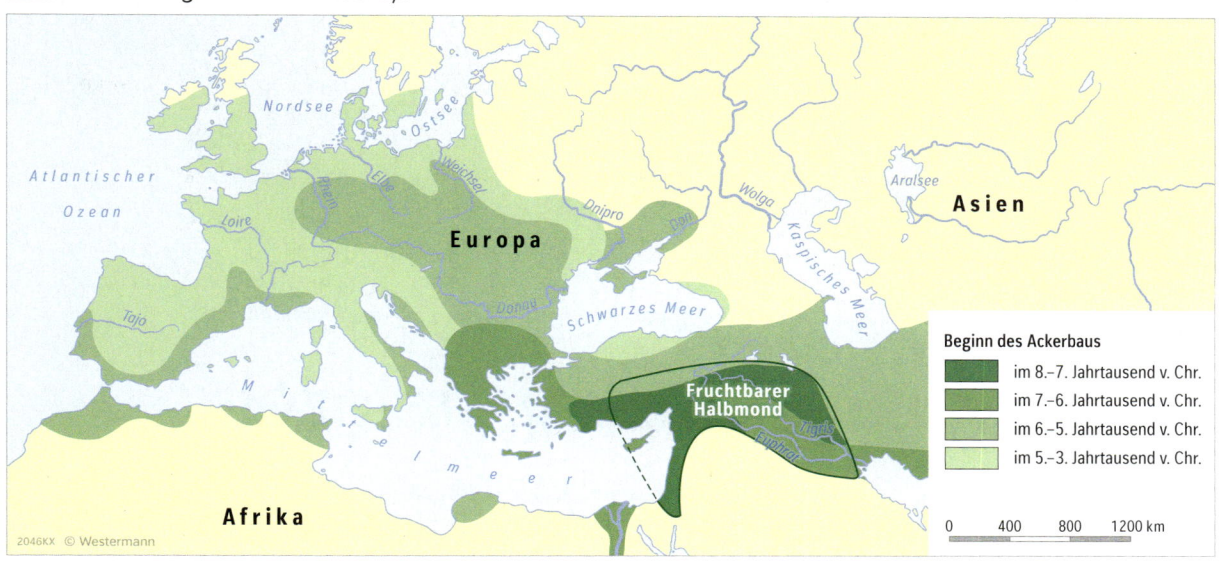

**M3** *Anzahl der Menschen, die von einem Quadratkilometer ernährt werden können. (Ein Quadratkilometer ist die Fläche eines Quadrates, das einen Kilometer lang und einen Kilometer breit ist.)*

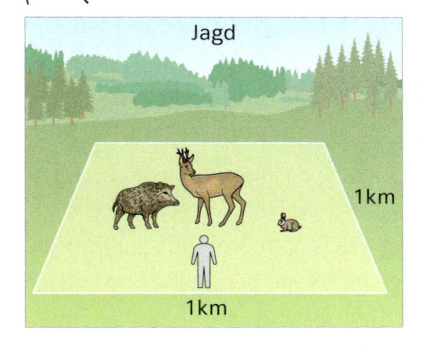

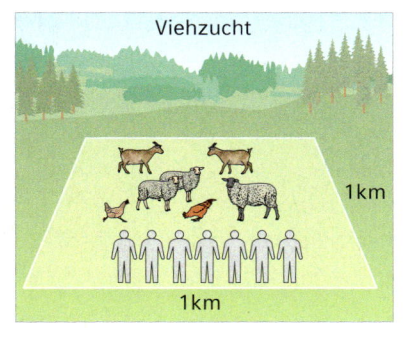

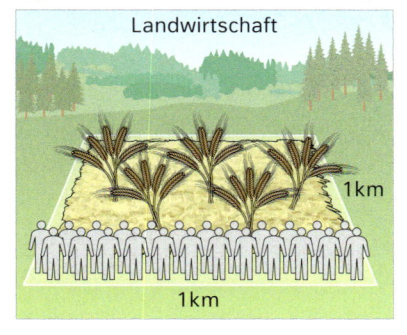

**1 a)** Erkläre, warum sich die Landwirtschaft in der Region des „Fruchtbaren Halbmonds" entwickelte. (M1)
**b)** Beschreibe mithilfe der Karte M2 die Verbreitung des Ackerbaus.
**c)** Erläutere anhand der Abbildungen in M3 Vorteile des Ackerbaus und der Viehzucht gegenüber dem Jagen und Sammeln.

**2** Begründe, warum die Landwirtschaft zu den wichtigsten Entwicklungen der Geschichte zählt. Placemat

Leben in der Vorgeschichte

*Warum brauchen die Menschen neue Werkzeuge und Geräte?*

**Abb. 1** *Steinschale und Mahlstein, die im heutigen Frankreich gefunden wurden (5000 – 6000 Jahre alt)*

# Erfindungen der Jungsteinzeit

### Erfindungen in der Landwirtschaft

Mit der neuen Lebensweise als Ackerbauern und Viehzüchter benötigten die Menschen andere Geräte und Werkzeuge. Besonders wichtig war das für den Ackerbau. Für eine ertragreiche Ernte war eine gute Bodenbearbeitung notwendig.

Anfangs wurde der Boden mit einem Grabstock an der Oberfläche gelockert. Eine bessere Bodenbearbeitung gelang den Menschen später mit dem Spaten, mit dem der Boden gewendet werden konnte. Durch die Erfindung des **Pflug**es konnten größere Flächen bearbeitet und für die Aussaat vorbereitet werden. Auch Erntegeräte, wie die **Sichel** zum Schneiden des Getreides, erleichterten die Arbeit.

---

**Pflug:** Gerät zum Lockern und Wenden der obersten Erdschicht
**Sichel:** Werkzeug zum Schneiden von Getreide
**Rodung:** Entfernung von Bäumen mit ihren Wurzeln
**Flachs:** eine Pflanze

---

### Erfindungen erleichtern das Leben

Für den Hausbau oder für Rodungsarbeiten benötigten die Menschen stabile Äxte und Beile. Dazu wurden Steine in entsprechende Form gehauen, mit Sand und Wasser geschliffen und durchbohrt. So konnte die Steinaxt auf einen Holzstiel aufgezogen werden.

Den Menschen gelang es auch, aus der Wolle der Schafe oder aus den Fasern des Flachses Fäden zu spinnen. Die Fäden wurden auf **Webstühlen** zu Stoffen verwebt. Aus diesen Stoffen fertigten die Menschen Kleidung und Decken an.

Zur Aufbewahrung von Lebensmitteln stellten die Menschen Schalen und Krüge her. Diese formten sie zunächst aus **Ton** und brannten sie später im Feuer, sodass sie fest wurden.

**A** Beschreibe die Sachquelle in der Abbildung.
**B** Nenne Erfindungen und ihre Funktionen.

Film: *Erfindungen der Jungsteinzeit*

Erfindungen der Jungsteinzeit | Digital+
WES-117845-051

## Die Landwirtschaft erfordert neue Geräte

**M1** *Über den Holzpflug von Walle in Niedersachsen (Radiobeitrag, 2017, sprachlich vereinfacht)*

Der Pflug von Walle ist knapp 4000 Jahre alt. Der Pflug besteht im Wesentlichen aus drei Teilen. Das ist erstens ein Stück Stamm, aus dem ein Ast herauswächst. Das Stammstück ist die sogenannte
5 Pflugsohle, mit der der Boden bearbeitet wird. Der zweite Teil ist der herausgewachsene lange Ast, an dem der Pflug gezogen wurde. Der dritte Teil ist ein Griff, mit dem das Gerät in den Boden hineingedrückt wurde, wenn er gezogen wurde.
10 Der Pflug ist knapp drei Meter lang. Man geht davon aus, dass er sicherlich nicht von Menschen gezogen worden ist. Es spricht das meiste dafür, dass der Pflug mit Tierkraft gezogen wurde. Mit dieser Technik wurde der Boden nur angeritzt. So wurde
15 aber ein optimales Saat-Bett, eine Furche, für das Saatgut geschaffen. Derartige frühe Großgeräte waren ein Wendepunkt für die Landwirtschaft. Furchen für die Saat mussten nicht mehr mühsam per Hand gezogen werden. Ein Gespann konnte den
20 harten Boden aufreißen und für die Saat vorbereiten. Mithilfe dieses Gerätes konnten Bauern schneller arbeiten und immer größere Flächen beackern. Immer mehr Menschen konnten ernährt werden und auch harte Winter überstehen.

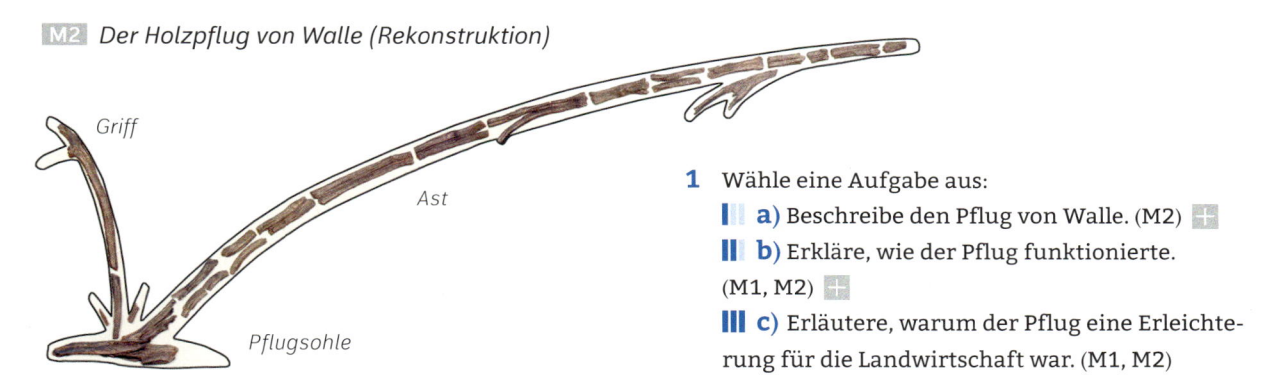

**M2** *Der Holzpflug von Walle (Rekonstruktion)*

*Griff*
*Ast*
*Pflugsohle*

**1** Wähle eine Aufgabe aus:
**a)** Beschreibe den Pflug von Walle. (M2)
**b)** Erkläre, wie der Pflug funktionierte. (M1, M2)
**c)** Erläutere, warum der Pflug eine Erleichterung für die Landwirtschaft war. (M1, M2)

## Neue Geräte erleichtern viele Arbeiten

**M3** *Die Sichel*

**M4** *Das Rad*

**M5** *Der Webrahmen*

**2** Wähle ein Werkzeug bzw. Gerät aus und recherchiere darüber. Berichte in der Klasse. Marktplatz

Erfindungen der Jungsteinzeit

## Lebensbedingungen in der Jungsteinzeit

**M6** *Eine jungsteinzeitliche Siedlung (Rekonstruktionszeichnung)*

**3** Arbeite aus der Rekonstruktionszeichnung heraus, wie die Menschen in der Jungsteinzeit lebten und sich versorgten.

Erfindungen der Jungsteinzeit | Digital+
WES-117845-053

Material

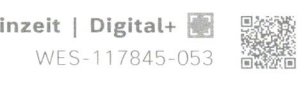

**4** Vergleiche die Lebensweise der Menschen in der Altsteinzeit (M3 auf Seite 36/37) mit der Lebensweise in der Jungsteinzeit. Partnerabfrage

# Wir arbeiten wie in der Steinzeit

### Arbeiten wie in der Steinzeit
Vielleicht wollt ihr einmal wie die Steinzeitmenschen arbeiten. Hier findet ihr fünf Tipps, was ihr ausprobieren könnt.

### Faustkeil – das erste Werkzeug für alles
Du benötigst einen nicht zu großen Feuerstein und einen zweiten, sehr harten Stein. Letzteren verwendest du als Schlagstein. Feuersteine kannst du oft in deiner Umgebung, z. B. auf Feldern sammeln oder du besorgst ihn dir in einem Geschäft, das Mineralien verkauft, oder im Internet.
Mit dem Schlagstein schlägst du auf den Feuerstein, sodass sich Teile ablösen. Das wiederholst du so oft, bis scharfe Kanten entstehen. Die abgeschlagenen Splitter wurden auch als Werkzeug benutzt, z. B. als Schaber.
Bei dieser Arbeit musst du unbedingt eine Schutzbrille tragen. Diese gab es in der Steinzeit zwar nicht, aber ohne Schutz ist die Verletzungsgefahr deiner Augen durch Splitter sehr groß.

**Abb. 1** *Einen Faustkeil herstellen*

### Ketten und Armbänder herstellen
Für die Herstellung des Schmucks brauchst du Schneckenhäuser, die du im Wald oder auf Wiesen findest, oder Tierzähne, die du von Jägern oder Förstern bekommst. Vielleicht hat jemand aus eurer Klasse Muschelschalen aus dem letzten Urlaub. Darüber hinaus benötigst du ein Lederband oder eine Bastschnur und einen harten spitzen Gegenstand, z. B. einen spitzen Stein. Bohre mit dem spitzen Stein jeweils ein Loch in die Gegenstände, ziehe sie auf das Lederband oder die Schnur und mache einen Knoten. Zähne kannst du nicht durchbohren, die musst du mit einer extra Schnur festbinden. Und schon ist deine Kette oder dein Armband fertig.

**Abb. 2** *Eine Muschelkette herstellen*

### Malen wie in der Steinzeit
Wenn du wie die Menschen in der Steinzeit malen willst, musst du dir zuerst Farben herstellen. Zur Herstellung benötigst du: Holzkohle, Kreide, rote Ziegelsteine, Johannis- oder Blaubeeren, Wasser und Eigelb. Zerstampfe mit einem Stein die Holzkohle beziehungsweise Kreide in einem Behälter zu feinem Pulver. Reibe die Ziegelsteine aneinander und sammle den roten Abrieb. Presse die Früchte aus und sammle den Saft jeweils in einem Behälter. Füge zu den unterschiedlichen Pulvern und Säften Wasser hinzu. Achte darauf, dass die Farben nicht zu flüssig werden. Deshalb rühre dann etwas Eigelb in die Farben ein. Du hast jetzt schwarze, weiße, rote und blaue Farben.

Mit diesen Farben kannst du auf selbst hergestellten Gipsplatten, als Ersatz für Felswände, oder auf braunem Packpapier malen.

Gipsplatten stellst du ganz einfach her. Rühre Gips an und gieße ihn in den Deckel eines Schuhkartons. Wenn die Masse gut ausgetrocknet ist, entferne den Karton und fertig ist die „kleine Höhlenwand".

**Abb. 3** *Ein Höhlenbild malen*

## Bogen und Pfeil herstellen

Du brauchst eine Schnur und einen etwa 1,20 bis 1,50 Meter langen frischen und geraden Ast, der einen Durchmesser von 1,5 bis 2 Zentimetern hat. Du solltest ihn mit deinem Daumen und Zeigefinger umschließen können. Äste kannst du dir im Wald oder Garten besorgen. Entferne Seitenäste und Blätter und glätte den Ast, z. B. an unebenen Stellen.

Kerbe den Ast nun an den beiden Enden kreisrund ein. Befestige an einem Ende des Astes die Schnur an der Kerbe, indem du sie mehrfach um die Einkerbung wickelst. Verknote dann die Schur fest, sodass sie nicht verrutschen kann. Biege den Ast langsam, bis er die Form eines Halbmondes hat. Befestige die Schnur nun am anderen Ende, genauso wie du es vorher gemacht hast. Fertig ist dein Bogen.

Für die Pfeile suche dir gerade, frische Äste, etwa 80 Zentimeter lang, mit einem Durchmesser von etwa einem halben Zentimeter. Spitze den Ast an einem Ende an, an dem anderen Ende schlitze ihn ein, sodass er in die gespannte Schnur deines Bogens passt.

**Abb. 4** *Pfeil und Bogen herstellen*

## Mehl herstellen

Du brauchst für die Herstellung des Mehls Getreidekörner. Die bekommst du z. B. in einem Bioladen oder Reformhaus. Darüber hinaus benötigst du zwei Steine. Der eine muss flach und länglich, der andere rund und faustgroß sein.

Schütte einige Weizenkörner auf den flachen Stein und reibe kräftig mit dem runden Stein über die Körner, bis sie zu Mehlstaub zerrieben sind.

**Abb. 5** *Mehl herstellen*

Leben in der Vorgeschichte

*Welche religiösen Vorstellungen hatten die Menschen der Jungsteinzeit?*

**Abb. 1** *Das Großsteingrab von Wulfen in Sachsen-Anhalt (errichtet ca. 3200 – 2800 v. Chr.)*

# Glauben und Bestattung

### Die Megalithkultur
Mit der **Jungsteinzeit** verbreiteten sich in Europa Großsteinbauten, die sogenannte **Megalithkultur**. Das können z. B. einzelne große aufgestellte Steine, sogenannte Menhire, sein oder Steingräber mit Gruppen von Menhiren und Steinplatten oder auch Steintempel. Die ähnlichen Bauweisen lassen den Schluss zu, dass die Menschen vergleichbare religiöse Vorstellungen hatten. **Großsteinbauten** wurden in der Zeit von etwa 5000 bis 2000 v. Chr. errichtet.

### Die Bestimmung der Großsteinbauten
Die Wissenschaft ist sich sicher, dass diese gewaltigen Steinbauten mit einem **Totenkult** und einer Verehrung von überirdischen Mächten in Zusammenhang stehen. Wie die Menschen der Altsteinzeit glaubten auch die der Jungsteinzeit an ein Leben nach dem Tod. Der Tod war für sie nichts Endgültiges. Im Kreislauf des Daseins war er für die Menschen nur eine Station in ein anderes Leben. Aus diesem Grund errichteten sie dauerhafte und unzerstörbare Grabanlagen.

Andere runde Großsteinbauten sollten den Kreislauf von Aussaat, Wachstum und Ernte zeigen, das war für die sesshaften Bauern besonders wichtig. Vielleicht war es ein Zeichen der Verehrung von überirdischen Mächten, an die die Menschen glaubten.

Auch die großen Steintempel auf Malta, gebaut zwischen 3800 und 2500 v. Chr., zeigen, dass die Menschen der Jungsteinzeit **religiöse Vorstellungen** hatten. Das belegen z. B. Funde von Knochen von geopferten Tieren. Wem die Opfer dargebracht wurden, ist nicht bekannt.

**A** Beschreibe das Großsteingrab von Wulfen.
**B** Erkläre den Begriff Megalithkultur.
**C** Arbeite heraus, warum Menschen der Jungsteinzeit Großsteinbauten errichteten.

Film: *Religiöse Vorstellungen in der Jungsteinzeit*

## Riesige Großsteinbauten für die Ewigkeit

**M1** *Bau eines sogenannten Ganggrabes (Rekonstruktionszeichnung)*

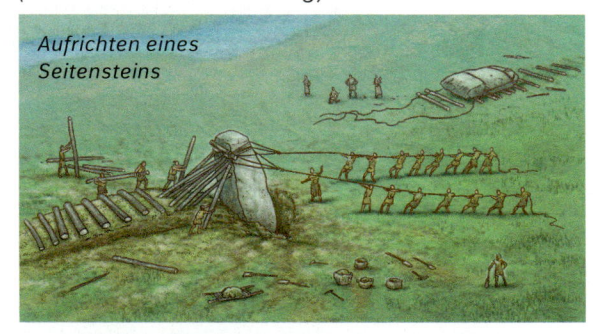

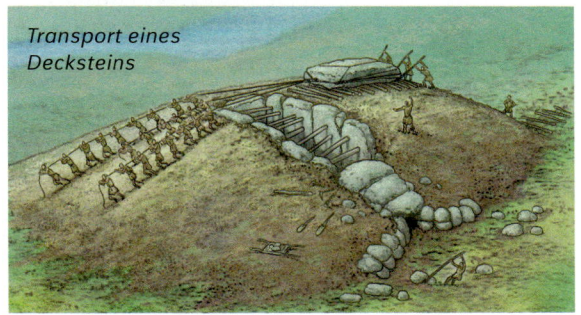

*Aufrichten eines Seitensteins*

*Transport eines Decksteins*

*Abdecken der Grabkammer*

**M2** *Ein Haus für die Ewigkeit (Beitrag auf der Website „Straße der Megalithkultur")*

In der Jungsteinzeit waren Großsteingräber für die meisten Menschen die letzte Ruhestätte. In Norddeutschland war der Typ des sogenannten Kollektivgrabes vorherrschend, d.h., dass in ein schon
5 benutztes Grab nachträglich andere Verstorbene beigesetzt wurden. Ein einziges Megalithgrab konnte Skelettreste von bis zu 150 Individuen enthalten. Großsteingräber sind offensichtlich über viele Generationen hinweg benutzt worden. Es ist
10 unklar, woher die Sitte stammt, die Toten in solch gewaltigen Grabkammern beizusetzen […]. Typisch für den nordwestdeutschen Raum ist das Ganggrab: Es besitzt einen Zugang aus Steinen, der nach Süden ausgerichtet ist und sich vermutlich auf den
15 Mittagsstand der Sonne bezieht.
Die Megalithiker glaubten an ein Leben nach dem Tod. Dafür sprechen die zahlreichen Grabbeigaben, […] wie Tongefäße mit Nahrung, Waffen, Werkzeuge und Schmuck (Bernsteinperlen, Tierzähne, Kupfer-
20 anhänger).

**1** Wähle eine Aufgabe aus:
   **a)** Beschreibe den Bau eines Großsteingrabes.
   **b)** Arbeite die wesentlichen Angaben zu einem Großsteingrab heraus.
   **c)** Begründe die Aussage: „Die Jungsteinzeitmenschen glaubten an ein Leben nach dem Tod."

## Tempelanlagen zeugen von religiösen Vorstellungen

**M3** *Megalith-Tempel auf Malta*

*Im Zeitraum von 3800 bis 2500 v. Chr entstanden auf Malta ca. 30 Tempelanlagen. Die Megalith-Bauten haben Altarräume, in denen die Menschen Tiere opferten. Dies konnte durch Knochenfunde nachgewiesen werden. Auch Gefäße, in denen das Blut der Tiere aufgefangen wurde, konnten gefunden werden.*

**2 a)** Erkläre, woran religiöse Vorstellungen der Jungsteinzeitmenschen von Malta erkennbar sind.
   **b)** Beurteile die Bauleistung unter Berücksichtigung der damaligen Werkzeuge.

## Leben in der Vorgeschichte

*Welche Vorteile hat Metall gegenüber Stein?*

Abb. 1 *Löwenkopf mit Kupferverzierung aus dem Tempel Ninhursag im Irak (gefertigt 2600 – 2400 v. Chr.)*

# Der Beginn der Metallzeit

### Das Metall Kupfer

Schon um etwa 8000 v. Chr. hatten Menschen das Metall **Kupfer** entdeckt. Das belegen archäologische Funde, z. B. aus Çatalhöyük, einer Großsiedlung der Jungsteinzeit in der heutigen Türkei.

Kupfer kommt in der Natur vorwiegend als Kupfererz, einem kupferhaltigen Gestein, vor. Wie es die Menschen schafften, Kupfer aus Kupfererz zu gewinnen, ist nicht bekannt. Vielleicht gelangte ein Brocken Kupfererz in einen Töpferofen und am Ende des Tonbrandes fanden die Menschen einen glänzenden Klumpen vor, das Metall Kupfer.

Mit der Zeit lernten die Menschen Kupfer systematisch aus Kupfererz zu gewinnen. Kupfer war vielfältiger als das bislang gebrauchte Material Stein zu nutzen. Erhitztes Kupfer lässt sich in Formen gießen oder mit dem Hammer bearbeiten. Kaputte Gegenstände konnten eingeschmolzen und daraus etwas Neues hergestellt werden.

### Bronze als weiterer Werkstoff

Kupfer ist ein weiches Metall, das gut für Schmuck geeignet ist, aber weniger gut für Werkzeuge oder Waffen. Um 2800 v. Chr. entwickelten die Menschen ein neues Material, die **Bronze**. Das ist eine Mischung aus Kupfer und Zinn. Bronze ist viel härter als Kupfer. Die Zeit, in der Metalle wie Kupfer und Bronze wichtige Werkstoffe wurden, wird **Metallzeit** genannt. In dieser Zeit begann eine **Spezialisierung**, denn das Anlegen von Bergwerken, der Abbau von Erzen oder die Bearbeitung von Metallen erforderte besonderes Wissen. Erste Berufe entstanden.

**A** Beschreibe, wie Kupfer entdeckt wurde.
**B** Nenne Vorteile von Metallen als Werkstoff gegenüber Stein.
**C** Begründe, warum erste Berufe entstanden.

Filme: *Kupfer und Bronze; Arbeitsteilung*

## Der Abbau von Erzen

**M1** Ein bronzezeitliches Bergwerk, in dem Zinn abgebaut wurde (Rekonstruktionszeichnung)

*Erhitzen des Gesteins*

*Abkühlen des Gesteins*

*Abbauen des Gesteins, das durch Erhitzen und Abkühlen gelockert wurde*

## Berufe entstehen

**M2** Verschiedene berufliche Spezialisierungen in der Metallzeit

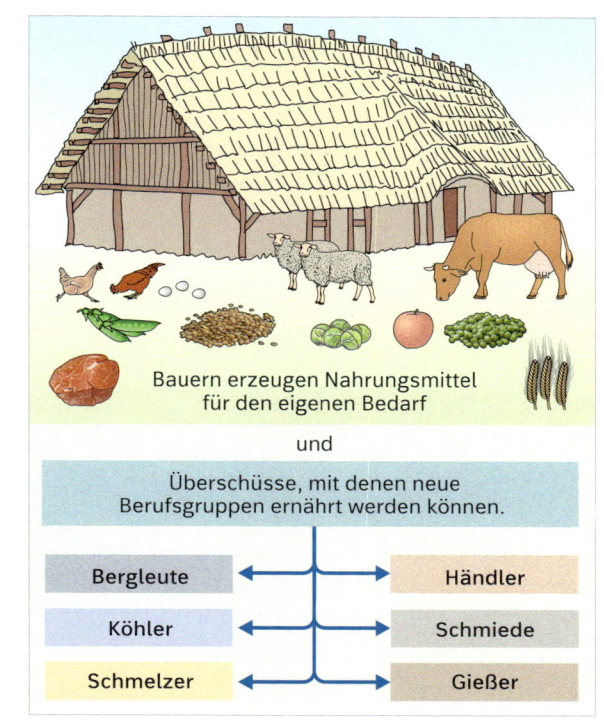

Bauern erzeugen Nahrungsmittel für den eigenen Bedarf

und

Überschüsse, mit denen neue Berufsgruppen ernährt werden können.

- Bergleute ↔ Händler
- Köhler ↔ Schmiede
- Schmelzer ↔ Gießer

**2 a)** Erkläre die Entstehung verschiedener Berufe.
**b)** Erläutere anhand der Grafik die Bedeutung der Bauern.

**1** Beschreibe die Arbeiten in einem bronzezeitlichen Bergwerk. (M1)

# Leben in der Vorgeschichte

## Die Anfänge der Menschheit

Nach heutigen Erkenntnissen der Wissenschaft gab es in Afrika vor über sieben Millionen Jahren die ersten Vormenschenarten. Im Laufe von Millionen Jahren entwickelten sich aus ihnen der Frühmensch, der Altmensch und vor etwa 300 000 Jahren der Jetztmensch, der Homo sapiens. Der bekannteste Altmensch ist der ausgestorbene Neandertaler. Die Wissenschaft hat nachgewiesen, dass er der engste Verwandte des Homo sapiens, also von uns, ist.

## Menschen der Altsteinzeit

Die Zeit von 2,5 Millionen Jahren bis 10 000 v. Chr. wird Altsteinzeit genannt. In diesem Zeitraum hatten die Menschen keinen festen Wohnsitz. Sie zogen umher und lebten von dem, was sie in der Natur fanden. Dazu jagten sie Tiere und sammelten alles Essbare, wie z. B. Pilze, Früchte und Wurzeln.

Die Steinzeit heißt so, weil die Menschen vorwiegend das Material Stein für ihre Werkzeuge und Waffen benutzten. Das wichtigste Allzweckwerkzeug war der Faustkeil, ein aus Feuerstein scharf und spitz behauener Stein. Im Laufe der Zeit wurden weitere Werkzeuge und Waffen, wie z. B. Axt, Dolch oder Speer, entwickelt.

**Abb. 1** *Die Menschen lebten vom Jagen und Sammeln.*

## Klimaveränderung – neue Lebensweisen

Vor etwa 10 000 Jahren endete die letzte Eiszeit. Mit dem wärmeren Klima änderte sich die Pflanzen- und Tierwelt. Es breiteten sich Laubwälder aus. Tiere wie das Mammut starben aus und neue Tierarten, wie z. B. Rehe, Hirsche, Schafe und Wildschweine, entwickelten sich. Mit dem wärmeren Klima lernten die Menschen Getreide anzubauen und Tiere zu züchten. Sie bauten Häuser, wurden sesshaft und entwickelten neue Geräte, wie z. B. den Pflug, den Webrahmen, das Rad und die Sichel. Die Zeit von 10 000 bis 2500 v. Chr. wird Jungsteinzeit, Neolithikum, genannt und die Veränderungen bezeichnet man als Neolithische Revolution. Mit der Entdeckung von Kupfererzen, der Herstellung von Bronze und der Eisengewinnung begann eine neue Zeit, die Metallzeit. Dadurch, dass die Menschen jetzt auch Überschüsse von Nahrung produzierten, konnten sich erste Berufe wie Schmiede, Händler oder Bergleute bilden.

**Abb. 2** *Die Menschen wurden sesshaft.*

### Wichtige Begriffe

Ackerbau, Altmensch, Altsteinzeit, Bronze, Faustkeil, Frühmensch, Höhlenmalerei, Jagen, Jetztmensch, Jungsteinzeit, Megalithkultur, Neandertaler, Neolithische Revolution, Pflug, Sammeln, Viehzucht

## Entwicklung der Menschheit

**M1** *Achtung, Fehler!*

A Der Homo sapiens entwickelte sich vor sieben Millionen Jahren direkt aus dem Menschenaffen.
B Der Ursprung zum Homo sapiens liegt im heutigen Marokko, in Afrika.
C Neandertaler hatten einen sehr schlanken Körper und waren besonders groß.
D Für die Entwicklung der Gattung Homo war ihre Anpassung an das Klima und die Ausbildung ihres Gehirns entscheidend.
E Die Neandertaler ernährten sich vorwiegend von pflanzlicher Kost und gingen wenig auf Jagd.
F Frauen und Männer der Neandertaler galten als geschickte Jägerinnen und Jäger.

**1 a)** Nenne die Fehler in M1.
**b)** Berichtige die falschen Aussagen im Heft.

## Leben in der Vorgeschichte

**M2** *Vor 400 000 Jahren – eine heutige Rekonstruktion einer Mammutjagd*

**2 a)** Beschreibe die dargestellte Szene.
**b)** Gib der Szene eine passende Überschrift.
**c)** Du darfst zum ersten Mal mit deinem eigenen Speer zur Jagd gehen. Notiere deine möglichen Gedanken und Gefühle.

## Menschen werden sesshaft

**M3** *Schüttelrätsel*

A) E R **A** C K B A U
B) H C **V** T I E Z U H
C) **H** A U B U S A
D) A S A **A** U S T
E) **E** R E T N
F) T I R E **H** A S U
G) C **H** L E S I
H) D U **R** O N G
I) I E L **B**
J) **W** B E N E
K) S T Z E T I E I **G** N U J

**Tipp:** Der fett gedruckte Buchstabe ist der Anfangsbuchstabe des gesuchten Begriffs!

**3 a)** Bringe die Buchstaben der gesuchten Begriffe in die richtige Reihenfolge.
**b)** Erklärt euch in Partnerarbeit gegenseitig die Begriffe.

**4** Stelle die Vor- und Nachteile der Lebensformen sesshafter Bauern den umherziehenden Sammlern und Jägern gegenüber.

## Eine neue Zeit – die Metallzeit

**M4** *Speerkopf aus Bronze (etwa 2000 v. Chr.), gefunden in einem Grab (Zypern)*

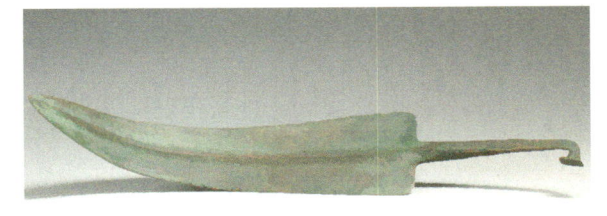

**5 a)** Beschreibe, wie Bronze hergestellt wurde.
**b)** Vermute, warum der Speerkopf mit in das Grab gelegt wurde.
**c)** Ein Bauer und ein Schmied unterhalten sich über die Wichtigkeit ihrer Arbeiten. Entwickle ein mögliches Gespräch zwischen den beiden.

Lösungen: *Lerncheck*

# Das alte Ägypten – eine Hochkultur

## Kapitel 3

- *Wie lebten die Menschen im alten Ägypten?*
- *Welche Rolle spielte der Nil für die Menschen?*
- *Was sind Pyramiden?*
- *Woran glaubten die Menschen damals?*

Das alte Ägypten – eine Hochkultur

*Welche Rolle spielte der Nil für die Menschen im alten Ägypten?*

Abb. 1 *Der Nil in Ägypten (heutige Luftaufnahme)*

# Ägypten und der Nil

### „Ein Geschenk des Nils"
Das Land Ägypten bezeichnete der griechische Geschichtsschreiber Herodot im 5. Jh. v. Chr. als Geschenk des **Nils**. Damit meinte er, dass der Reichtum des Landes vom Fluss kam. Mit 6671 km ist der **Nil** der längste Fluss der Welt. Auf einer Länge von über 1000 km fließt er durch die Wüste Sahara und ist dort die einzige Wasserquelle. Nur an seinem Ufer ist bis heute auf einem Streifen von maximal 20 km Breite **Landwirtschaft** möglich. Schon vor etwa 7000 Jahren begannen die Menschen am Nil, **Landwirtschaft** zu betreiben.

### Jährliche Überschwemmungen
Jedes Jahr ereignete sich die **Nilschwemme**. Dabei trat der Nil weit über seine Ufer und überflutete Teile des Flusstales. Das Wasser blieb wochenlang auf den Feldern stehen. Kleine Dämme sorgten dafür, dass das Wasser noch auf den Feldern blieb, wenn das Hochwasser schon zurückging. Die Böden am Flussufer wurden auf diese Weise gut durchwässert. Zudem setzte sich eine Schlammschicht ab, die den Boden mit Nährstoffen versorgte. Dadurch konnten am Nilufer trotz des heißen Klimas viele Nutzpflanzen wachsen. Nach der Flut nutzten die Ägypter das Wasser des Nils außerdem, um die Felder zu bewässern.

### Leben nach den Regeln des Flusses
Für die Ägypter war es wichtig, die Zeit des Hochwassers vorhersagen zu können. Ägyptische Gelehrte beobachteten den Sternenhimmel und erkannten, dass sich nach 365 Tagen die Sternbilder wiederholen. So legten sie die Dauer eines Jahres fest und führten einen **Kalender** ein. Durch ihre Beobachtungen erkannten sie auch, dass die Nilschwemme immer mit einem bestimmten Stand der Sterne zusammenfiel. Somit wussten sie, wann das Hochwasser kommen würde. Das Nilhochwasser entsteht jedes Jahr durch das Zusammenfallen der Schneeschmelze und der Regenzeit im Hochland von Ostafrika. Dann fließen gewaltige Wassermengen in den Nil. Die Nilschwemme kündigte sich auch durch eine Verfärbung des Wassers an, weil das Wasser aus dem Hochland erst grün schimmernde Algen mit sich führt und bald darauf mitgespülte Erde.

**A** Beschreibe, weshalb die Ägypter am Ufer des Nils siedeln konnten.
**B** Erkläre, wie der Nil die Ernährung sicherte.
**C** Stelle dar, warum die Ägypter das Einsetzen der Nilschwemme voraussagen konnten.

Filme: *Landwirtschaft am Nil; Ägyptischer Kalender*

## Die Jahreszeiten in Ägypten

**M1** *Vereinfachte Darstellung der Wasserstände des Nils im Jahresverlauf*

| Juli | Aug. | Sept. | Okt. | Nov. | Dez. | Jan. | Feb. | März | April | Mai | Juni |

Höchststand — Hochwasser — Rückgang — Normalwasser — Niedrigwasser

**Achet** — Überschwemmung
**Peret** — Aussaat, Bewässerung, Wachstum
**Schemu** — Ernte, Brache

**1** Beschreibe die Wasserstände des Nils während der ägyptischen Jahreszeiten.
**2** Erkläre die Veränderungen des Wasserstandes des Nils im Jahresverlauf.

## Ägypten zur Pharaonenzeit

**M2** *Eine Karte vom alte Ägypten in der Zeit um 2000 v. Chr.*

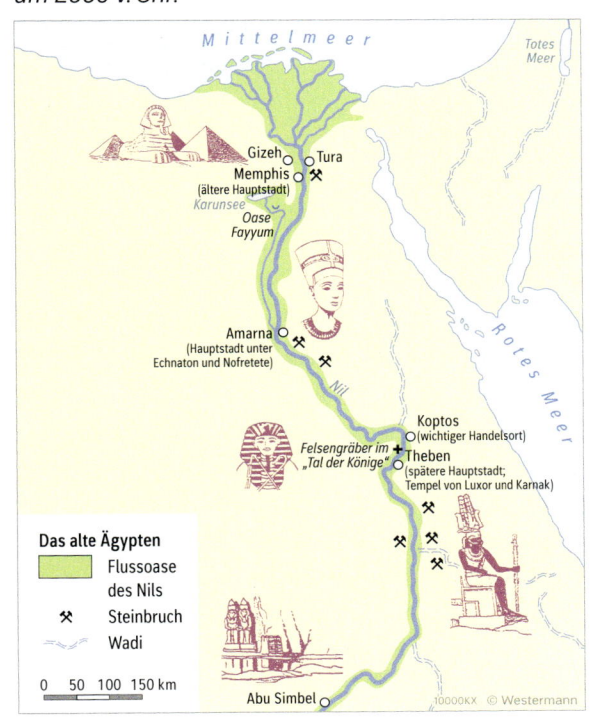

Mittelmeer — Totes Meer
Gizeh, Tura
Memphis (ältere Hauptstadt)
Karunsee
Oase Fayyum
Amarna (Hauptstadt unter Echnaton und Nofretete)
Koptos (wichtiger Handelsort)
Felsengräber im „Tal der Könige"
Theben (spätere Hauptstadt; Tempel von Luxor und Karnak)
Rotes Meer
Abu Simbel

**Das alte Ägypten**
- Flussoase des Nils
- Steinbruch
- Wadi

0 50 100 150 km

## Die Wasserstände des Nils

**M3** *Ein römischer Geschichtsschreiber beschrieb im 1. Jh. v. Chr. die Nilschwemme.*

Bei 12 Ellen: Hunger,
bei 13 Ellen: Genüge,
bei 14 Ellen: Freude,
bei 15 Ellen: Sicherheit,
5 bei 16 Ellen: Überfluss.

**Elle:** eine alte Maßeinheit, die ursprünglich von der Länge eines Unterarms abgeleitet wurde und ca. 45 cm entspricht

**M4** *Schema zu den Wasserständen des Nils*

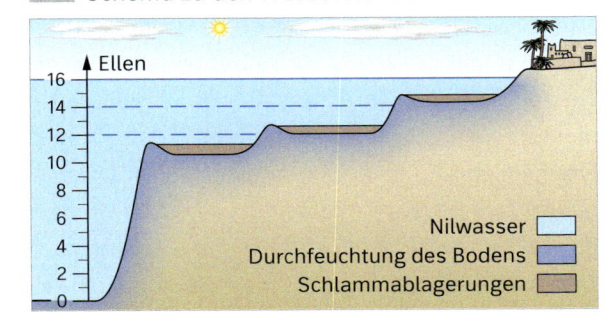

Ellen: 0–16
- Nilwasser
- Durchfeuchtung des Bodens
- Schlammablagerungen

**3** Arbeite heraus, wo in Ägypten Landwirtschaft möglich war.
**4 a)** Beschreibe die Lage der ägyptischen Städte.
**b)** Vermute Gründe dafür.

**5 a)** Gib den Inhalt der Quelle M3 in eigenen Worten wieder.
**b)** Erläutere mithilfe von M4 die Folgen eines niedrigen Nilhochwassers. Placemat

## Das alte Ägypten – eine Hochkultur

*Warum stellte das Leben am Nil eine Herausforderung dar?*

**Abb. 1** *Nach dem Nilhochwasser wurden die Felder neu vermessen ①, Bewässerungsanlagen wie das Schaduf instand gesetzt ②, Kanäle gegraben ③, der Boden gepflügt ④ und Getreide gesät ⑤. (Rekonstruktionszeichnung)*

# Landwirtschaft am Nil

### Im Achet
Mit dem Einsetzen der **Nilschwemme** begann die Jahreszeit Achet und somit das ägyptische Jahr. In den ersten vier Monaten konnten die Bauern nicht auf die Felder. In dieser Zeit arbeiteten sie auf Baustellen wie z. B. denen des Pharaos oder denen von Tempeln.

### Im Peret
Nach dem Nilhochwasser folgte die Jahreszeit Peret. Nun mussten als Erstes die Felder neu vermessen werden, weil das Hochwasser und die Schlammmassen die Grenzen verwischt hatten. Diese Arbeit übernahmen ausgebildete Landvermesser. Danach pflügten die Bauern die Felder und säten z. B. Getreide aus. Sie bauten Gemüse wie Knoblauch, Zwiebeln, Linsen oder Bohnen an und züchteten Gewürzpflanzen wie Wacholder, Koriander oder Kümmel. In dieser Jahreszeit war es wichtig, die Felder regelmäßig zu bewässern, damit die Pflanzen nicht vertrockneten. Auch wenn das Land am Nilufer sehr fruchtbar war, mussten die Bauern körperlich hart arbeiten.

### Im Schemu
Wenn die **Trockenzeit** Schemu einsetzte, begann für die Bauern die Ernte. Von ihren Erträgen mussten sie einen bestimmten Anteil als Abgaben abliefern. Die Höhe der Abgaben wurde jährlich während des Hochwassers neu festgelegt. Priester maßen den Höchststand des Nils. Daran schätzten sie ab, wie hoch die Ernte ausfallen würde und wie viele **Abgaben** daher von den Bauern eingefordert werden konnten.
Die Abgaben nahmen Beamte entgegen und stützten sich dabei auf die Schätzungen der Priester. Die Beamten notierten genau, wie viel **Vorräte** eingelagert wurden. Dies war notwendig, denn viele Berufsgruppen wie Beamte, Handwerker, Soldaten und andere wurden mit Nahrungsmitteln bezahlt, da sie selbst keine Landwirtschaft betrieben.

**A** Nenne verschiedene Tätigkeiten in der ägyptischen Landwirtschaft im Jahresverlauf.
**B** Erläutere die Notwendigkeit von Fachleuten.
**C** Beschreibe, was mit der Ernte passierte.

## Über die Arbeit der Bauern

**M1** *Der griechische Gelehrte Herodot beschrieb im 5. Jh. v. Chr. die Arbeit der Bauern in Ägypten.*
Es gibt kein Volk auf der Erde, auch keinen Landstrich in Ägypten, wo die Früchte des Bodens so mühelos gewonnen werden wie hier. Sie haben [es]
5 nicht nötig, mit dem Pfluge Furchen in den Boden zu ziehen, ihn umzugraben und die anderen Feldarbeiten zu machen, mit denen die übrigen Menschen sich abmühen. Sie warten einfach ab, bis der Fluss kommt, die Äcker bewässert und
10 wieder abfließt. Dann besät jeder sein Feld und treibt die Schweine darauf, um die Saat einzustampfen, wartet ruhig die Erntezeit ab, drischt das Korn mithilfe der Schweine aus und speichert es.

**M2** *Ein ägyptischer Schreiber berichtete von den Ängsten der Bauern.*
Der Wurm hat die eine Hälfte des Korns geraubt, das Nilpferd hat die andere gefressen. Viele Mäuse gibt's auf dem Felde, die Heuschrecke ist nieder-
5 gefallen, das Vieh hat gefressen, die Sperlinge stehlen. Oh, wehe dem Bauern! Der Rest, der auf der Tenne (in der Scheune) liegt, dem haben die Diebe ein Ende gemacht: Das Gespann ist umgekommen vom Dreschen und Pflügen.
10 Da landet der Schreiber am Uferdamm und will die Ernte eintreiben. Die Beamten tragen Stöcke. Sie sagen: „Gib Korn her!" Ist keines da, so schlagen sie den Bauern.

---
**dreschen:** Heraussschlagen von Getreidekörnern aus der Ähre
**Spelze:** Hülle von Getreidekörnern in der Ähre

---

**M3** *Wandmalereien aus dem Grab des ägyptischen Beamten Mennah (14. Jh. v. Chr.)*

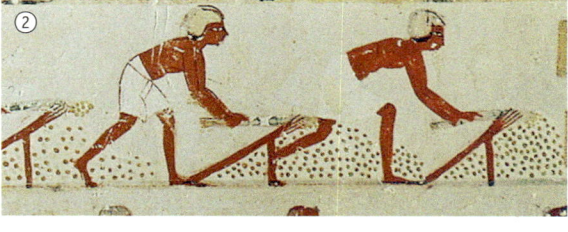

① pflügen ② säen ③ ernten ④ dreschen
⑤ trennen von Körnern und Spelzen

**1** Arbeitet im Gruppenpuzzle:
   a) Erarbeitet die Aussagen von M1, M2 und M3.
   b) Tauscht euch über eure Ergebnisse aus.
   c) Vermutet Gründe für die unterschiedlichen Darstellungen.
   d) Nehmt Stellung zu Herodots Aussage in M1, die Arbeit der ägyptischen Bauern sei „mühelos".

Landwirtschaft am Nil

**Auf den Feldern am Nil**

M4 *Erntezeit im alten Ägypten (Rekonstruktionszeichnung)*

2 **a)** Beschreibe die Aufgaben, die die Bauern ausführen.
**b)** Nenne weitere Tätigkeiten, die du auf der Illustration erkennen kannst.

Landwirtschaft am Nil | Digital+
WES-117845-069

Material

3 Erkläre, wie die Felder bewässert wurden.
4 Beurteile, wie die Ägypter das Leben am Nil meisteten. Placemat

## Das alte Ägypten – eine Hochkultur

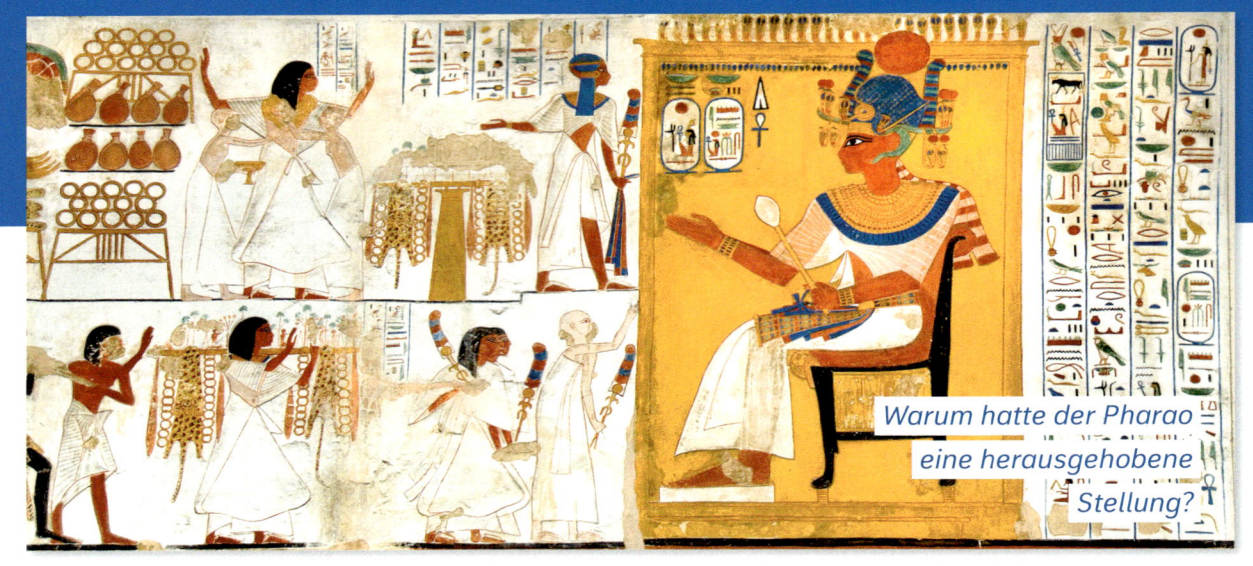

*Warum hatte der Pharao eine herausgehobene Stellung?*

**Abb. 1** *Der Pharao nimmt Abgaben entgegen. (Nachbildung eines Wandreliefs aus dem 13. Jh. v. Chr.)*

# Die ägyptische Gesellschaft

### Der Pharao – König und Gott

Die Ägypter lebten in einer strengen Rangordnung, auch **Hierarchie** genannt. Das bedeutet, dass die Menschen verschieden hohes Ansehen hatten und verschiedene Rechte. An der Spitze der ägyptischen **Gesellschaft** stand der **Pharao** als Herrscher. Ihm gehörte das ganze Land und niemand stellte infrage, ihm zu gehorchen. Die Ägypter verehrten den Pharao auch als Gott. Und nach dem Glauben der Ägypter trug der Pharao die Verantwortung dafür, dass die von den Göttern geschaffene Welt in Ordnung blieb.

### Bauern, Handwerker und Kaufleute

Im alten Ägypten waren die meisten Menschen Bauern. Sie arbeiteten auf den Feldern und übernahmen während der Nilschwemme andere Aufgaben wie z. B. das Errichten großer Bauwerke.
Die Handwerker waren die zweitgrößte Bevölkerungsgruppe. Sie stellten verschiedene Waren her wie Stoffe, Keramik oder Möbel.
Des Weiteren gab es Kaufleute, die z. B. im Auftrag des Pharaos oder von Priestern **Tauschhandel** betrieben. Da es im alten Ägypten noch kein Geld gab, tauschten die Händler Waren gegen Waren.

### Beamte – Diener des Staates

Die Beamten setzten die Befehle des Pharaos um. Der oberste Beamte war der Wesir, der auch der Stellvertreter des Pharaos war. Die Beamten übernahmen verschiedene Aufgaben, z. B. waren sie Richter, leiteten die Baustellen des Pharaos, lagerten Vorräte ein oder verteilten die Nahrungsmittel, die Arbeiter, Handwerker oder Soldaten als Bezahlung erhielten. Die Beamten waren in der ägyptischen Gesellschaft die Gruppe mit dem höchsten Ansehen.

### Befehle müssen aufgeschrieben werden

Um die vielen Aufgaben im ägyptischen Staat zu bewältigen, entwickelten die Ägypter eine **Schrift**, und es entstand der Beruf des Schreibers. Nur fertig ausgebildete Schreiber konnten später leitende Beamte werden, und nur jemand, der schreiben konnte, durfte Arzt, Baumeister oder Priester werden.

**A** Erkläre die Stellung des Pharao.
**B** Erläutere die Notwendigkeit von Beamten.
**C** Beschreibe weitere Gesellschaftsgruppen.

Film: *Die ägyptische Gesellschaft*

Die ägyptische Gesellschaft | Digital+
WES-117845-071

## Zeichen der Herrschaft des ägyptischen Pharao

**M1** Ägyptische Herrschaftszeichen auf dem Sarkophag des Pharao Tutenchamun (gestorben 1323 v. Chr.)

① der **Krummstab** als Zeichen für den Oberhirten des Volkes

② die **Geißel** (Peitsche) als Zeichen für die richterliche Gewalt und Macht

③ der **Geierkopf** ist das Wappentier von Oberägypten

④ die aufgebäumte **Kobra** ist das Symbol der Macht und das Wappentier von Unterägypten

⑤ der geflochtene **Götterbart**, der nicht echt war und unter das Kinn gebunden wurde

⑥ das königliche **Kopftuch**

**1** Ordne die Herrschaftszeichen Ⓐ–Ⓕ den Erklärungen ①–⑥ zu.

**Sarkophag:** ein meist kunstvoll bearbeiteter Sarg, in dem angesehene Persönlichkeiten beigesetzt wurden

## Über Berufe im alten Ägypten

**M2** Der ägyptische Dichter Cheti (ca. 2000 v. Chr.) beschrieb die verschiedenen Berufe.

Jeder Holzarbeiter […] ist müder als ein Bauer auf dem Feld. Sein Acker ist das Holz, seine Hacke die Bronzeaxt. Es gibt keinen Feierabend für ihn. Der Töpfer ist bereits unter der Erde, obwohl er noch
5 am Leben ist. Er wühlt sich in den Sumpfboden mehr als die Schweine, um seine Töpfe brennen zu können. Seine Kleidung ist steif vom Schlamm, sein Gürtel nur ein Fetzen. Ich erzähle dir auch noch von dem Maurer: Seine Nieren sind krank, da er ständig
10 draußen im stürmischen Wind sein muss. Er mauert ohne Bekleidung, sein Schurz ist ein Strick aus der Weberei, nur eine Schnur […]. Der Mattenhersteller in der Webstube; ihm geht es schlechter als einer gebärenden Frau, denn seine Knie drücken auf
15 seinen Magen, und er bekommt keine Luft […]. Merke dir: Es gibt keinen Beruf ohne einen Vorgesetzten, außer dem des Schreibers – denn dieser ist selbst sein eigener Vorgesetzter!

**M3** Wandmalerei aus dem Grab des Schreibers Mennah (um 1400 v. Chr.)

*Beamte beaufsichtigen das Einlagern von Getreide.*

**2** Wähle eine Aufgabe aus:

**a)** Nenne Merkmale der einzelnen Berufe, die Cheti gegenüber den Schreibern aufzählt.

**b)** Erstelle eine Liste mit den genannten Berufen und den Problemen der Berufe.

**c)** Erläutere, weshalb Cheti den Beruf des Schreibers so hervorhebt.

Ein Schaubild auswerten

# Ein Schaubild auswerten

Schaubilder sollen der Betrachterin oder dem Betrachter helfen, schwierige Zusammenhänge einfacher und schneller zu verstehen. Deshalb werden zur Veranschaulichung Zeichnungen, Bilder, Pfeile, Symbole, Beschriftungen und unterschiedliche Farben verwendet. Schaubilder zu einem Thema können ganz unterschiedlich aussehen, je nachdem, auf welche Zusammenhänge und Sachverhalte der Verfasser Wert legt.

**Schritt 1:** Thema des Schaubilds feststellen
- Welches Thema hat das Schaubild? Meist nennt eine Bildüberschrift oder eine Bildunterschrift das Thema.
- Beschreibe, was im Schaubild dargestellt ist.
- Entscheide, ob das Schaubild einen Zustand oder eine Entwicklung zeigt.

**Schritt 2:** Form und Ausgestaltung des Schaubilds beschreiben
- Erläutere die Form des Schaubilds.
- Wie ist das Schaubild aufgebaut?
- Vergleiche die Größenverhältnisse der Darstellung.
- Welche Informationen kannst du dem Schaubild mithilfe von Legenden und Symbolen entnehmen? Deute die Zeichen.
- Welche Aussagen werden durch Pfeile dargestellt?
- Welche Farbe steht wofür?

**Schritt 3:** Aussage des Schaubilds formulieren
- Welche Informationen zum Thema sind dem Schaubild zu entnehmen?
- Stelle alle Informationen zusammen, die dir das Schaubild gibt.
- Stelle Zusammenhänge zwischen allen Teilen her.

M1 *Schaubild zum Aufbau der ägyptischen Gesellschaft*

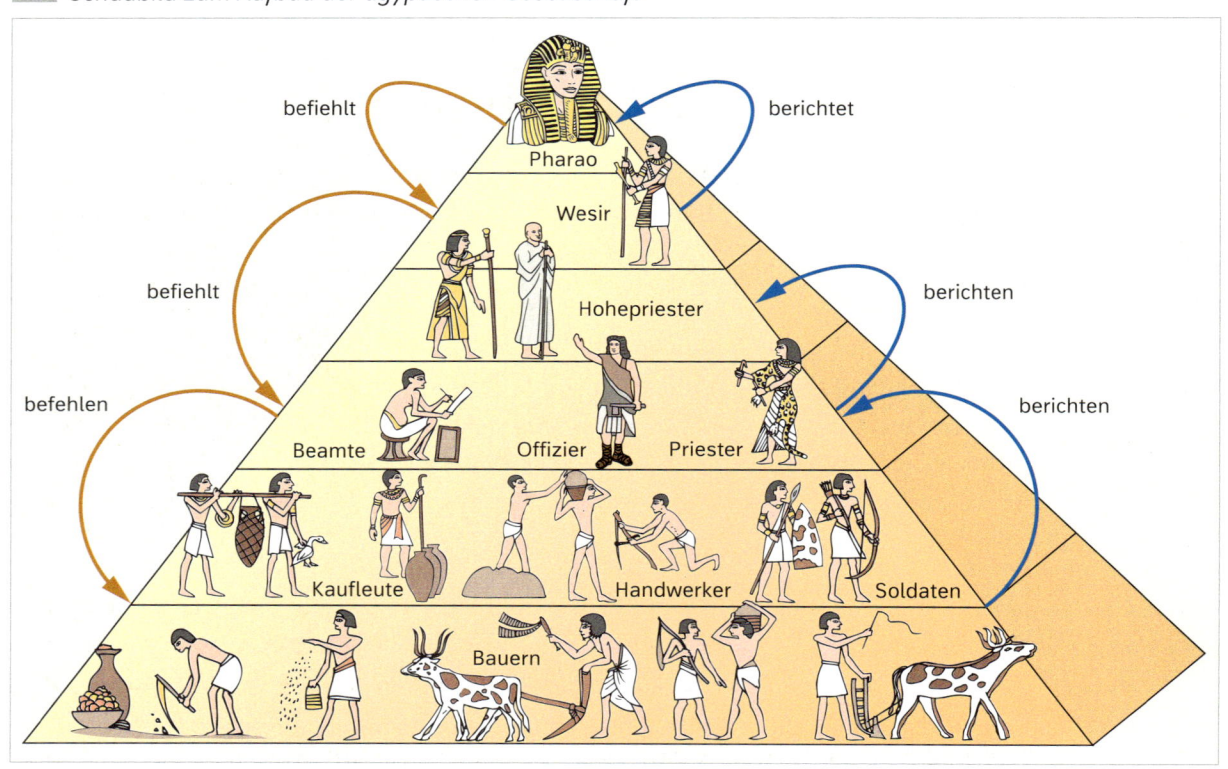

Ein Schaubild auswerten | Digital+
WES-117845-073

## Musterlösung zur Auswertung von M1

**Schritt 1:** Thema des Schaubilds feststellen
Das Schaubild zeigt den Aufbau der ägyptischen Gesellschaft. Es wird ein Zustand dargestellt.

**Schritt 2:** Form und Ausgestaltung des Schaubilds beschreiben
Das Schaubild hat eine Pyramidenform. Die Bereiche für die einzelnen Bevölkerungsgruppen sind unterschiedlich groß. Es gehören unterschiedlich viele Personen zu den einzelnen Gruppen. An der Spitze der Gesellschaft steht der Pharao. Direkt unter im steht ein Wesir, der vom Pharao Befehle empfängt und an ihn berichtet. Unter dem Wesir befinden sich die Hohepriester. Die Beamten, Offiziere und Priester befinden sich auf der nächsten Ebene. Darunter sind die Kaufleute, Handwerker und Soldaten angeordnet. Unter ihnen stehen die Bauern ganz unten in der Gesellschaft.

Jede Gesellschaftsgruppe wird durch kleine Figuren dargestellt. Außerdem enthält das Schaubild farbige Pfeile, die in Rot von oben nach unten und in Blau von unten nach oben angeordnet sind.

**Schritt 3:** Aussage des Schaubilds formulieren
Man kann die Verteilung der ägyptischen Bevölkerung auf die einzelnen Berufsgruppen erkennen: Kaufleute, Bauern, Handwerker und Soldaten gab es am meisten. Das Ansehen der unterschiedlichen Berufsgruppen war abhängig von ihrer gesellschaftlichen Stellung: Pharao, Wesire und Hohepriester waren mächtig. Die Pfeile zeigen an, wer wem Befehle gab oder Aufträge erteilte und wer wem berichtete. So erteilen die Hohepriester den Priestern und die Offiziere den Soldaten Befehle. Diese wiederum müssen jeweils nach oben Bericht erstatten. Die Farben spielen hier keine besondere Rolle, sie zeigen nur an, wer befiehlt und wer berichtet.

**1** Werte das Schaubild M2 aus. Partnervortrag

**M2** *Schaubild zu den Wasserständen des Nils im Jahresverlauf*

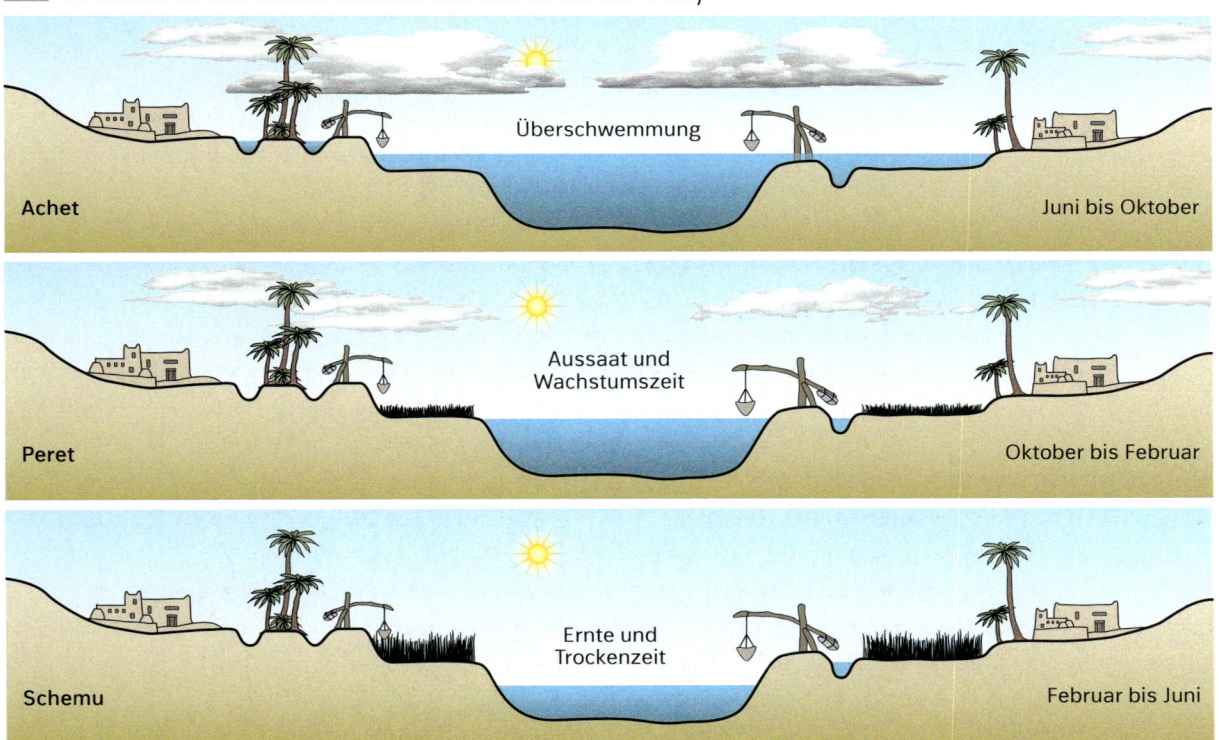

Achet — Überschwemmung — Juni bis Oktober

Peret — Aussaat und Wachstumszeit — Oktober bis Februar

Schemu — Ernte und Trockenzeit — Februar bis Juni

## Das alte Ägypten – eine Hochkultur

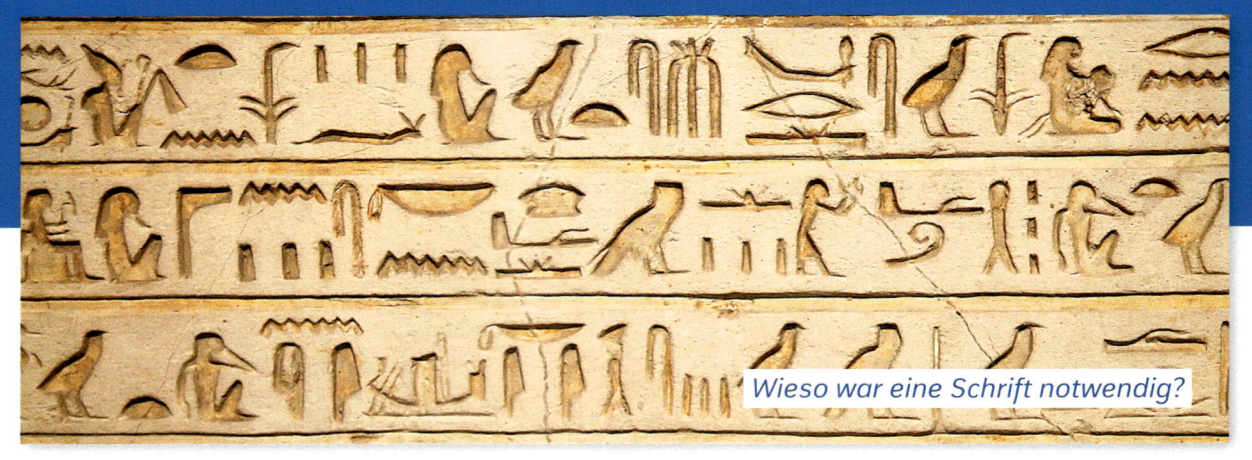

**Abb. 1** *In Stein gemeißelte Hieroglyphen*

*Wieso war eine Schrift notwendig?*

# Die Schrift im alten Ägypten

### Das Schreibmaterial

Viele altägyptische Texte sind uns in Stein gemeißelt erhalten geblieben. Sie sind häufig in alten Palast- und Grabanlagen zu finden. Für die ägyptische Verwaltung war Stein jedoch ungeeignet. Man nutzte stattdessen **Papyrus** als Schreibmaterial. Dies hatte ähnliche Eigenschaften wie unser heutiges Papier. Sehr umfangreiche Schriftstücke konnten mit diesem Material sogar zu langen Papyrusstreifen aneinandergeklebt und anschließend aufgerollt werden.

Die Herstellung von Papyrus war sehr aufwendig. Deshalb war dieses Schreibmaterial äußerst kostbar und wurde oft mehrmals benutzt. Alte Schrift wurde abgewaschen, sodass das Papyrus wieder neu beschrieben werden konnte.

Zum Schreiben verwendeten die Ägypter rote und schwarze Tinte aus Ruß und Öl. Sie wurde mit einer Feder oder angespitzten Schilfröhrchen aufgetragen.

### Die Schrift in Ägypten

Um das große Land Ägypten verwalten zu können, mussten viele Dinge aufgeschrieben werden. Hierfür nutzten die Ägypter eine **Schreibschrift**, die von rechts nach links geschrieben wurde. Eine zweite Schrift waren die **Hieroglyphen**, sie waren eine **Bilderschrift**. Diese verwendeten die Ägypter für religiöse Texte. Hieroglyphen bedeutet auf Deutsch „heilige Zeichen".

### Das Geheimnis der Hieroglyphen

Lange Zeit war es nicht möglich, die Hieroglyphen zu entziffern. Erst im Jahr 1822 gelang es dem französischen Wissenschaftler Jean François Champollion, erste Bildzeichen zu enträtseln. Möglich wurde dies durch Inschriften auf einem Stein, der 1799 im Nildelta bei der Stadt Rosette gefunden worden war. Auf ihm stand derselbe Text in drei Sprachen: in Hieroglyphen, in einer altägyptischen Schreibschrift und in Griechisch. Durch den genauen Vergleich der Texte konnte Champollion die Bedeutung der Hieroglyphen erkennen.

Champollion fand bei seinen Forschungen außerdem heraus, dass die Hieroglyphen mehrere Bedeutungen hatten: Ein Bildzeichen konnte ein ganzes Wort oder auch nur einen Laut bedeuten. Diese Art und Weise, Texte zu verfassen, war sehr kompliziert, deshalb dauerte im alten Ägypten die Ausbildung eines Schreibers sehr lange.

**A** Berichte über das Schreibmaterial im alten Ägypten.
**B** Nenne die ägyptischen Schriften.
**C** Erkläre, warum die Hieroglyphen erst sehr spät entziffert werden konnten.

Film: *Die Schrift im alten Ägypten*

Die Schrift im alten Ägypten | Digital+
WES-117845-075

## Das Schreibmaterial der Ägypter

**M1** *Die Herstellung von Papyrus aus der Papyruspflanze*

| schälen | schneiden | wässern | zurechtlegen | pressen | glätten |

**1** Verfasse eine kurze Anleitung zur Herstellung von Papyrus.

## Das ägyptische Hieroglyphen-Alphabet

**M2** *Hieroglyphen und ihre Bedeutung*

| Buchstabe | Zeichen | Bedeutung |
|---|---|---|
| a | | Geier |
| b | | Bein |
| c | | Tierbauch mit Zitzen |
| d | | Hand |
| e | | Arm |
| f | | Schlange |
| g | | Krug |
| h | | Hof |
| i, J, y | | Schilfblatt |
| k | | Korb |
| l | | Löwe |
| m | | Eule |
| n | | Wasser |
| o | | Seil |
| p | | Stuhl |
| q | | Abhang |
| r | | Mund |
| s, x, z | | gefalteter Stoff |
| t | | Brot |
| u, v, w | | Wachtel |

**2 a)** Schreibe deinen Namen oder eine kurze Mitteilung in Hieroglyphen.
**b)** Tauscht eure Hieroglyphen aus und entschlüsselt sie. Stühletausch

## Die Entschlüsselung der Hieroglyphen

**M3** *Der Stein von Rosette*

der Name **Ptolemaios** in Hieroglyphen

der Name **Ptolemaios** in einer altägyptischen Schreibschrift

der Name **Ptolemaios** in altgriechischer Schrift

*Auf dem Stein von Rosette ist derselbe Text in drei Schriften eingemeißelt. Der Name eines Pharaos konnte als Erstes entschlüsselt werden, da der Name eines Pharao durch eine Einkreisung gekennzeichnet ist.*

**3** Erläutere das Entziffern der Hieroglyphen.

75

Das alte Ägypten – eine Hochkultur

*Wie sah der Alltag in Ägypten aus?*

**Abb. 1** *Eine Gruppe von Bäckern bereitet Brotteig zu. (Holzmodell als Grabbeigabe 19. Jh. v. Chr.)*

# Alltagsleben in Ägypten

### Die Ernährung

Die Nahrung der Ägypter bestand z. B. aus Fisch, Hülsenfrüchten wie Erbsen oder Bohnen und Obst wie Datteln oder Feigen. Der **Getreideanbau** war in Ägypten sehr wichtig für das Backen von Brot und zur Herstellung von Bier. Fleisch gab es nur selten zu essen, obwohl die Bauern Vieh wie Rinder, Schafe, Schweine und Ziegen hielten. Das Vieh wurde an die Tempel gegeben, um es den Göttern zu opfern.

Die Ägypter pflegten Gärten, in denen z. B. Olivenbäume, Zitronenbäume, Granatapfelbäume oder Mandelbäume gepflanzt wurden. Verschiedene Gemüsesorten zählten ebenfalls zu ihren Nahrungsmitteln. Zudem gab es z. B. Salate, Gurken und Melonen.

Ein wichtiges Grundnahrungsmittel war im alten Ägypten Bier. Für die Familie brauten die Frauen das Bier oft selbst und süßten es mit Datteln oder Honig. Das Bier für die Bezahlung von Arbeitern, Soldaten oder Beamten wurde in staatlichen Großbrauereien hergestellt. Kinder bekamen mit Wasser verdünntes Bier zu trinken. Wein gab es selten und wurde meist nur von Wohlhabenden zu besonderen Anlässen getrunken, wie z. B. zu einem Fest zu Ehren eines Gottes.

### Die Körperpflege

Die Ägypter achteten auf Körperpflege und haben sich mit duftenden Ölen und Salben gepflegt. Die Salben dienten auch zum Schutz gegen die Sonnenstrahlen. Ein beliebter Schmuck war eine rotbraune Körperbemalung. Dazu stellten die Ägypter aus Henna eine Paste her, mit der sie Hände und Füße mit kunstvollen Mustern bemalten. Oft trugen die Ägypter sehr kurze Haare, um sich vor Ungeziefer wie Kopfläusen zu schützen. Bei offiziellen Anlässen benutzten sie Perücken, um besser auszusehen. Sowohl Männer als auch Frauen legten großen Wert auf ihr Aussehen. Weil es Mode war, trugen sie z. B. einen schwarzen Lidstrich.

**A** Zähle die wichtigsten Nahrungsmittel der alten Ägypter auf.
**B** Erkläre, warum es selten Fleisch zu essen gab.
**C** Berichte über die Körperpflege in Ägypten.

---

**Henna:** aus den Blättern des Hennastrauches gewonnenes Pulver, das mit Wasser angerührt zum Färben von Haut und Haaren genutzt wird

## Nahrungsmittel im alten Ägypten

**M1** *Wandmalerei aus dem Grab des Beamten Nacht und seiner Frau Taui (um 1400 v. Chr.)*

① Ernte von Weintrauben　② Auspressen der Weintrauben　③ Schlachten von Geflügel　④ Fischfang
⑤ Zusammentragen von Opfergaben

**1** Ordne die Tätigkeiten Ⓐ–Ⓔ den Erklärungen ①–⑤ zu.
**2** Nenne anhand der Abbildung M1 Lebensmittel, die geopfert wurden. Placemat

## Körperpflege und Schönheitsideale

**M2** *Über die Schönheitspflege im alten Ägypten heißt es in einem Wissenschaftsmagazin (2019)*
Die vornehmen Ägypter [...] trugen einen Salbkegel aus Fett und wohlriechender Myrrhe auf dem Kopf. So zumindest lautet eine [Überlegung], um die entsprechenden Darstellungen auf Wandbildern
5 und Reliefs zu interpretieren. Eine andere: Die kegelförmigen, weißbraunen Kopfbedeckungen sollten einfach nur zeigen, dass eine Person besonders rein ist. [...] Überreste [solcher] Salbkegel hatten Forscher [...] 2010 und 2015 bei Grabungen
10 entdeckt. [...] Die Kegel waren ungefähr acht Zentimeter hoch und innen hohl. Zudem ergab eine [Untersuchung], dass sie aus Bienenwachs geformt wurden. [...] Bislang waren viele Fachleute davon ausgegangen, dass die Salbkegel als eine Art
15 Kopfdeodorant dienten. [...] warum die beiden Toten [...] mit einem Wachskegel beigesetzt wurden, [...] können die Forscher [noch nicht sagen].

**M3** *Eine Ägypterin lässt sich von Dienerinnen für ein Fest zurechtmachen (Wandmalerei, um 1380 v. Chr.)*

**3** Arbeite die beiden Theorien heraus, die erklären wollen, wofür die Kegel verwendet wurden, die man in Wandmalereien auf den Köpfen mancher Ägypter sehen kann. (M2, M3)
**4** Berichte aus Sicht der wohlhabenden Ägypterin aus M3 über die Vorbereitung für das Fest.

Das alte Ägypten – eine Hochkultur

*Wie unterscheiden sich die Menschen im alten Ägypten?*

**Abb. 1** *Wohlhabende Frauen, Dienerinnen und Musikerinnen bei einem Festessen (Rekonstruktion einer Wandmalerei aus dem Grab des Wesirs Rechmir, 15. Jh. v. Chr. Auf dem Stuhl sitzend ist die Mutter des Wesirs zu sehen.)*

# Gesellschaftliche Unterschiede

### Über die Kleidung der Ägypter

Die meisten Ägypter waren Bauern und trugen einfach gewebte Stoffe. Diese stellten sie oft zu Hause selbst her, weswegen es in ihren Hütten häufig einen Webstuhl gab. Die Bauern hatten einfache Hemden oder nur eine Art Wickelrock und liefen barfuß. Aus Wandmalereien ist bekannt, dass Tänzerinnen, Dienerinnen und Sklavinnen oft nur einen Gürtel trugen.

Die Kleidung der wohlhabenden Ägypter bestand aus mehrere Stoffschichten, die mit Bändern und Tüchern verbunden waren. Ihre Kleidung war aufwendig und bunter als die der armen Bevölkerung. Sie trugen auch Sandalen. Schmuck war bei wohlhabenden Frauen und Männern gleichermaßen beliebt. Ketten, Ohrringe, Armbänder und Fingerringe gehörten in der Öffentlichkeit dazu. Der Schmuck wurde aus Silber, Gold und Schmucksteinen wie Lapislazuli, einem leuchtenden blauen Schmuckstein, hergestellt. Auch die Frisuren, meist Perücken, waren aufwendig und teilweise mit Perlen verziert.

### Über die Geschlechterrollen

Die **Arbeitsteilung** in den Familien war klar strukturiert: Die Frauen kümmerten sich um den Haushalt und die Kinder, die Männer arbeiteten außerhalb des Hauses, um die Familie zu ernähren. Dennoch wurden Frauen und Männer als **gleichrangig** angesehen. So konnten Frauen vor Gericht Aussagen machen oder hatten ihren eigenen Besitz, den sie vererben und verkaufen konnten. Ebenso durften Frauen eigenständig Geschäfte tätigen, und bei einer Scheidung erhielten sie einen Teil des gemeinsam erworbenen Besitzes. Starb der Ehemann, wurde die Frau zum Familienoberhaupt und trug die Verantwortung für die Familie.

Das Ansehen einer Frau war jedoch auch davon abhängig, wie viele Kinder sie zur Welt brachte. Viele Kinder steigerten ihr Ansehen.

**A** Erkläre, wie sich einfache und wohlhabende Ägypter in ihrer Kleidung unterschieden.
**B** Beschreibe die Stellung der Frau in der Familie.

Gesellschaftliche Unterschiede | Digital+
WES-117845-079

## Kleidung im alten Ägypten

**M1** *Kleidung von einfachen und wohlhabenden Ägyptern*

1  Wähle eine Aufgabe aus:
   **a)** Beschreibe die Kleidung der abgebildeten Personen.
   **b)** Nenne Dinge, die arme und reiche Menschen im alten Ägypten unterschieden.
   **c)** Diskutiert die Vor- und Nachteile, den gesellschaftlichen Stand an der Kleidung erkennen zu können.

## Männer und Frauen in ägyptischen Familien

**M2** *Skulptur des Provinzverwalters und Priesters Jehutyhotep und seiner Familie (19. Jh. v. Chr.)*

**Provinz:** Teilgebiet eines Reiches

**M3** *In einem altägyptischen Lehrbuch (1300 v. Chr.) findet man folgende Aussage*
Kontrolliere die Frau nicht in ihrem Haus, wenn du weißt, dass sie tüchtig ist. Sage nicht zu ihr: „Wo ist es? Bringe es uns!", wenn sie es an die richtige Stelle getan hat. Dein Auge blicke hin und schweige, damit
5 du ihre guten Werke erkennst. Sie ist froh, wenn deine Hand bei ihr ist.

2  **a)** Beschreibe die Darstellung der Familie in M2.
   **b)** Ziehe Rückschlüsse auf die Stellung der einzelnen Personen innerhalb der Familie. (M2)
3  Weise mithilfe von M3 nach, dass die Arbeit der Frau im Haushalt angesehen war.
4  Nimm zu den Geschlechterrollen im alten Ägypten Stellung. Marktplatz

Das alte Ägypten – eine Hochkultur

**Abb. 1** *Spielende ägyptische Mädchen (Relief, 2330 v. Chr.)*

Wie war die Kindheit in Ägypten?

# Kindheit im alten Ägypten

### Die Jugendlocke
Auf ägyptischen Wandmalereien oder Reliefs sind Kinder immer sehr leicht zu erkennen. Zum einen tragen sie keine Kleidung, zum anderen fällt ein langer Zopf auf. Jungen und Mädchen trugen die Haare meist sehr kurz mit einer langen geflochtenen Haarsträhne. Mädchen trugen manchmal auch mehrere dieser Zöpfe. Diese wurden als Jugendlocke bezeichnet und mit dem Eintritt in das Erwachsenenalter abgeschnitten.

### Spiele und Spielzeug
Durch Ausgrabungen wissen wir von einigen Spielzeugen und Spielen aus dem alten Ägypten, wie z. B. Spielfiguren aus Holz, Puppen und Bälle aus Papyrus oder Brettspiele. Für diese gab es kleine Spielboxen mit aufgeschnitzten Spielfeldern, oder die Spielfelder wurden einfach mit einem Stock auf den Boden gezeichnet. Es ist auch bekannt, dass verschiedene Gemeinschaftsspiele wie Fangen oder Verstecken gespielt wurden.

### Schule und Ausbildung
Im Prinzip konnte jedes Kind ab fünf Jahren die Schule besuchen, meist taten dies aber nur die Kinder der Oberschicht und von diesen überwiegend die Jungen. Die Söhne von Bauern oder Handwerkern halfen sehr früh ihrem Vater bei der Arbeit und erlernten so dessen Beruf. Töchter halfen ihrer Mutter und lernten, was sie für die Kindererziehung und Haushaltsführung wissen mussten. Dazu gehörte in wohlhabenden Familien häufig auch Lesen und Rechnen. Da Mädchen früh heirateten und von da an für ihre eigene Familie verantwortlich waren, erhielten sie in der Regel keine weitere Ausbildung.

In den Schulen lernten die Schüler schreiben und lesen anhand von Diktaten oder durch Abschreiben alter Texte. Viele dieser Schreibübungen bestanden aus Weisheitslehren. So lernten die Schüler auch etwas über Anstand und Ausdauer, Respekt und Gehorsam. Wenn sie sich nicht an diese Regeln hielten oder den Unterricht störten, gab es häufig Stockhiebe vom Lehrer. Wer gut in der Schule war, konnte mit ca. 16 Jahren eine guten Position als Beamter erhalten.

**A** Erkläre den Begriff Jugendlocke.
**B** Begründe, weshalb Mädchen von ihren Müttern unterrichtet wurden und selten zur Schule gingen.
**C** Berichte über Schulinhalte im alten Ägypten.

## Eine Bildquelle auswerten

**M1** *Familiendarstellung in einer Wandmalerei (12. Jh. v. Chr.)*

*Anhour Khaou, Oberbaumeister von Theben, mit seiner Frau und seinen Enkelkindern*

1  a) Beschreibe die Darstellung der Personen.
   b) Erkläre, warum die Kinder einfach erkannt werden können.

## Ägyptische Spiele

**M2** *Spielbox für das Zwanzig-Felder-Spiel und das Spiel Senet*

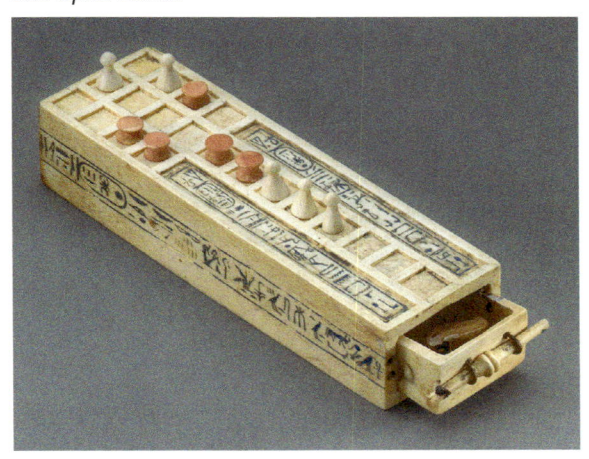

*Diese Holzspielbox verfügt über zwei Spielflächen sowie eine Schublade für die Spielsteine und die Wurfstäbchen, mit denen die Anzahl der Spielzüge ermittelt wurde.*

2  Beschreibe die Spielbox.
3  Recherchiere die Spielregeln eines der beiden Spiele und stelle sie der Klasse vor.

## Schulunterricht im alten Ägypten

**M3** *In einer ägyptischen Schule*

**M4** *Ratschläge an einen Schüler*

Du musst deine Übungen jeden Tag erledigen. Sei nicht faul. Du fängst an, ein Buch zu lesen, und rechnest schnell. Lass aus deinem Mund keinen Ton hören, schreib mit deiner Hand, lies mit deinem
5 Mund. Frag unermüdlich die, die mehr wissen als du. Und versuch zu verstehen, was dein Lehrer will, höre auf seine Anweisungen.

4  Beschreibe die Schulszene in M3.
5  Wähle eine Aufgabe aus:
   a) Nenne die wichtigsten Verhaltensregeln für einen Schüler. (M4)
   b) Beurteile die Ratschläge an einen Schüler. (M4)
6  Vergleiche deinen Unterricht heute mit dem Unterricht damals. Stelle dafür deine Erkenntnisse in einer Tabelle gegenüber. (M3, M4)

Das alte Ägypten – eine Hochkultur

*Wie wohnten die Menschen im alten Ägypten?*

**Abb. 1** *Ruinen der Arbeitersiedlung Deir el-Medina: Hier lebten in der Zeit von ca. 1500 – 1000 v. Chr. die Arbeiter, die die Gräber im Tal der Könige schufen. Ungefähr 120 Familien wohnten in eng aneinander gebauten Häusern mit jeweils vier bis fünf Räumen. Die Siedlung war von einer Außenmauer umgeben.*

# Wohnen im alten Ägypten

### Die Häuser der einfachen Leute

Die ägyptischen Bauern lebten in sehr schlichten Hütten. Sie waren aus Ziegeln gebaut, die aus getrocknetem Nilschlamm gefertigt wurden. Das Dach wurde mit Holzbalken, Schilf und Palmblättern gedeckt. Der Fußboden war festgestampfter Lehm.

Ägyptische Arbeiter lebten in Siedlungen, die zu ihren Baustellen gehörten. Dort standen die Häuser eng beieinander und waren von einer Mauer umgeben.

Die Wände in den Häusern waren weiß gekalkt, damit die Menschen Ungeziefer wie Spinnen und Skorpione besser sehen konnten. Eine Feuerstelle in einer Ecke der Häuser diente zum Kochen und Heizen. Durch das luftige Dach konnte der Rauch abziehen. Vorräte lagerten die Ägypter in kleinen Erdkellern.

### Die Häuser der Wohlhabenden

Die mächtigen und reichen Ägypter lebten in prachtvollen Häusern, meist in der Mitte eines großen Grundstücks. Die Wände im Wohnbereich waren hell gestrichen und die Böden mit Fliesen ausgelegt. Die Räume hatten nur kleine Fenster, damit nicht zu viel Sonne eindrang und es innen angenehm kühl blieb. Neben dem Wohnhaus mit vielen Zimmern lagen Viehställe und Vorratsräume. Die Bediensteten der Familie wohnten in einem Nebengebäude. Rund um das Haupthaus gab es meist einen großzügigen Garten mit einem eigenen Brunnen und einem kleinen Tempel, um die Götter zu ehren. Durch Mauern wurde das Anwesen in verschiedene Innenhöfe unterteilt. Eine äußere Mauer bot Schutz vor wilden Tieren und vor Dieben.

Selbst die vornehmen Ägypter besaßen nur wenige Möbel, denn Holz war selten und wurde zum Teil von Händlern ins Land gebracht. Möbel waren aus edlen Hölzern gefertigt und mit Elfenbein, Edelsteinen oder Gold verziert. Bodenmatten und Türvorhänge waren aus Schilf. Kleidung und Gebrauchsgegenstände bewahrten die Ägypter in Truhen auf.

**A** Beschreibe, wie in Ägypten einfache Bauern und Arbeiter wohnten.

**B** Beschreibe die Wohnsituation von wohlhabenden Ägyptern.

**Elfenbein:** Stoßzähne von Elefanten oder Walrössern

Wohnen im alten Ägypten | Digital+
WES-117845-083

### Ein prächtiges ägyptisches Anwesen

**M1** *Wohnanlage einer wohlhabenden Familie (Rekonstruktionszeichnung)*

① Wohnhaus
② Garten
③ Brunnen
④ Haupteingang
⑤ Pförtnerhaus
⑥ Tempel
⑦ Küche
⑧ Kornspeicher
⑨ Viehställe
⑩ Hundezwinger
⑪ Wohnraum der Bediensteten
⑫ Eingang für Bedienstete
⑬ Empfangshalle

**1** Wähle eine Aufgabe aus:

**a)** Beschreibe das Anwesen einer reichen Familie.

**b)** Führe einen Besucher durch das Anwesen. Überlege dir im Voraus, ob du aus Sicht eines Familienmitgliedes oder eines Bediensteten erzählst. Partnervortrag

**c)** Das Anwesen aus M1 war ungefähr halb so groß wie die gesamte Siedlung Deir el-Medina aus Abb. 1. Verfasse einen Dialog zwischen einem Bewohner von Deir el-Medina und einem Bewohner des Anwesens.

## Das alte Ägypten – eine Hochkultur

*Warum wurden die Pyramiden gebaut?*

**Abb. 1** *Die Pyramiden von Gizeh (heutiges Foto)*

# Der Pyramidenbau

### Häuser für die Ewigkeit

Viele Pharaonen ließen sich in prächtigen Grabanlagen beisetzen. Die bekanntesten sind die ägyptischen **Pyramiden**. Die wohl berühmteste ist die Cheopspyramide in Gizeh, die als Grabstätte des Pharao Cheops um 2580 v. Chr. erbaut wurde. Sie ist 146 m hoch und an jeder Seite 230 m lang. Ungefähr 2,5 Millionen Steinblöcke wurden benötigt und die Arbeiten dauerten über 20 Jahre.

### Aufwendiger Bau

Um ein derartiges Bauwerk zu errichten, waren neben einfachen Arbeitern auch viele Fachleute notwendig: Steinbrucharbeiter, Steinmetze, Maurer, Schreiber und Baumeister. Ebenso waren Bäcker, Wasserträger und Bierbrauer für die Versorgung wichtig. Man geht heute davon aus, dass ca. 25 000 Menschen an der Cheops-Pyramide gearbeitet haben. Die Arbeit auf der Baustelle war eine äußerst anstrengende und außerdem lebensgefährliche Tätigkeit. Tödliche Arbeitsunfälle waren nicht selten.

### Rätsel der Pyramiden

Die technischen Abläufe beim Bau einer Pyramide sind bis heute nicht vollständig geklärt. Sicher ist aber, dass die Steine aus zum Teil weit entfernten Steinbrüchen kamen. Dort wurden sie von Arbeitern mit einfachen Werkzeugen wie Hammer und Meißel aus dem Felsen gebrochen, danach mühselig mit Schlitten zum Nil gezogen, auf Schiffe verladen und zur Baustelle gebracht. Die Frage, wie die bis zu 2,5 Tonnen schweren Steine auf die immer höher werdende Pyramide verbracht wurden, diskutiert die Wissenschaft bis heute. Es gibt verschiedene Theorien, von denen aber keine abschließend bewiesen ist.

**A** Berichte über die Pyramiden in Ägypten.
**B** Begründe die Notwendigkeit von Fachleuten beim Bau der Pyramiden.
**C** Erkläre, welche Kenntnisse über den Pyramidenbau heute gesichert sind.

Film: *Über die Pyramiden*

## Der Bau der Pyramide

**M1** *Die Ägypter hinterließen keine Aufzeichnungen, wie sie die Pyramiden gebaut haben. Die Zeichnung zeigt verschiedene Tätigkeiten auf der Pyramidenbaustelle.*

1. Beschreibe die unterschiedlichen Berufsgruppen und ihre jeweiligen Tätigkeiten.
2. Versetze dich in einen Arbeiter auf der Pyramidenbaustelle und verfasse einen kurzen Bericht über deine Tätigkeiten. Bushaltestelle
3. Beurteile die Bauleistung der Ägypter.

Hörszene: *Auf der Pyramidenbaustelle*

## Das alte Ägypten – eine Hochkultur

**Abb. 1** *Ägyptische Mumie in einem verzierten Sarg*

*Warum gibt es Mumien im alten Ägypten?*

# Das Geheimnis der Mumien

### Ein Körper für die Ewigkeit

Die Ägypter glaubten, dass ein Mensch eine Seele besitzen würde, die nach dem Tod auferstehen und in einer Art göttlichem Totenreich weiterleben konnte. Ihrem Glauben nach war dies jedoch nur möglich, wenn die Bestattung des Toten auf eine ganz bestimmte Weise erfolgen würde. Deshalb behandelten die Ägypter die Leichname ihrer Toten besonders sorgfältig.

Zuerst wurde der Körper gereinigt und ihm die inneren Organe sowie das Gehirn entnommen. Nur das Herz blieb als Sitz der Seele im Körper. Der Körper wurde mit Ölen und Duftstoffen eingesalbt und dann in eine Art Salz gelegt, damit er austrocknet. Anschließend wurde der Körper mit Leinenstreifen umwickelt.

Die eingewickelte **Mumie** wurde abschließend unter der Aufsicht von Priestern in einer Zeremonie in einen Sarkophag gelegt, der den Körper schützen sollte. Auf den Sarkophag wurden Bilder und Texte aufgemalt, die die Seele auf dem Weg ins Jenseits schützen sollten. Viele Mumien sind bis heute gut erhalten.

Die Gräber der wohlhabenden Ägypter geben uns Aufschluss über deren Leben. Allerdings konnten sich nur wenige das Mumifizieren und die Bestattung in aufwendigen Gräbern leisten. Viele Ägypter wurden in Massengräbern in der Wüste beerdigt.

### Grabbeigaben

Die Ägypter glaubten, die Seele eines Toten wäre auf ihre Hilfe angewiesen und müsste nach dem Tod versorgt sein. Deshalb gaben sie dem Toten ins Grab alles mit, was dieser schon zu Lebzeiten gebraucht hatte: Gefäße mit Nahrung und Getränken, Waffen, Kleidung oder Schmuck. Die Gräber wurden mit Bildern aus dem Alltagsleben der Ägypter verziert. Oftmals sind feiernde, fröhliche Menschen mit ihrer Familie abgebildet. Als Motive wurden aber auch Jagdszenen, Feldarbeit und Tätigkeiten von Handwerkern verwendet. Die Bilder und Beigaben sollten die Toten beschützen und mit dem Notwendigen versorgen.

**A** Nenne Gründe für die Mumifizierung der Toten.
**B** Beschreibe den Unterschied zwischen Grabstätten wohlhabender und ärmerer Menschen.
**C** Erläutere die Gründe für Grabbeigaben und Wandmalereien in altägyptischen Gräbern.

## Der Ablauf einer Mumifizierung

**M1** *Der griechische Geschichtsschreiber Herodot beschrieb eine Mumifizierung (5. Jh. v. Chr.)*

Zuerst ziehen sie mit einem gekrümmten Eisendraht das Gehirn durch die Nasenlöcher heraus. [...] Den Rest beseitigen sie, indem sie auflösende Flüssigkeiten eingießen.

5 Danach schneiden sie mit einem scharfen [...] Stein [den Körper] auf und nehmen das ganze Innere heraus. Es wird mit Palmwein gereinigt [...]. Darauf füllen sie die Bauchhöhle mit reiner zerriebener Myrrhe. Nun nähen sie alles wieder zu und legen die
10 Leiche 70 Tage in Natronlauge [damit sie austrocknet]. Nach 70 Tagen wird der Körper gewaschen, mit Streifen von Leinwand [...] rings umwickelt und mit Harz bestrichen, den die Ägypter anstelle von Leim verwenden. Nun holen die Angehörigen die Leiche
15 ab. [...] Das ist die Art, die Leichen auf die teuerste Weise zu behandeln.

**M2** *Gerätschaften, die bei einer Mumifizierung verwendet wurden*

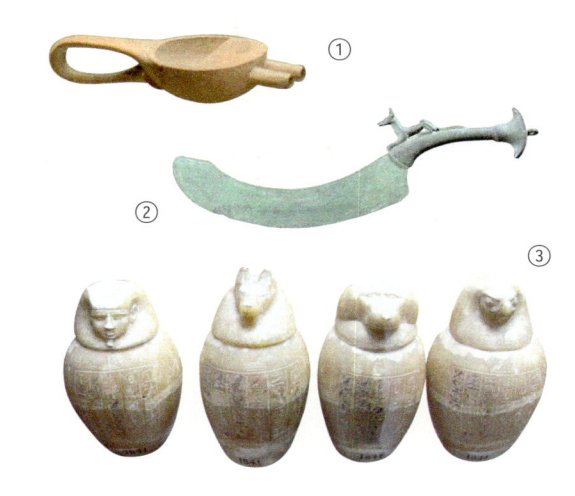

① Nasentrichter ② Bronzemesser ③ Kanopen: Gefäße für die inneren Organe Leber, Magen, Lunge und Darm

**M3** *Priester während des Mumifizierens (Rekonstruktionszeichnung)*

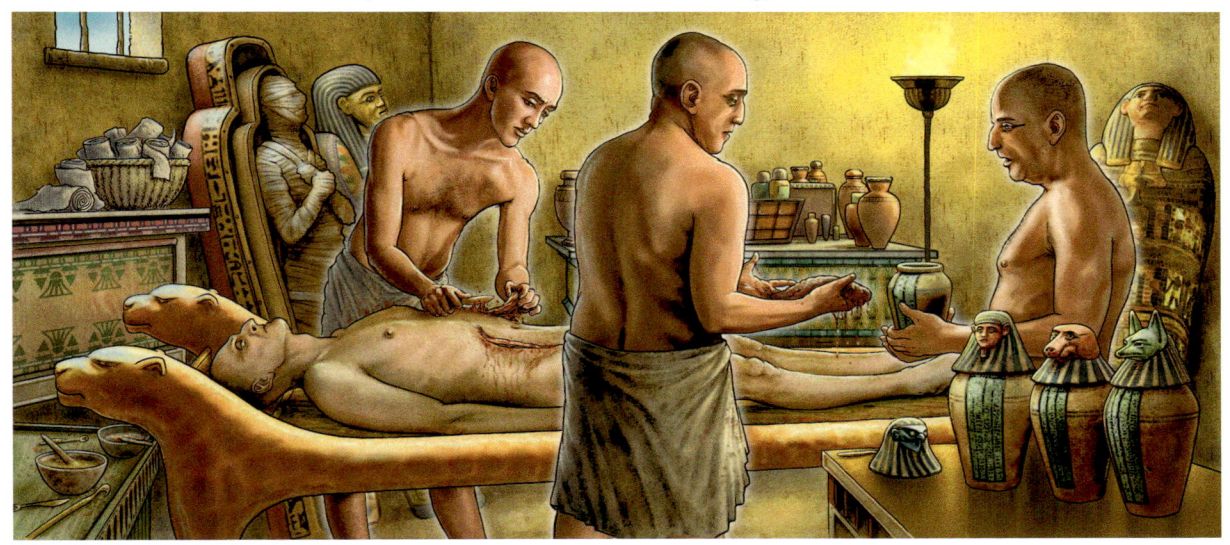

**1** Wähle eine Aufgabe aus:
- **a)** Nenne die Schritte der Mumifizierung.
- **b)** Beschreibe die Vorgehensweise bei einer Mumifizierung.
- **c)** Erläutere die Notwendigkeit für die einzelnen Schritte der Mumifizierung.

**Myrrhe:** gut riechendes Harz des Myrrhestrauchs
**Natronlauge:** Flüssigkeit mit aufgelöstem Natron, was eine Art Salz ist
**Harz:** klebrige Flüssigkeit, die aus manchen Pflanzen austritt und an der Luft gummiartig bis fest wird

Film: *Mumifizierung*

## Das alte Ägypten – eine Hochkultur

*An welche Götter glaubten die Ägypter?*

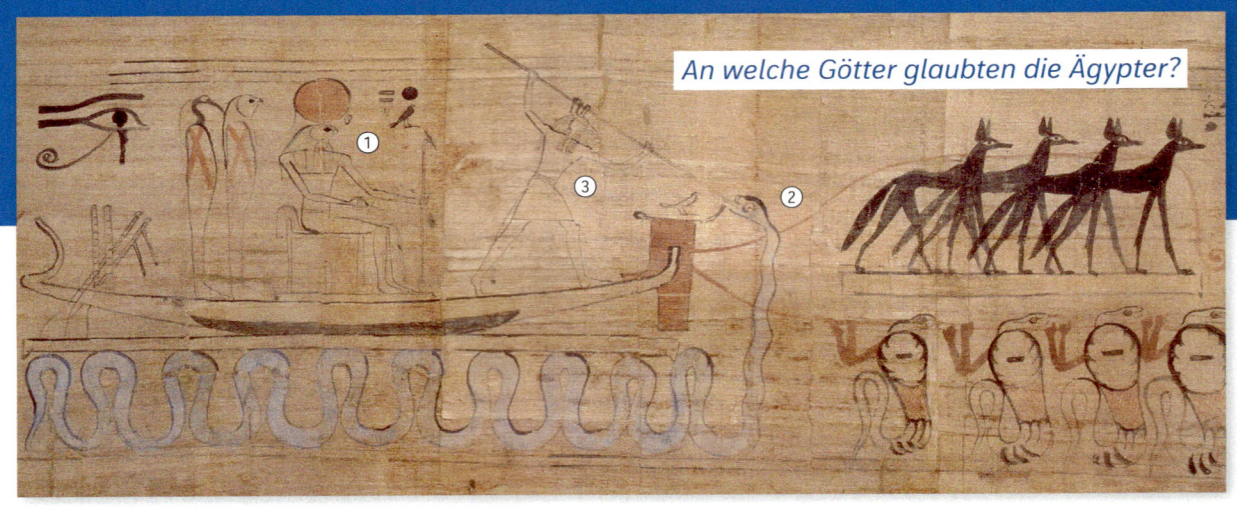

**Abb. 1** *Der Sonnengott Re ① fährt nachts in seiner Barke, gezogen von Schakalen und Kobras, durch die Unterwelt. Der Gott Apophis ② in Schlangengestalt greift morgens und abends die Barke an, wenn sie die Unterwelt verlässt bzw. in sie zurückkehrt. Der Gott Seth ③ schützt Re und kämpft gegen die Schlange, wobei sich der Himmel jedesmal rot färbt. (Papyrus, um 990 v. Chr.)*

# Ein Glaube – viele Götter

### Eine Religion mit vielen Göttern

Die Ägypter stellten sich die **Götter** mit sehr unterschiedlichem Aussehen vor. Einige waren von rein menschlicher Gestalt, andere trugen einen tierähnlichen Kopf oder waren ganz als Tiere dargestellt. So galten beispielsweise Schakale und Krokodile als heilige Tiere mit besonderen Kräften und wurden deshalb verehrt. Dabei glaubten die Ägypter, dass das Göttliche in der gesamten Natur anzutreffen sei, in der Sonne, im Wind und im Regen, in Erdbeben, in Tieren oder im Wuchs der Pflanzen.

Jeder Pharao war für die Ägypter ein Sohn des Gottes Re und damit der Stellvertreter der Götter auf Erden. Re galt als Schöpfer aller anderen Götter. Die Ägypter glaubten, Re reise am Tag als Sonne über den Himmel und in der Nacht durch die Unterwelt.

### Die Verehrung der Götter

In den **Tempeln** der Ägypter arbeiteten hohe und einfache Priester als Diener der Götter. Im Innern der Tempel stand eine Statue des verehrten Gottes. Dem Gott durften sich nur die mächtigen Priester und der Pharao selbst zuwenden. Bei besonders wichtigen Ritualen trug der Priester ein Leopardenfell als Amtskleidung. Die wichtigsten Priester waren oft sehr wohlhabend, hatten eigene Ländereien und erhielten großzügige Geschenke. Manche Priester stammten aus reichen Familien, andere haben durch Schenkungen großen Wohlstand aufgebaut. Es gab aber auch Priester, die zusätzlich als Kaufmann tätig waren und so Reichtum erwarben. Auf diese Weise wurden die ägyptischen Hohepriester zu einflussreichen Personen.

### Das Totengericht

Die Ägypter glaubten daran, dass ihre Seele nach dem Tod im Totenreich weiterleben würde. Dafür musste sich jedoch jeder vor einem **Totengericht** verantworten und Prüfungen ablegen. Deshalb gaben die Ägypter den Verstorbenen **Totenbücher** mit ins Grab, in denen geschrieben stand, was die Toten auf ihrem Weg ins Jenseits wissen, erledigen und sagen mussten.

**A** Beschreibe, wie sich die Ägypter ihre Götter vorstellten.
**B** Erläutere die Bedeutung der Tempel.
**C** Erkläre das Totengericht.

Film: *Die ägyptischen Götter*

## Die ägyptischen Götter

**M1** *Eine Auswahl ägyptischer Götter (Rekonstruktionszeichnung)*

**Anubis**
- mit dem Kopf eines Schakals
- Gott der Mumifizierung
- Wächter der Grabstätten

**Horus**
- mit dem Kopf eines Falken
- Gott des Krieges und Beschützer der Kinder

**Isis**
- mit einem Thron auf dem Kopf oder einem Kuhgehörn
- Göttin der Geburt

**Seth**
- hat einen Kopf mit Rüssel
- Gott der Wüste und Schutzgott der Oasen

**Hathor**
- mit Kuhgehörn und Sonnenscheibe auf dem Kopf
- Göttin der Liebe, des Friedens und der Kunst

**Maat**
- trägt eine Feder auf dem Kopf
- Göttin der Wahrheit und Gerechtigkeit

**Osiris**
- mit den Königszeichen Krummstab und Peitsche
- Gott der Unterwelt und Totenrichter

**Thot**
- mit dem Kopf eines Ibisses
- Gott des Kalenders, der Schreiber und Gelehrten

**1 a)** Vergleiche das Aussehen und die Aufgaben der Götter.
**b)** Beschreibe, welche Besonderheiten dir auffallen. Bushaltestelle

## Die Verehrung der Götter in Tempeln

**M2** *Über den Reichtum des Totentempels des Pharao Ramses III.*

Der Reichtum der Tempel ergab sich aus den Schenkungen der Gläubigen. Täglich erhielt zum Beispiel der Totentempel von Ramses III. in Theben aus seinen Ländereien 2222 Brotlaibe, 154 Krüge
5 Bier, 8000 Liter Getreide, Fleisch und andere Erzeugnisse. Dies hätte ausgereicht, ca. 600 Familien zu ernähren.

**2** Verfasse einen Dialog zwischen einem Ägypter, der Opfergaben bringt, und einem anderen Ägypter, der das kritisiert. (M2, M3)

**M3** *Ein Priester opfert dem Gott Re (Sarkophagbemalung, 10. Jh. v. Chr.)*

# Ein Glaube – viele Götter

**Das Totengericht**

M4 *Das Totenbuch des Beamten Hunefer (Ausschnitt aus einer Papyrusschrift, um 1300 v. Chr.)*

① *Der Gott Thot hält als Schreiber die Ergebnisse der Verhandlung fest.*
② *Hunefer wird von Anubis zum Totengericht geführt.*
③ *Hunefer berichtet den Göttern von seinem Leben.*
④ *Horus führt Hunefer zum Thron des Osiris.*
⑤ *Osiris verkündet Hunefer das Urteil.*
⑥ *Anubis wiegt das Herz.*
⑦ *Die Feder der Göttin Maat ist das Gegengewicht zu Hunefers Herz.*
⑧ *Die Göttinnen Isis und Nephthys begleiten die Toten ins Totenreich.*
⑨ *Hunefers Herz wird gewogen.*
⑩ *Das Anch-Kreuz ist ein Symbol für Gerechtigkeit.*

3 Ordne die Szenen Ⓐ–Ⓙ in der Abbildung den Beschreibungen ①–⑩ zu. (M4) Bienenkorb
4 Zähle auf, was Hunefer positiv über sein Leben berichtet. (M5)
5 Versetze dich in Hunefer während des Totengerichts. Formuliere mögliche Gedanken. (M4, M5)
6 Vermutet, wie die Gerichtsverhandlung abgelaufen ist, und stellt sie nach.

Film: *Das Totengericht*

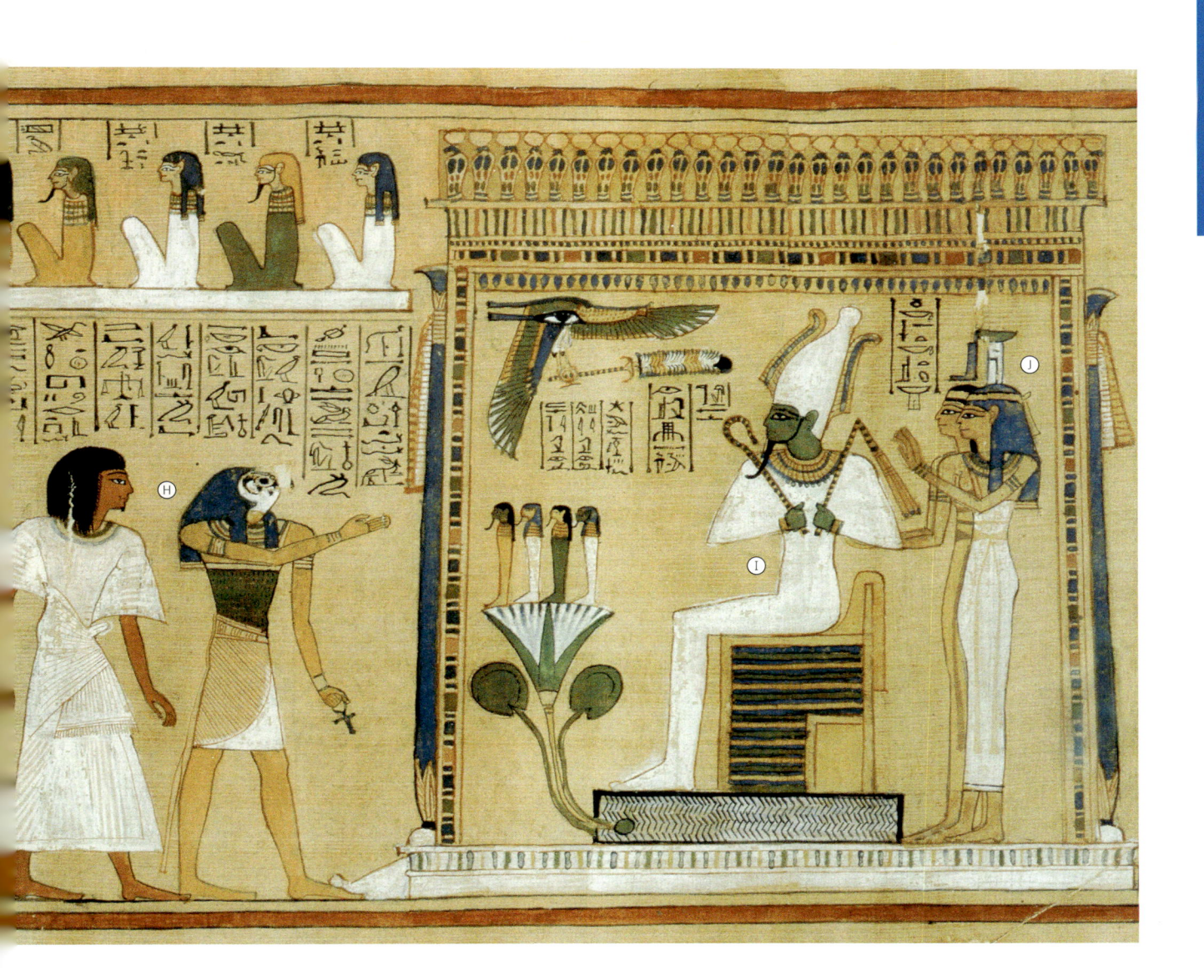

**M5** *Aus der Unschuldserklärung des Beamten Hunefer (um 1300 v. Chr.)*

Der Verstorbene sagt: Gruß dir, du größter Gott, Herr der vollständigen Wahrheit! Ich bin zu dir gekommen, mein Herr. Ich bin geholt worden, um deine Vollkommenheit zu schauen. Ich kenne dich, und ich kenne deinen Namen und ich kenne die Namen dieser 42 Götter, die mit dir sind in dieser Halle der vollständigen Wahrheit, die von denen leben, die zum Bösen gehören, und sich von ihrem Blut nähren an jenem Tag, an dem Rechenschaft abgelegt wird vor Osiris. Ich habe kein Unrecht gegen Menschen begangen und ich habe keine Tiere misshandelt. Ich habe keinen Gott beleidigt. Ich habe nichts getan, was die Götter verabscheuen. Ich habe keinen Diener bei seinem Vorgesetzten verleumdet. Ich habe nicht Schmerz zugefügt und [niemanden] hungern lassen, niemandem habe ich ein Leid angetan. Ich habe nicht die Nahrung in den Tempeln verringert.

Ein Lernplakat erstellen

# Ein Lernplakat erstellen

Ein Lernplakat dient der Ergebnissicherung, der Informationsweitergabe und der Präsentation. Es stellt eine gute Methode dar, um ein Thema zu präsentieren und wichtige Informationen zu verdeutlichen. Ein Lernplakat dient häufig bei Vorträgen dazu, Informationen sichtbar darzustellen.

Lernplakate könnt ihr in Einzelarbeit oder in Gruppenarbeit erstellen. Das Plakat sollte aus etwa fünf Meter Entfernung noch gut erkennbar sein. Achtet daher auf eine große und gut lesbare Schrift.

Für die Erstellung eines Lernplakats braucht ihr:
- ein DIN-A2-Plakat
- dicke Filzstifte
- Schere
- Klebestift, Bleistift
- Bilder (passend zum Thema suchen oder zeichnen)

**Abb. 1** *Schülerinnen erstellen gemeinsam ein Lernplakat.*

### Schritte zur Erstellung eines Lernplakats:

**Schritt 1:** Das Lernplakat vorbereiten
- Einigt euch auf ein Thema.
- Teilt die Arbeit in der Gruppe unter euch auf.
- Erstellt einen Zeitplan für eure Arbeit am Plakat.
- Tragt Informationen und Material zu eurem Thema zusammen. Dazu könnt ihr im Schulbuch, im Internet und in einer Bibliothek recherchieren.

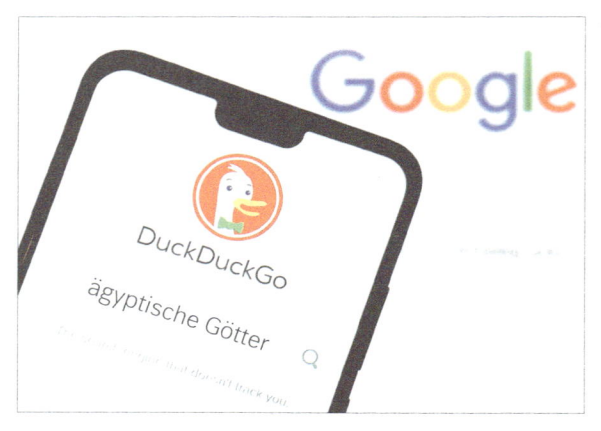

**Abb. 2** *Eine Suchmaschine im Internet hilft euch bei der Suche nach Informationen und Bildern für euer Thema.*

**Schritt 2:** Die Inhalte strukturieren
- Überlegt euch eine Überschrift. Schreibt diese später größer als die anderen Texte auf.
- Erstellt Stichpunkte – schreibt dabei klar und deutlich.
- Schreibt Texte auf einzelne Blattstreifen, die Schriftgröße sollte gut lesbar sein.
  Achtet auf eine ordentliche Schreibweise.
- Wichtiges könnt ihr durch Farben hervorheben oder auch Zeichen und Symbole verwenden.
- Sichtet die Bilder, Zeichnungen und Schaubilder und wählt sie passend zu den Informationen aus.

**Schritt 3:** Das Lernplakat erstellen
- Entscheidet, ob das Plakat im Hochformat oder im Querformat gestaltet wird.
- Schreibt die Überschrift auf und unterstreicht sie.
- Legt die Bilder und Texte auf dem Plakat aus.
- Wenn alles gut passt, klebt Bilder und Texte auf. Achtet auf eine sinnvolle Anordnung ohne Lücken.

**Schritt 4:** Das Lernplakat präsentieren
- Übt euren Vortrag. Wenn es ein Gruppenplakat ist, solltet ihr Reihenfolge und Überleitungen festlegen.
- Präsentiert euer Lernplakat in der Klasse.

Ein Lernplakat erstellen | Digital+
WES-117845-093

# Die ägyptischen Götter

In Ägypten gab es sehr viele Götter. Jeder war für einen bestimmten Bereich zuständig.

Viele der Götter waren nur in einer kleinen Region bekannt. Einige kannten aber alle Ägypter. Hier sind fünf davon.

**Amun Re**
Sonnengott
Oberster Gott
Er hat alle anderen Götter erschaffen.
Er hat alle Lebewesen erschaffen.

**Horus**
Gott der Welt der Lebenden

**Isis**
Sonnenmutter
Königin des westlichen Himmels

**Anubis**
Gott der Grabstätten

**Osiris**
Herrscher der Unterwelt
Fruchtbarkeitsgott

**Abb. 3** *Lernplakat zum Thema ägyptische Gottheiten*

Das alte Ägypten – eine Hochkultur

*Welche Rolle spielte der Kontakt zu Fremden?*

**Abb. 1** *Ägyptische Händler bringen kostbare Waren nach Ägypten. (Wandmalerei, 15. Jh. v. Chr.)*

# Expeditionen in die Fremde

### Reisen nach Punt

Bereits vor 4500 Jahren schickten Pharaonen Handelsexpeditionen in entfernte Regionen. Eine von ihnen war Punt im Osten Afrikas, vermutlich im Gebiet des heutigen Somalia. Gelang es einer **Expedition** zurückzukehren, brachte sie kostbare Waren mit. Wie bedeutend diese Reisen für die Ägypter waren, wird in den Wandmalereien ihrer Gräber und Tempel deutlich, in denen diese Reisen bildlich festgehalten wurden. Eine dieser Wandmalereien findet sich im Tempel der Pharaonin **Hatschepsut**. Sie übernahm 1479 v. Chr. die Regierung in Ägypten, nachdem ihr Ehemann Pharao Thutmosis II. gestorben war und einen noch minderjährigen Sohn hinterlassen hatte. Hatschepsut regierte Ägypten 21 Jahre lang. Ihre Regentschaft war die mit den längsten Friedenszeiten im alten Ägypten. Hatschepsuts Expedition nach Punt war eine ihrer größten Unternehmungen. Ihre **Handelskarawane** reiste zunächst durch die Wüste und dann mit Schiffen durchs Rote Meer. In Punt tauschten die Ägypter kostbare Waren und brachten sie ins Land am Nil.

### Handel mit fremden Völkern

In Punt tauschten die Ägypter z. B. Gold, Weihrauch, Myrrhe, Felle, Edelsteine, Elfenbein und Ebenholz. Die Bilder im Tempel der Hatschepsut zeigen Tiere wie Rinder, Giraffen, Paviane, Leoparden und Nashörner, aber auch Pflanzen in großen Kübeln.

Mit Gebieten in Vorderasien trieben die Ägypter ebenso Handel. Sie reisten mit Schiffen über den Nil und entlang der Küste des Mittelmeeres. Auch dort tauschten sie ihre Waren. Durch den Handel der verschiedenen Völker untereinander gelangte sogar Bernstein von der Ostseeküste bis nach Ägypten.

**A** Berichte über ägyptische Handelsexpeditionen.
**B** Nenne Handelswaren, die ägyptische Händler aus fernen Gebieten mitbrachten.

---

**Weihrauch:** ein körniges Harz, das beim Verbrennen einen duftenden Rauch entwickelt. Es stammt von Sträuchern, die in Arabien und Indien wachsen.
**Ebenholz:** ein sehr hartes, tief dunkles Edelholz

## Reisen nach Punt

**M1** *Vorbereitung und Durchführung von Expeditionen nach Punt (archäologische Zeitschrift, 2011)*

Der [...] Aufwand für eine Expedition nach Punt war enorm. Die Reise muss den alten Ägyptern in etwa so exotisch vorgekommen sein wie den Menschen heute ein Flug zum Mond. Es begann mit der
5 schwierigen Beschaffung von Bauholz für die Schiffe. Der unfruchtbare Boden Ägyptens lieferte kein Holz, das dafür geeignet gewesen wäre. Also schafften die Schiffbaumeister Zedern aus dem Libanon an den Nil. Die Werften lagen wahrschein-
10 lich in Koptos am Ostufer des [Nils]. [...] Doch wie kamen die Schiffe über [den] 175 Kilometer breiten Wüstenstreifen [ans Rote Meer]? Sie wurden wieder auseinandergebaut und auf Esel verladen. [...] Zehn Tage brauchten die Lasttiere, um die Wüste zu
15 durchqueren. Es dürfte ein gewaltiger Zug gewesen sein: Nicht nur die Schiffe mussten auf die andere Seite der Wüste, sondern auch die gesamten Mannschaften – plus Proviant und Wasser. [...] [Am Meer] begann die eigentliche Arbeit: Die Schiffe
20 mussten wieder zusammengesetzt werden. Dabei halfen den Baumeistern Zahlen oder farbige Markierungen an den einzelnen Schiffsteilen. [...] Dann endlich konnte es losgehen nach Punt. Kam eine Expedition erfolgreich zurück, war der Heimweg
25 doppelt beschwerlich. Denn jetzt galt es nicht nur, die Schiffe wieder an den Nil zu schaffen – sondern auch all jene wundervollen Dinge aus Punt. [...] Eine ganze Halle des Tempelkomplexes [der Pharaonin Hatschepsut] ist [einer] Expedition nach
30 Punt gewidmet, auf die die Herrscherin im neunten Jahr ihrer Regierungszeit (etwa 1479 bis 1458 v.Chr.) ihren Schatzmeister Nehesi schickte. Auf den Tempelwänden sind Schiffe [...] zu sehen [...] und deren Besatzung [...] mehr als 200 Männer.

**Zeder:** Nadelbaum
**Libanon:** Land am Ostufer des Mittelmeeres
**Werft:** in Werften werden Schiffe gebaut

**M2** *Der Ausschnitt aus einem Relief im Totentempel der Hatschepsut zeigt die von ihr beauftragte Expedition nach Punt (Rekonstruktionszeichnung)*

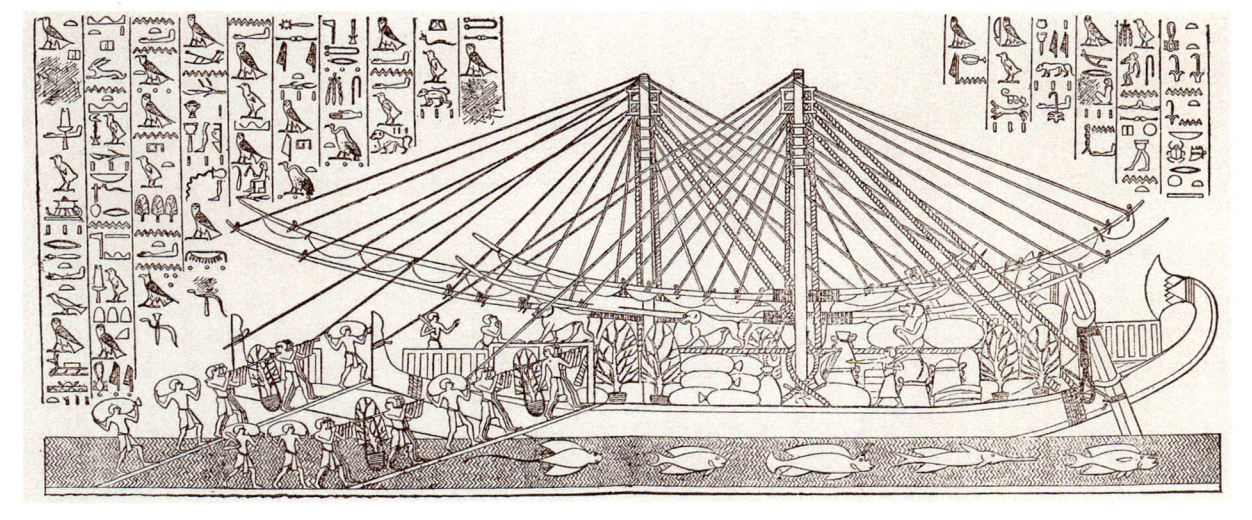

1. Berichte über die notwendigen Vorbereitungen für eine Handelsexpedition nach Punt. (M1, M2)
2. a) Beschreibe die Abbildung M2 genau.
   b) Formuliere Sprechblasen zu drei Personen.
3. Recherchiere die Handelswege ...
   a) ... vom Libanon nach Koptos am Nil.
   b) ... von Koptos nach Punt (heute Somalia).
4. Beurteile die Expeditionen nach Punt.

Das alte Ägypten – eine Hochkultur

| | | | | |
|---|---|---|---|---|
| Es gibt eine gemeinsame Religion und eine Vorstellung von einem Leben nach dem Tod. | Ein Herscher regiert das Land. | Wege und Bewässerungssysteme werden angelegt. | Eine planmäßige Landwirtschaft wird von Bauern betrieben. | Beamte verwalten das Land im Auftrag des Herrschers. |
| Die Menschen müssen Abgaben an den Herrscher leisten. | Städte mit großen Bauwerken werden errichtet. | Die Menschen leben in einem Staat. | Der Herrscher befiehlt über eine starke Armee. | Zur Verwaltung wird eine Schrift benutzt. |
| Der Herrscher lässt Vorräte anlegen. | Durch Arbeitsteilung entstehen verschiedene Berufe. | Ein Kalender ist bekannt. | Gesetze und Regeln werden aufgeschrieben. | Kunst und Wissenschaft entwickeln sich. |

**Abb. 1** *Merkmale einer Hochkultur*

# Ägypten als Hochkultur

### Die Entstehung von Hochkulturen

In der Geschichte haben sich zu verschiedenen Zeiten und in verschiedenen Regionen **Hochkulturen** entwickelt. Eine von ihnen war das alte Ägypten.

Ägypten gehörte zu den Hochkulturen, die an Flüssen entstanden sind. Flüsse boten für das Leben der Menschen viele Vorteile, denn sie lieferten nicht nur Nahrung und Trinkwasser, sondern auch Wasser zur Bewässerung von Feldern. Dies sicherte die Ernährung der Menschen und ermöglichte es, **Überschüsse**n zu erwirtschaften. Die Überschüsse und andere Handelswaren konnten aufgrund des Flusses leicht transportiert werden.

Die Entwicklung von Techniken zur **Bewässerung** erforderte Fachleute sowie eine verstärkte Planung und **Organisation**. Gleiches gilt für das Anlegen von Vorräten und deren Verteilung in Notzeiten. Zur Ermittlung der Überschwemmungszeiten wurden **Kalender** entwickelt, zur Errichtung großer Gebäude die Mathematik und für die Verwaltung eine **Schrift**.

### Hochkulturen als Staaten

Typisch für alle Hochkulturen waren Verwaltungs- und Herrschaftsstrukturen. Diese konnten eine einzelne Stadt oder auch ein riesiges Reich umfassen. Die Gesellschaft innerhalb dieser Strukturen wird als Staat bezeichnet. In ihm gelten Regeln, die für alle in Gesetzen festgehalten wurden.

Das alte Ägypten hatte sich am Nil zu einem großen Reich entwickelt, das der Pharao mithilfe seiner Beamten regierte. Gleichsam hatte sich eine **Religion** mit Tempeln und Priestern herausgebildet. Solche Entwicklungen gab es auch in anderen Regionen wie z. B. an den Flüssen Euphrat und Tigris, am Indus oder am Huang He.

**A** Nenne Merkmale einer Hochkultur.
**B** Erkläre, wie Flüsse die Entstehung einer Hochkultur fördern konnten.
**C** Erläutere, inwiefern Ägypten die Merkmale einer Hochkultur erfüllte.

Ägypten als Hochkultur | Digital+
WES-117845-097

## Frühe Hochkulturen

**M1** *Frühe Hochkulturen an Flüssen*

**Frühe Hochkulturen**
- Gebiete früher Hochkulturen an Flüssen von 3500 v. Chr. bis 2500 v. Chr.
- Einflussbereiche verschiedener Hochkulturen ab 1500 v. Chr.
- ○ Fund- und Ruinenstätte (Auswahl)
- heutige Staatsgrenzen

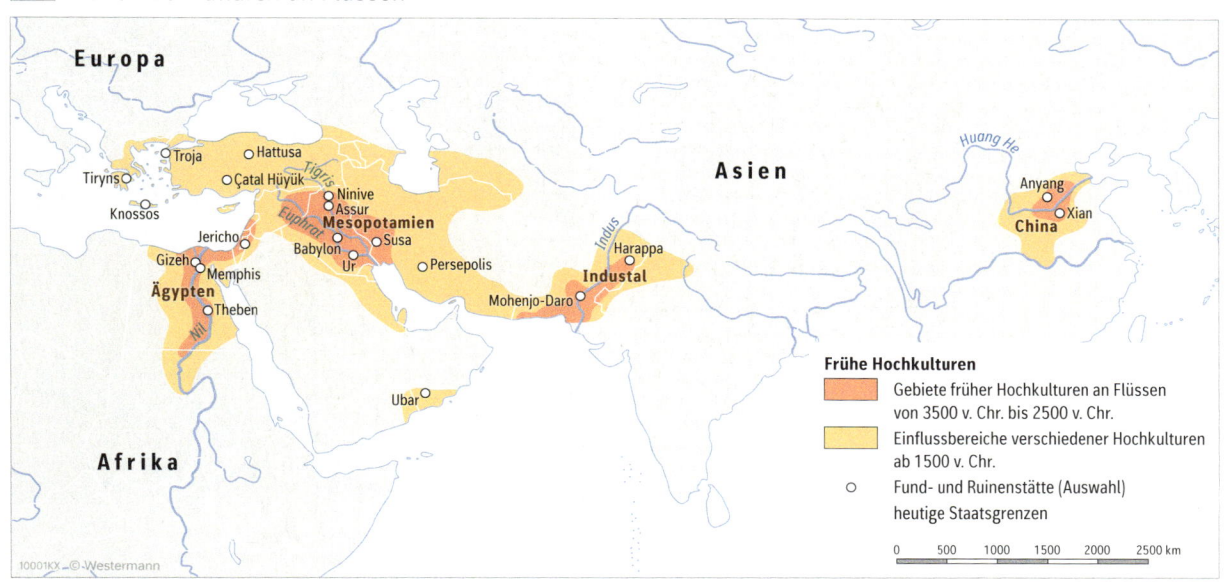

**M2** *Überreste verschiedener Hochkulturen*

*Tontafel aus Mesopotamien mit Keilschrift und der Berechnung eines Grundrisses für ein Haus (ca. 2300 v. Chr.)*

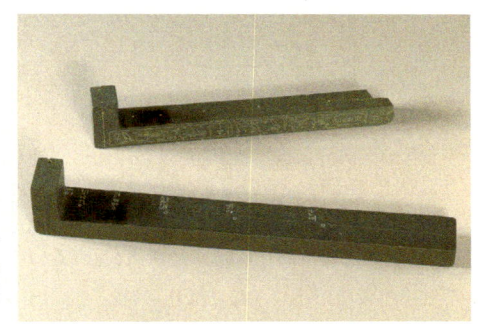

*Tragbare Sonnenuhr aus Ägypten (16. – 11. Jh. v. Chr.)*

*Anhänger aus China, der aus Jade geschnitzt wurde (ca. 2100 v. Chr.)*

*Elefant aus dem Industal, der aus Lapislazuli geschnitzt wurde (ca. 2000 v. Chr.)*

1. Nenne mithilfe von M1 die geografische Gemeinsamkeit der ersten großen Hochkulturen.
2. Beurteile anhand von M2 die Leistungen früher Hochkulturen.
3. Recherchiere zu einer Hochkultur deiner Wahl und gestalte ein Lernplakat. Galeriegang

# Wir entwerfen ein Brettspiel

Liebe Schülerinnen und Schüler!
Ein Spieleverlag braucht dringend eure Hilfe! Es soll ein neues Brettspiel auf den Markt kommen, das den Namen „Reise durch Ägypten" trägt. Bei diesem Spiel geht es darum, dass eine Schulklasse das Land Ägypten besucht. Die Reise dürfen sie aber nur durchführen, wenn die Schülerinnen und Schüler einzelne Fragen zur Hochkultur Ägyptens beantworten können. Viel Spaß beim Entwickeln – wir zählen auf eure Hilfe!

**Schritt 1:** Spielplan entwerfen
- Bildet zunächst Gruppen.
- Gestaltet in eurer Gruppe einen Spielplan. Euer Plan sollte Einzel- und Fragefelder enthalten.

**Schritt 2:** Spielregeln festlegen
- Überlegt gemeinsam in der Gruppe genaue Spielregeln.
- Notiert die Regeln in einer kurzen Spielanweisung.

**Schritt 3:** Aufgabenkarten formulieren
- Notiert die Merkmale einer Hochkultur auf einem Extrablatt.
- Überlegt euch sinnvolle Fragen zu den Merkmalen.
- Kennzeichnet, welche Merkmale ihr schon mit Fragen bearbeitet habt, auf dem Extrablatt.
- Verwendet für jede Frage eine eigene Karteikarte.
- Notiert auch die korrekte Antwort auf der Rückseite der Karte.

**Abb. 2** *Das Material wird vorbereitet.*

**Abb. 3** *Schülerinnen gestalten einen Spielplan.*

## Materialliste – das braucht ihr
- Ein DIN-A3-Bogen Tonpapier oder Fotokarton
- Spielfiguren
- Farbstifte, Schere
- Karteikarten

## Beispiele für Spielregeln
- grünes Feld: Frage beantworten
- schwarzes Feld: Ereignisfeld
- Palmenfeld: noch einmal würfeln

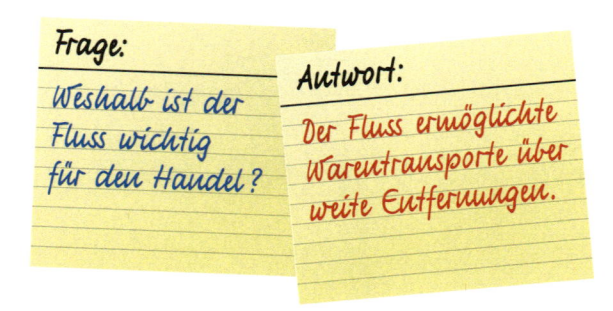

**Abb. 1** *So könnten eure Karteikarten aussehen.*

Frage: Weshalb ist der Fluss wichtig für den Handel?

Antwort: Der Fluss ermöglichte Warentransporte über weite Entfernungen.

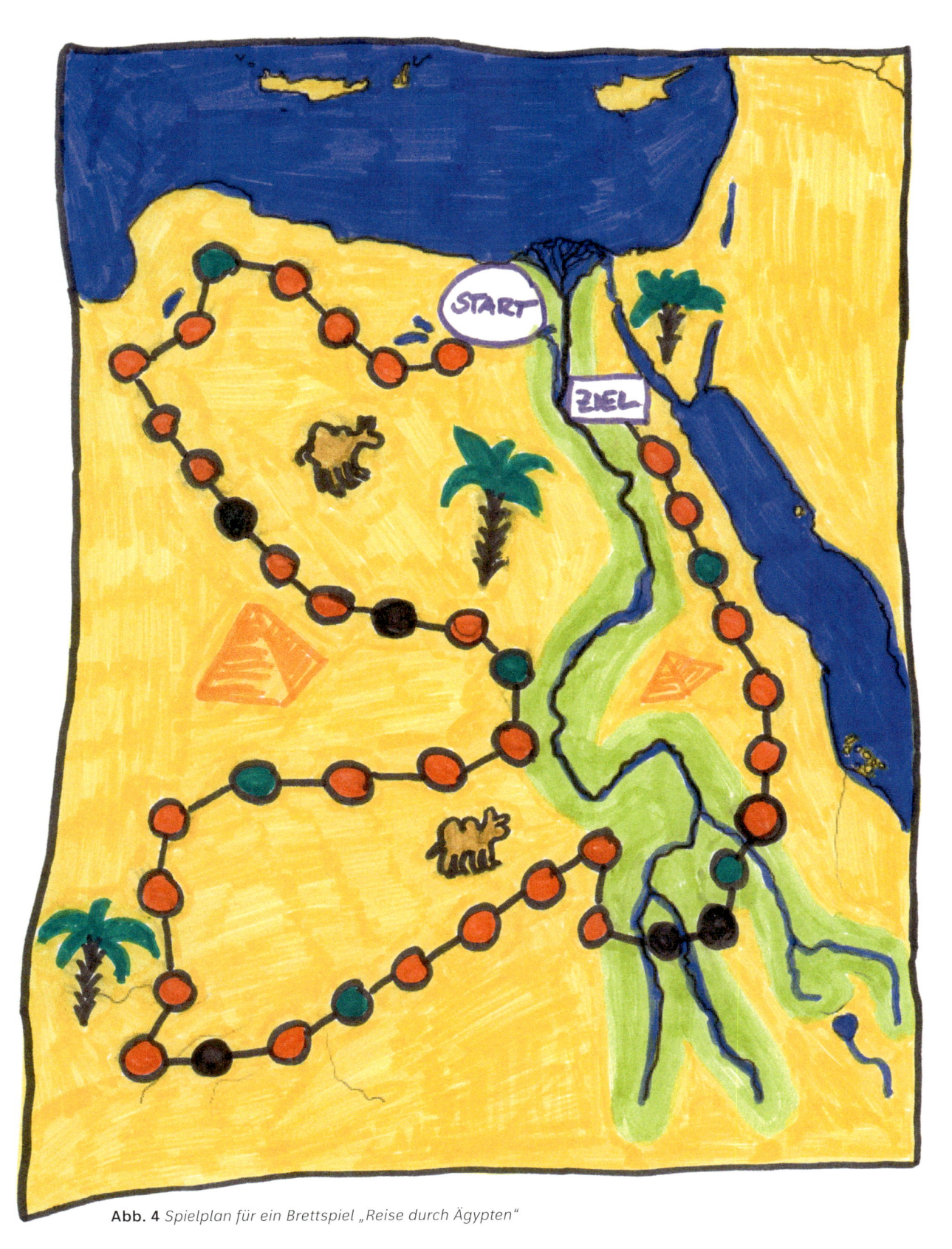

Wir entwerfen ein Brettspiel | Digital+
WES-117845-099

Projekt

**Abb. 4** *Spielplan für ein Brettspiel „Reise durch Ägypten"*

# Das alte Ägypten – eine Hochkultur

**Kompakt**

### Welche Rolle spielte der Nil?
Seit dem 4. Jahrtausend v. Chr. wurde die Flussoase des Nil besiedelt. Die regelmäßigen Überschwemmungen bestimmten die Organisation des Lebens. Zusammen löste man die Probleme der Bewässerung und legte eine Vorratshaltung an. Aus den Beobachtungen des Himmels entwickelten die Ägypter einen Kalender. Schreiber hielten wichtige Informationen in der als Hieroglyphen bezeichneten Bilderschrift fest.

**Abb. 1** *Hieroglyphen – die ägyptische Bilderschrift*

### Wie lebten die Menschen im alten Ägypten?
Im ägyptischen Reich um 3000 v. Chr. bildete sich eine gegliederte Gesellschaft mit einem Staat heraus, an deren Spitze der Pharao als Gottkönig stand. Er regierte das Land und wurde als Gott verehrt. Priester, Beamte, Handwerker, Kaufleute und Bauern bildeten verschiedene soziale Gruppen.

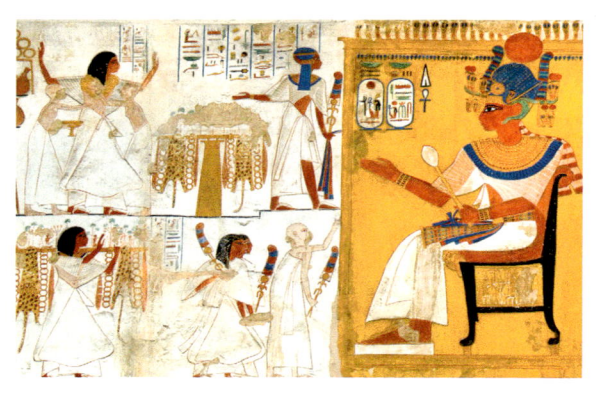

**Abb. 2** *Der Pharao nimmt Abgaben entgegen.*

### Was sind Pyramiden?
Für die Pharaonen baute man riesige Grabanlagen. Die Pyramiden sollten ihre Häuser für die Ewigkeit sein. Die technischen Abläufe beim Bau der Pyramiden sind bis heute noch nicht vollständig geklärt. Als gesichert gilt, dass die Steine in weit entfernten Steinbrüchen mit einfachen Werkzeugen aus dem Fels geschlagen wurden. Die Pharaonen ließen auch weitere große Bauwerke errichten, wie Tempelanlagen und Statuen.

**Abb. 3** *Pyramiden von Gizeh*

### Woran glaubten die Ägypter?
Der Glauben im alten Ägypten beruhte auf der Vorstellung an ein Leben nach dem Tod. Die Ägypter glaubten an viele Göttinnen und Götter. Diese traten in unterschiedlicher Form auf und besaßen auch menschliche Eigenschaften.

**Abb. 4** *Prüfung vor dem Totengericht*

---

**Wichtige Begriffe**
Arbeitsteilung, Götter, Hierarchie, Hieroglyphen, Hochkultur, Kalender, Mumie, Nilschwemme, Pharao, Pyramiden, Schrift, Staat, Totenkult, Vorratshaltung

## Der Nil als Lebensader

**M1** *Eintreibung der Abgaben*

**1** Beschreibe den Zusammenhang zwischen der Nilschwemme und dem ägyptischen Kalender.

## Das Zusammenleben der Ägypter

**M2** *Ägyptische Gesellschaft*

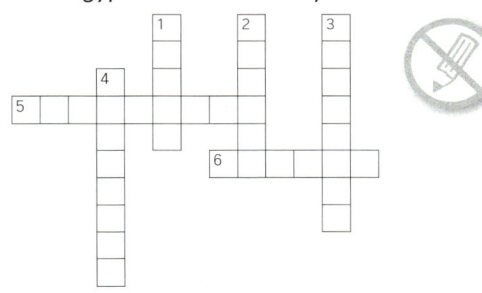

**SENKRECHT**
1. direkter Stellvertreter des Gottkönigs
2. Gottkönig an der Spitze der Gesellschaft
3. Bei ihm konnte man alle möglichen Dinge erhandeln.
4. Er hat den direkten Kontakt zu den Göttern.

**WAAGERECHT**
5. wichtiger und angesehener Beruf, der mit Tinte und Papyrus zu tun hat
6. Er war wichtig zur Verteidigung oder zum Angriff.

**2** Zeichne eine Gesellschaftspyramide mit den einzelnen Gruppen und hefte dein Blatt ein.

**3** Übertrage das Kreuzworträtsel zur ägyptischen Gesellschaft in dein Heft oder rufe die Vorlage im Angebot von Digital+ auf. Löse dann das Kreuzworträtsel auf einem Blatt.

## Die Pyramiden

**M3** *Der Bau der Großsteingräber*

| Pyramiden waren Grabstätten ... | ... die Cheopspyramide in Gizeh. |
| Die bekannteste ägyptische Pyramide ist ... | ... dauerte über 20 Jahre. |
| Pyramiden wurden an das westliche ... | ... über 20 000 Menschen arbeiteten. |
| Der Bau der Cheopspyramiden ... | ... für die Pharaonen. |
| Man weiß heute, dass beim Pyramidenbau ... | ... Nilufer gebaut. |

**4** Suche die passenden Satzteile zum Pyramidenbau zusammen und schreibe die Sätze auf.

## Der Glaube an ein Leben nach dem Tod

**M4** *Glaubensvorstellungen im alten Ägypten*

*BALSA***B**EI*

*DE*DEN*DER*DER*DIE*EIN*ENT*

*FIZIER*GANE*INNEREN*KÖR*

*MIERT*MUMI*NOMMEN*OR*

*PER*UND*UNG*

*WUR*WUR*

**5** Bringe die Wortfetzen in einen sinnvollen Zusammenhang zu einem vollständigen Satz. Der erste Buchstabe des Satzes ist hervorgehoben.

Lösungen: *Lerncheck*

# Kapitel 4

- *Was war eine Polis?*
- *Wie bestimmten die Griechen ihre Anführer?*
- *Woran glaubten die Griechen?*
- *Was bestimmte den Alltag der Griechen?*
- *Welche Spuren des antiken Griechenland finden wir noch heute?*

# Das antike Griechenland

## Das antike Griechenland

*Wie beeinflusste die Landschaft die Ansiedlung der Griechen?*

Abb. 1 *Die Landschaft des antiken Griechenland*

# Städte als kleine Staaten

### Die griechische Polis – ein Stadtstaat

Ab dem 10. Jh. v. Chr. besiedelten griechische Stämme das Gebiet des östlichen Mittelmeeres. Hier gibt es viele Inseln und Halbinseln. Das Festland ist von zahlreichen Gebirgen durchzogen. Dies machte es schwierig, von einem Ort zum anderen zu gelangen. Deshalb siedelten sich die Menschen unabhängig voneinander an verschiedenen Plätzen an.

Die Griechen gründeten Städte, vor allem in fruchtbaren Tälern, in denen sie Landwirtschaft betrieben. So konnten die Menschen mit Nahrung versorgt werden. Städte entstanden auch an geschützten Buchten und auf Inseln, wo Häfen errichtet werden konnten. Die Stadt und das sie umgebende Land bildeten zusammen einen **Stadtstaat**, den die Griechen **Polis** nannten. Im antiken Griechenland gab es mehrere Hundert. Obwohl die Stadtstaaten unabhängig waren, gab es zwischen ihnen Gemeinsamkeiten. In allen wurde die griechische Sprache gesprochen. Zudem wurden die gleichen Götter verehrt und gemeinsame Feste gefeiert. Dies führte zu einer Verbundenheit untereinander.

### Viele Griechen wandern aus

Ab dem 8. Jh. v. Chr. nahm die griechische Bevölkerung stark zu. Gleichzeitig führte Trockenheit zu Missernten, sodass viele Menschen hungerten. Um neue Siedlungsgebiete zu erschließen, wurde in vielen Poleis beschlossen, dass ein Teil der Bewohner auswandern musste. Die Auswanderer fuhren entlang der Küsten des Mittelmeeres und des Schwarzen Meeres. Dort suchten sie nach Möglichkeiten, neue Siedlungen zu gründen. Diese Siedlungen wurden **Kolonien** genannt und hielten engen Kontakt zu ihren Heimatstädten. Sie blieben vor allem durch den Handel miteinander verbunden. Durch die neuen Siedlungen breitete sich die Lebensweise der Griechen über den gesamten Mittelmeerraum aus. Dieser Vorgang wird **Kolonisation** genannt.

**A** Beschreibe die griechischen Landschaft.
**B** Erkläre, was unter einer Polis verstanden wird.
**C** Beschreibe den Ablauf der Kolonisation.

Filme: *Griechische Poleis; Griechische Kolonisation*

## Merkmale einer antiken griechischen Stadt

**M1** *Das Zentrum der antiken griechischen Stadt Korinth (Rekonstruktionszeichnung)*

① Tempel der Octavia
② Glauke-Brunnen
③ kleines Theater
④ Rathaus
⑤ Geschäftsgebäude
⑥ Marktplatz
⑦ Rednertribüne
⑧ Säulenhalle
⑨ Apollon-Tempel
⑩ großes Theater
⑪ Nordmarkt
⑫ große Halle für Märkte und Gerichtsverhandlungen

**1** Wähle eine Aufgabe aus:
  **a)** Beschreibe mithilfe der Zeichnung eine antike griechische Stadt.
  **b)** Du bist ein Reiseleiter. Führe eine Touristengruppe durch das antike Korinth.
  **c)** Erkläre die Grundfunktionen einer griechischen Stadt, wie sie sich aus der Zeichnung ergeben.

## Die Entstehung einer Kolonie

**M2** *Der Geschichtsschreiber Herodot schrieb im 5. Jh. v. Chr. über die Gründung einer Kolonie im 8. Jh. v. Chr.*

Auf der Insel Thera regnete es sieben Jahre lang nicht und alles vertrocknete. Eine Hungersnot drohte. [...] Die Bürger beschlossen, je einen von zwei Brüdern auszulosen und zur Insel Platea vor
5 der lybischen Küste zu senden. So fuhren zwei Schiffe nach Platea, wo es sehr unwirtlich war. Deshalb kehrten sie zurück. Die Theraer aber beschossen sie bei der Ankunft. Sie fuhren wieder ab und siedelten sich auf Platea
10 an. Nach zwei Jahren siedelten sie sich dann auf dem Festland gegenüber in Libyen selbst an. Hier wohnten sie sechs Jahre. Dann boten ihnen die Libyer einen schöneren Siedlungsplatz an. Quellwasser und guter Boden ließen hier eine
15 Ackerbaukolonie zu. Die Stadt Kyrene war gegründet.

**unwirtlich:** nicht einladend zu einem Aufenthalt

**2 a)** Nenne Gründe, die zur Auswanderung führten.
  **b)** Beschreibe die Gründung von Kyrene.

Geschichtskarten auswerten

# Geschichtskarten auswerten

Geschichtliche Ereignisse oder Entwicklungen haben sich meist über große Gebiete erstreckt. Um dies zu veranschaulichen, werden Geschichtskarten verwendet. Sie können entweder den Zustand zu einem bestimmten Zeitpunkt oder die Entwicklung über einen längeren Zeitraum darstellen.

Geschichtskarten dienen der Orientierung und sind so ähnlich wie die Karten aus dem Geografieunterricht. Neben dem dargestellten Raum besitzen sie auch einen Kasten mit näheren Erklärungen, der die Bedeutung der Symbole, Linien, Beschriftungen und die verwendeten Flächenfarben erklärt. Dieser wird Legende genannt.

**Schritt 1:** Das Thema der Karte benennen
- Wie lautet die Überschrift der Karte oder gibt es Untertitel?
- Formuliere selbst eine Überschrift, wenn keine vorhanden ist.
- Welcher Zeitraum ist dargestellt?
- Zeigt die Karte eine Entwicklung in einem Gebiet?

**Schritt 2:** Den Karteninhalt beschreiben
- Welches Gebiet wird dargestellt?
- Bestimme die Erdteile oder Länder, die zu erkennen sind.
- Geben die Namen von Flüssen oder Städten eine Orientierung?

**Schritt 3:** Symbole und Markierungen erfassen
- Werte die Legende der Karte aus.
- Wurden bestimmte Gebiete mit unterschiedlichen Farben gekennzeichnet?
- Kläre die Bedeutung der verwendeten Farben.
- Welche Symbole werden verwendet und wie werden sie in der Legende erklärt?

**Schritt 4:** Die Geschichtskarte auswerten
- Welche Aussagen lassen sich aus den gewonnenen Einzelinformationen zusammenfassen?
- Welche Zusammenhänge werden deutlich?
- Benenne Punkte, die durch die Karte nicht geklärt werden.

**M1** *Die griechische Kolonisation von ca. 750 bis 550 v. Chr.*

## Musterlösung zur Auswertung der Karte M1

**Schritt 1:** Das Thema der Karte benennen
Die Karte zeigt den Verlauf der griechischen Kolonisation. Zeitlich umfasst die Karte einen Zeitraum von 750 bis 550 v. Chr. Es wird ein Verlauf über 200 Jahre rund um das Gebiet des Mittelmeers dargestellt.

**Schritt 2:** Den Karteninhalt beschreiben
Auf der Karte werden der Mittelmeerraum und das Gebiet um das Schwarze Meer abgebildet. Es sind große Teile Europas zu erkennen. Auch die nördliche Küste Afrikas und westliche Gebiete Asiens werden dargestellt. Große europäische Flüsse wie z. B. die Donau und der Rhein, aber auch der Nil in Afrika erleichtern die Orientierung.

**Schritt 3:** Symbole und Markierungen erfassen
Die Legende verdeutlicht, dass Mutterstädte mit einem farbigen Quadrat gekennzeichnet sind, während die gegründeten Tochterstädte mit Kreisen in der gleichen Farbe dargestellt werden. Ferner sind auf der Karte weiße Pfeile zu erkennen. Sie geben die Richtung der Kolonisation an.

**Schritt 4:** Die Geschichtskarte auswerten
Aus der Karte lässt sich erschließen, dass die griechischen Mutterstädte zahlreiche Tochterstädte errichteten. So wurde von Siedlern aus Korinth beispielsweise Syrakus gegründet, spartanische Siedler errichteten Tarent im Südosten des heutigen Italiens. Einwohner, die ursprünglich von der Westküste Kleinasiens kamen, erbauten Siedlungen wie Odessa, Massillia. Bewohner der Inseln errichteten Tochterstädte wie Kyrene oder Gela auf Sizilien. Auswanderer aus Chalkis gründeten Siedlungen, aus denen u. a. Neapolis und Ischia entstanden sind.

Auffällig ist, dass die Neugründungen weitgehend an den Küsten des Mittelmeeres und des Schwarzen Meeres lagen. Wahrscheinlich war es so am besten möglich, auch weiterhin Kontakt zu den Mutterstädten, etwa durch Handel, zu halten. Außerdem fällt auf, dass die Tochterstädte, die auf Auswanderungen von der Westküste Kleinasiens wie Milet zurückgehen, besonders zahlreich sind. Die Gründe dafür lassen sich allerdings nicht aus der Karte heraus erschließen. Die Legende gibt an, dass von den Tochterstädten auch Kolonien gegründet wurden, allerdings zeigt dies die Karte nicht im Detail.

**1** Werte die Karte M2 aus. Partnervortrag

**M2** *Karte der Polis Athen*

Das antike Griechenland

*Wie trafen die Athener politische Entscheidungen?*

**Abb. 1** *Eine Volksversammlung in Athen (Rekonstruktionszeichnung)*

# Die Volksherrschaft in Athen

### Auf dem Weg zur Volksherrschaft

Die größte griechische Polis war **Athen**. Ursprünglich wurde Athen durch Könige beherrscht, diese Regierungsform bezeichnet man als **Monarchie**. Danach hatten reiche Kaufleute und Großgrundbesitzer die Macht übernommen. Diese Form der Herrschaft wird **Aristokratie** genannt. Die prächtigen Bauten Athens hatten aber die Handwerker und Arbeiter errichtet. In Kriegszeiten spielten sie außerdem als Ruderer der Kriegsflotte eine wesentliche Rolle für die militärische Stärke Athens. Deshalb verlangten sie, auch an den politischen Entscheidungen mitbeteiligt zu werden. Schritt für Schritt erkämpften sich die Athener Bürger die Beteiligung an der politischen Macht. Um 450 v. Chr. war der Einfluss der Bürger so gewachsen, dass man von einer Herrschaft des Volkes sprechen kann. Diese Regierungsform wird **Demokratie** genannt.

### Die Herrschaft des Volkes

Die wichtigsten Entscheidungen fielen in Athen direkt in der **Volksversammlung**. An ihr nahmen alle freien Bürger teil. Sie stimmten gleichberechtigt über Gesetze ab und entschieden über Krieg und Frieden. Zudem bestimmten sie für ein Jahr neun Älteste. Dabei handelte es sich um erfahrene Bürger, die für die Leitung der Gerichte und die Vorbereitung von Festen verantwortlich waren. Die Regierung übernahm in Athen der **Rat der 500**. Der Rat erarbeitete Gesetzesvorschläge und bereitete die Volksversammlungen vor. Der Vorsitz der Regierung wurde täglich neu gewählt, sodass es theoretisch möglich war, dass jeder Bürger einen Tag in Athen herrschen konnte.

### Das Scherbengericht

Die Athener wollten verhindern, dass es einem Einzelnen gelingen konnte, die gesamte Macht an sich zu reißen. Deshalb stimmte die Volksversammlung einmal im Jahr darüber ab, ob das **Scherbengericht** durchgeführt werden sollte. Beim Scherbengericht ritzten die Bürger den Namen eines Bürgers in eine Tonscherbe, von dem sie glaubten, er würde der Stadt schaden. An dieser Abstimmung mussten mindestens 6000 Bürger teilnehmen, und die Person mit den meisten Nennungen wurde für zehn Jahre aus Athen verbannt.

**A** Fasse die Entwicklung Athens zur Volksherrschaft zusammen.
**B** Beschreibe die Zusammensetzung und die Aufgaben von Volksversammlung und Rat der 500.
**C** Erkläre die Funktion des Scherbengerichts.

Filme: *Polis Athen; Weg zur Demokratie*

## Die Volksherrschaft in Athen

**M1** *Schaubild zur demokratischen Verfassung von Athen um 450 v. Chr.*

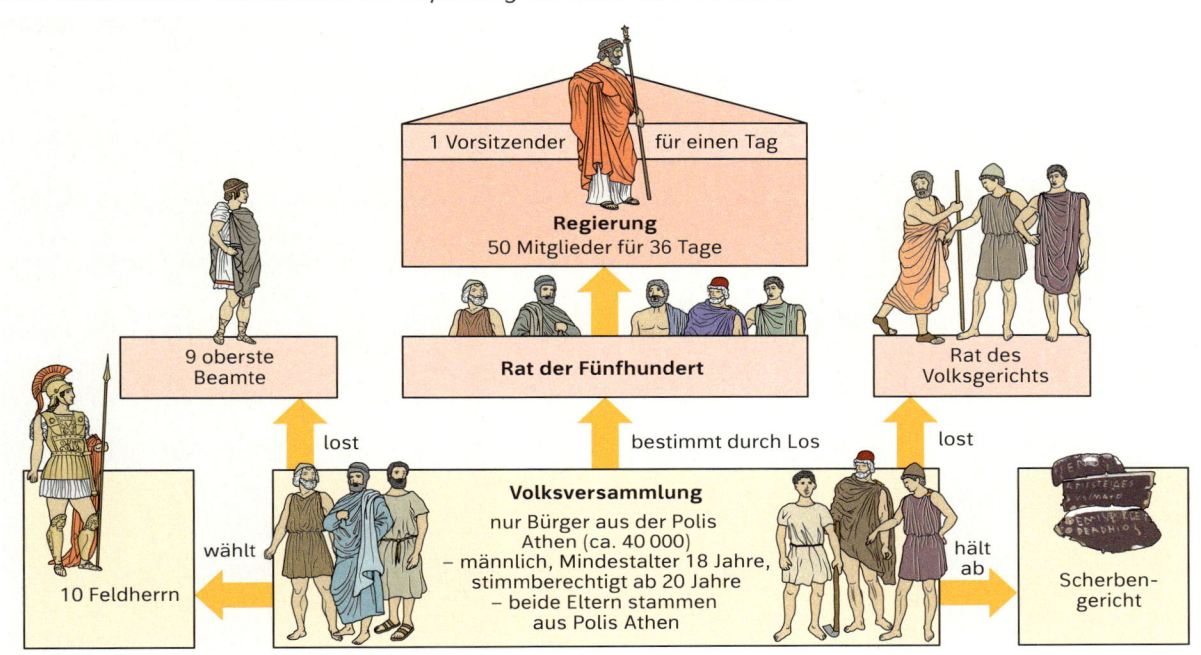

- 1 Vorsitzender für einen Tag
- **Regierung** 50 Mitglieder für 36 Tage
- **Rat der Fünfhundert**
- 9 oberste Beamte
- **Rat des Volksgerichts**
- 10 Feldherrn — wählt
- **Volksversammlung** nur Bürger aus der Polis Athen (ca. 40 000) – männlich, Mindestalter 18 Jahre, stimmberechtigt ab 20 Jahre – beide Eltern stammen aus Polis Athen
- lost — bestimmt durch Los — lost
- hält ab — Scherbengericht

**1** Wähle eine Aufgabe aus:
- **a)** Beschreibe anhand des Schaubildes Herrschaftsgruppen und ihre Aufgaben.
- **b)** Erkläre, warum man von einer Volksherrschaft sprechen kann.
- **c)** Stelle Vor- und Nachteile des Losverfahrens gegenüber.

Film: *Organisation der Demokratie*

### Ein idealer Bürger

**M2** *Der Historiker Thukydides notierte im 5. Jh. v. Chr. aus einer Rede des bedeutenden Politikers Perikles.*

In unserer Polis entscheidet nicht die Zugehörigkeit zu einer bestimmten Schicht über politischen Erfolg, sondern nur die persönliche Tüchtigkeit. Armut oder bescheidene Herkunft ist für einen leistungsfähigen
5 Bürger kein Hindernis, um ein politisches Amt [durch Wahl] zu bekommen.
Wir halten uns an die Gesetze und gehorchen der jeweiligen Regierung [...]. Wer dem politischen Leben fernsteht, ist für uns nicht ein stiller Bürger, sondern
10 ein schlechter.

**2** Arbeite aus M2 heraus, welche Eigenschaften ein Bürger Athens besitzen sollte. — Bienenkorb

### Einen historischen Gegenstand untersuchen

**M3** *Tonscherben mit den Namen des Aristides, des Kimon und des Themistokles*

**3 a)** Beschreibe die abgebildeten Gegenstände.
**b)** Erkläre ihre Verwendung.

## Die Volksherrschaft in Athen

### Eine griechische Polis

**M4** *Das antike Athen im 4. Jh. v. Chr. (Rekonstruktionszeichnungen)*

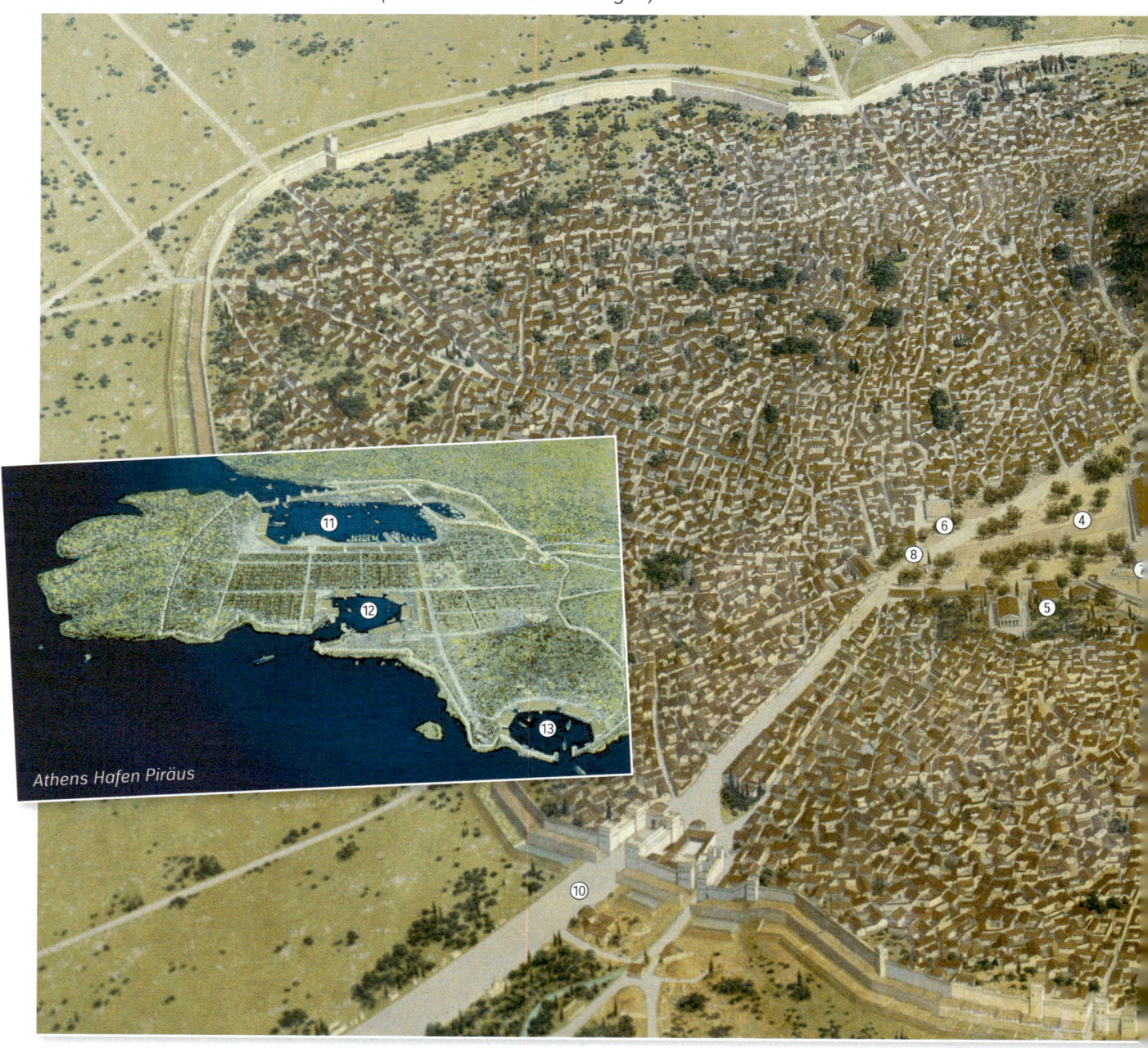

*Athens Hafen Piräus*

① *Akropolis: heiliger Bezirk der Stadt Athen mit verschiedenen Tempeln*
② *Tempel der Athene*
③ *Bronzestatue der Athene*
④ *Agora: Marktplatz und früherer Ort der Volksversammlung*
⑤ *Rathaus*
⑥ *Gerichtshof*
⑦ *Gerichtshof*
⑧ *Geschäfte*
⑨ *Pnyx: ab dem 5. Jh. v. Chr. Ort der Volksversammlung*
⑩ *Straße nach Piräus: Piräus war eine Hafenstadt, die zur Polis Athen gehörte*
⑪ *Handelshafen*
⑫ *Haupthafen der Kriegsflotte*
⑬ *Hafen der Kriegsflotte*

Die Volksherrschaft in Athen | Digital+
WES-117845-111

*Festumzug zur Akropolis*

**4** Wähle eine Aufgabe aus:
  **a)** Versetze dich in einen Bewohner Athens und führe einen Besucher durch die Stadt.
  Partnervortrag
  **b)** Gestalte einen Reiseführer für das antike Athen.

## Das antike Griechenland

*Wer durfte über politische Fragen entscheiden?*

**Abb. 1** *Bevölkerungsgruppen in Athen ohne politische Einflussmöglichkeiten: Frauen, Fremde und Sklaven*

# Mitbestimmung nicht für alle

### Die Stellung der Frauen

Demokratie bedeutet Herrschaft des Volkes. An den Volksversammlungen in Athen durften aber nur die männlichen Athener, die älter als 20 Jahre waren, teilnehmen. Frauen waren von den Möglichkeiten politischer Mitbestimmung ausgeschlossen. Die Aufgabe der Frauen bestand darin, den Haushalt zu führen, wobei der Mann als Familienvorstand alle wichtigen Entscheidungen traf. Selbst Frauen aus reichen Familien durften nicht selbstständig über ihren Besitz bestimmen. Nur auf dem Gebiet der Religion gab es eine gewisse Gleichberechtigung. So konnten Frauen auch als Priesterinnen tätig sein.

### Auch Fremde ohne Mitbestimmung

In Athen lebten auch Menschen, die aus anderen Teilen Griechenlands gekommen waren. Diese wurden **Metöken** genannt, was Mitwohnende bedeutet. Sie durften in Athen leben und arbeiten, mussten dafür aber ein Schutzgeld bezahlen. Das war eine Zahlung für das Recht, im Schutz der Stadtmauer zu leben. Sie durften keinen Grundbesitz erwerben und arbeiteten deshalb meist als Händler oder Handwerker. Obwohl sie auch Kriegsdienst leisten mussten, waren sie von politischer Mitbestimmung ausgeschlossen. Nur in Ausnahmefällen verlieh die Volksversammlung einem Metöken bei besonderen Verdiensten das Bürgerrecht.

### Sklaven ohne Rechte

In Athen lebten auch viele Sklavinnen und Sklaven. Als Kriegsgefangene oder Beute von Seeräubern wurden sie auf Märkten als Ware verkauft. Sklavenhandel war ein lohnendes Geschäft, der Preis wurde durch körperliche Fähigkeiten und Bildung bestimmt. Sklaven arbeiteten im Haushalt, auf den Feldern oder in Werkstätten. Besonders anstrengend und gefährlich war die Arbeit im Bergwerk. Sklaven waren das Eigentum ihres Herrn und besaßen keinerlei Rechte. Ihre Kinder waren ebenfalls unfrei. In seltenen Fällen schenkte der Besitzer seinen Sklaven die Freiheit.

**A** Fasse die Stellung der Frauen zusammen.
**B** Erkläre die Rechte und Pflichten der Metöken.
**C** Beschreibe die Situation der Sklaven.

Film: *Politische Mitbestimmung in Athen*

Mitbestimmung nicht für alle | Digital+
WES-117845-113

## Die Einwohner Athens

**M1** *Die Bevölkerung Athens um 500 v. Chr.*

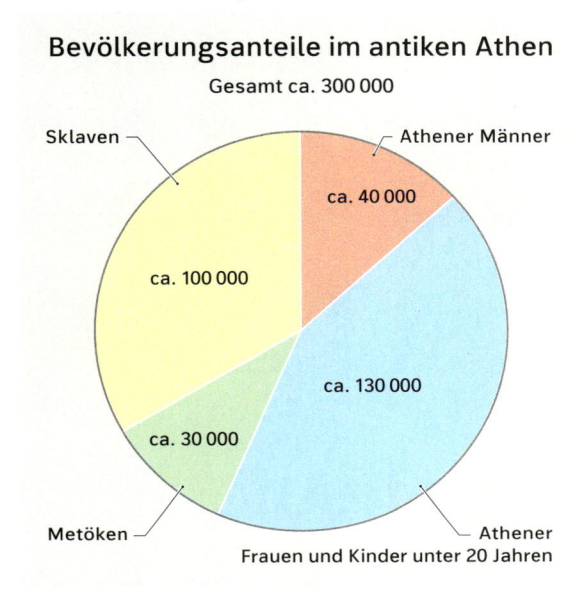

**Bevölkerungsanteile im antiken Athen**
Gesamt ca. 300 000

- Sklaven: ca. 100 000
- Athener Männer: ca. 40 000
- Metöken: ca. 30 000
- Athener Frauen und Kinder unter 20 Jahren: ca. 130 000

**1 a)** Stelle die im Diagramm genannten Personengruppen in einer Tabelle dar.
**b)** Fasse die Aussagen des Diagramms zusammen.
**c)** Diskutiert, ob die Beschreibung Athens als Volksherrschaft berechtigt ist.
Think – Pair – Share

## Rollenbilder in der griechischen Antike

**M2** *Der Geschichtsschreiber Xenophon (ca. 426 – ca. 355 v. Chr.) urteilte über die Rollenverteilung*
Da nun jede der beiden Tätigkeiten diejenigen innerhalb als auch diejenigen im Freien der Ausführung und der Aufsicht bedürfen, hat Gott [...] von vornherein die körperliche Beschaffenheit entspre-
5 chend ausgestattet, und zwar [...] die der Frau für die Arbeiten und Besorgungen im Innern, die des Mannes hingegen für die Tätigkeiten [...] außerhalb.

**2 a)** Stelle dar, welche Aufgaben nach Xenophon Frauen und Männer übernehmen sollen.
**b)** Arbeite heraus, wie Xenophon dies begründet.
**c)** Nimm zur Meinung Xenophons Stellung.

## Ungleiche Freunde

**M3** *So könnte ein Gespräch zwischen einem Athener Bürger Dimitrios und einem Metöken Salvo begonnen haben. Dimitrios besucht am Abend Salvo in dessen Schmiedewerkstatt.*

DIMITRIOS: Guten Abend Salvo!
SALVO: *(blickt nur kurz von seiner Arbeit auf)* Sei gegrüßt Dimitrios!
DIMITRIOS: *(aufgeregt)* Salvo, ich komme gerade
5 von der Volksversammlung. Rate mal, was passiert ist!
SALVO: *(zuckt nur kurz mit den Schultern)* Was soll schon passiert sein? Geht mich sowieso nichts an.
DIMITRIOS: Du wirst es kaum glauben, ich wurde in
10 den Rat der Fünfhundert gelost. Ich gehöre jetzt zu den 500 wichtigsten Athenern und kann somit noch mehr mitbestimmen.
SALVO: *(brummt)* Schön für dich.
DIMITRIOS: Salvo, warum guckst du so grimmig?
15 Freust du dich gar nicht für mich?
SALVO: Ich mich freuen? Seit zehn Jahren lebe ich in dieser Stadt, arbeite täglich für ihren Glanz. Aber mitbestimmen darf ich gar nichts – und das nur, weil ich nicht hier geboren bin. ...

> Ich kann jetzt noch mehr mitbestimmen!

> Aber ich darf gar nichts mitentscheiden.

**3** Wähle eine Aufgabe aus:
**a)** Beschreibe die Gesprächssituation.
**b)** Erkläre, warum Dimitrios und Salvo so unterschiedlicher Stimmung sind.
**c)** Schreibe eine mögliche Fortsetzung des Gesprächs.

Das antike Griechenland

*Was bedeutet es heute für euch, demokratisch zu handeln?*

**Abb. 1** *Klassenrat in einer fünften Klasse*

# Demokratie damals und heute

### Wie das Volk heute entscheidet

Im antiken Athen traf die Volksversammlung wichtige Entscheidungen. Dieses demokratische Prinzip gibt es auch heute noch. Wenn ihr im Klassenrat diskutiert oder eure Klassensprecherinnen und Klassensprecher wählt, handelt ihr demokratisch.

Die Bürger im antiken Athen regelten ihre Angelegenheiten direkt in der Volksversammlung. Das lässt sich in unserem Land mit einer Bevölkerungszahl von 84 Millionen nicht umsetzen. Deshalb wählen die Bürgerinnen und Bürger unseres Landes Vertreterinnen und Vertreter, die ihre Interessen wahrnehmen. Diese werden Abgeordnete genannt. Sie beraten in Versammlungen, den Parlamenten, und beschließen die Gesetze. Das Parlament unseres Staates heißt Bundestag.

### Wer darf mitbestimmen?

Im antiken Athen war eine Mehrheit der Einwohner von der Mitbestimmung ausgeschlossen. Politik war über Jahrhunderte eine Angelegenheit der Männer. In Deutschland wurde zum Beispiel erst 1918 das Wahlrecht für Frauen eingeführt.

An den Wahlen zum deutschen Bundestag dürfen nur deutsche Staatsbürgerinnen und Staatsbürger teilnehmen. Zugezogene aus Staaten der Europäischen Union haben allerdings in der Bundesrepublik das Recht, die Parlamente der Städte und Gemeinden, in denen sie wohnen, zu wählen.

### Das Wahlalter

Bei der Wahl zum Bundestag muss man mindestens 18 Jahre alt sein. So sind Kinder und viele Jugendliche von politischen Entscheidungen ausgeschlossen. Das wird immer stärker als ungerecht empfunden. Deshalb gibt es Bestrebungen, das Wahlalter zu senken. In vielen Gemeinden, in mehreren Bundesländern und auch bei der Europawahl darf ab 16 Jahren gewählt werden.

In immer mehr Orten gründen sich Kinder- und Jugendparlamente. In diesen Versammlungen können auch jüngere Einwohnerinnen und Einwohner dafür sorgen, dass ihre Interessen Gehör finden.

**A** Erläutere, wie heute die Bürgerinnen und Bürger ihre Interessen durchsetzen können.
**B** Erkläre, ob heute alle die Möglichkeit besitzen mitzubestimmen.
**C** Beschreibe, wie Kinder und Jugendliche Politik mitgestalten können.

## Was Kinder- und Jugendparlamente bewegen

**M1** *Jugendparlament Melle*
*(Meller Kreisblatt vom 8. März 2023)*

In der Innenstadt von Melle sollen künftig drei multifunktionale Solarbänke zum Verweilen einladen. Die erste […] steht bereits. […] Der Strom, der durch die Solarmodule erzeugt wird,
5 kann auch zum Laden eines Handys benutzt werden. Das Aufstellen der multifunktionalen Bank geht auf eine Initiative des Meller Jugendparlaments zurück.

**M2** *Jugendparlament Friedrichshafen*
*(Schwäbische Zeitung vom 4. Februar 2023)*

Das Jugendparlament der Stadt Friedrichshafen hat bei der Bodensee-Weihnacht Waffeln und Punsch verkauft und dadurch 375 Euro eingenommen. Das gesammelte Geld wurde vom
5 eigenen Budget auf 500 Euro aufgestockt und an die Tafel Friedrichshafen gespendet. […]

**M3** *Jugendparlament des Saale-Orla-Kreises*
*(Ostthüringer Zeitung vom 23. Januar 2023)*

Pößneck. Am Samstagabend fand in der Stadtbibliothek Bilke eine Veranstaltung statt […]. Die Rede ist von einem Poetry Slam im Sinne von einem Wettstreit unter Dichtern […]. Die Veran-
5 staltung am Wochenende ist dem Jugendparlament des Saale-Orla-Kreises zu verdanken. Die ehrenamtlich aktiven jungen Leute organisierten, luden ein und moderierten auch den gut einstündigen Abend.

**M4** *Jugendparlament Haan*
*(Westdeutsche Zeitung vom 28. Januar 2023)*

Das Jugendparlament treibt die Sanierung der Skateanlage weiter voran: In der jüngsten Sitzung fasste das Gremium den Entschluss, die für die Sanierung der Anlage und im Haushalt bereits
5 eingestellten 20 000 Euro für die Begradigung der Betonfläche einzusetzen. In Absprache mit dem Jugendparlament und Nutzern der Skateanlage […] beauftragt das Gremium die Verwaltung zudem damit, aus dem Restbetrag neue Elemen-
10 te zu erwerben.

**M5** *Kinder- und Jugendparlament Marburg*
*(Westfälische Rundschau vom 3. Februar 2023)*

Bundeskanzler Olaf Scholz hat gestern das Kinder- und Jugendparlament (KiJuPa) der Stadt Marburg besucht. Das KiJuPa wird alle zwei Jahre an fast allen Marburger Schulen gewählt und
5 besteht aus etwa 100 Kindern und Jugendlichen. Sie setzen sich für die Themen, Wünsche und Sorgen von Kindern ein. Olaf Scholz hörte zu und beantwortete Fragen.

**1 a)** Begründe, welche der vorgestellten Aktionen du für besonders gelungen hältst.
**b)** Sammelt Ideen, was ihr in einem Kinder- und Jugendparlament durchsetzen würdet.
   Placemat
**2** Recherchiere zur Arbeit eines Kinder- und Jugendparlaments in deiner Umgebung. Stelle deine Ergebnisse der Klasse vor.

Das antike Griechenland

*Wie lebten die Griechen?*

**Abb. 1** *Frauen, die Brotteig kneten, und ein Flötenspieler (Miniaturskulptur aus dem 6. Jh. v. Chr.)*

# Das Alltagsleben der Griechen

### Die griechische Familie

Den Begriff Familie, wie wir ihn heute kennen, gab es im antiken Griechenland nicht. Die Griechen sprachen eher von *oikos*, was mit Haus übersetzt wird. Damit waren alle Personen gemeint, die gemeinsam in einem Haus lebten. Deshalb gehörten zu einem griechischen Haushalt neben den Eltern und den Kindern auch die Großeltern, die Bediensteten und die Sklaven.
Der Vater als Hausherr entschied über alle Angelegenheiten. Die übrigen Mitbewohner mussten sich seinen Entscheidungen unterordnen. Er verfügte auch über das Einkommen, Frauen durften keinen Besitz haben. Als Vorstand des Hauses suchte der Vater z. B. die jeweiligen Ehepartner bzw. Ehepartnerinnen für seine Kinder aus.

### Das Wohnhaus

Die griechischen Häuser waren meist einfache Holzhäuser und bestanden aus einem Stockwerk. Das Dach war in der Regel mit Stroh gedeckt und der einfache Lehmfußboden wurde mit Strohmatten ausgelegt. Die Häuser der Reichen verfügten dagegen über zwei Stockwerke. Häufig fanden sich dort Steinfußböden mit Mosaiken. Betrat man so ein Haus, kam man zunächst in einen Innenhof. Hier befand sich ein kleiner Hausaltar, an dem zu Feiertagen Opfergaben abgelegt wurden. Vom Innenhof ging es in verschiedene Räume. Viele Häuser verfügten bereits über ein Badezimmer, in dem sich eine gemauerte Wanne und ein Tontopf mit Deckel als Toilette befanden. Die Möbel waren sehr einfach, z. B. kleine Hocker und Liegen, die bei Bedarf von Zimmer zu Zimmer getragen wurden.

### Die Ernährung

Da das Land sehr gebirgig und trocken war, gab es nur eine geringe Anbaufläche für Getreide. Das wichtigste Getreide war Gerste, aus dem Brot gebacken oder ein Brei zubereitet wurde. Durch Kohl und Zwiebeln aus den Gemüsegärten wurde der Speiseplan bereichert. Fisch gab es häufiger als Fleisch. Beliebt waren Trauben, die nach der Ernte mit den Füßen zertreten wurden. Der entstandene Saft wurde in Krüge abgefüllt und stehen gelassen, bis er zu Wein vergoren war.

**A** Erkläre, was man unter *oikos* versteht.
**B** Nenne die Merkmale der Wohnhäuser.
**C** Beschreibe die Ernährung der Griechen.

Film: *Griechische Familien*

**Mosaik:** Bild, das aus vielen farbigen Steinen besteht.

## Wie die Griechen wohnten

**M1** *Ein zweistöckiges Wohnhaus einer wohlhabenden griechischen Familie (Rekonstruktionszeichnung)*

① Innenhof
② Küche
③ Bad
④ Schlafraum

⑤ Aufenthaltsraum für Männer: Empfangsraum für Freunde oder Geschäftspartner, hier trafen sich Männer zu Besprechungen oder festlichen Trinkgelagen.

⑥ Aufenthaltsraum für Frauen und Kinder: Griechische Frauen verbrachten viel Zeit mit Spinnen und Weben, denn sie stellten die Kleidung selbst her.

**1** Wähle eine Aufgabe aus:
   **a)** Beschreibe ein Zimmer des Hauses.
   **b)** Führe als Athener Bürger einen Besucher durch dein Haus.
   **c)** Stelle als Athener Bürger bei einer Führung durch dein Haus auch die Mitglieder vor, die zu deinem *oikos* gehören.

## Das antike Griechenland

*Wie lebten Kinder in Griechenland?*

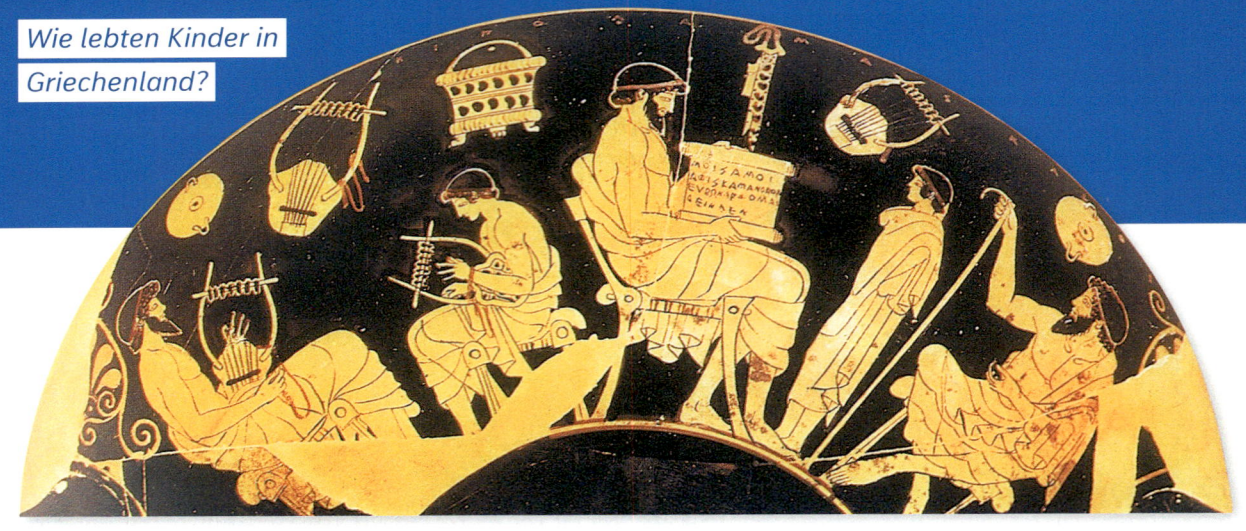

Abb. 1 *Eine Schulszene aus dem antiken Griechenland (Malerei auf einer Schale, ca. 500 v. Chr.)*

# Kindheit im antiken Griechenland

### Gemeinsam im *gynaikon*

Vieles, was heute für Kinder wichtig ist, gab es im antiken Griechenland noch nicht. Beispielsweise waren eigene Kinderzimmer unbekannt. Bis zum Alter von sieben Jahren verbrachten Jungen und Mädchen viel Zeit bei ihren Müttern in den Zimmern der Frauen. Diese hießen *gynaikon*.

Reiche Frauen stillten ihre Kinder meist nicht selbst. Das übernahmen Sklavinnen oder ärmere Frauen, die sich dann auch um die Erziehung der Kinder kümmerten. Häufig wurden die Kinder bis zum Alter von drei Jahren herumgetragen, weil so verhindert werden sollte, dass sie O-Beine bekamen.

### Die Erziehung der Mädchen

Wenn die Mädchen sieben Jahre alt wurden, begann ihre Vorbereitung auf ihre Rolle als Hausfrau und Mutter. Sie lebten weiter in den Frauenräumen und lernten dort von den anderen Frauen des Haushaltes Handarbeiten wie Spinnen, Weben und Kochen. Nur wenige Mädchen wurden im Lesen und Schreiben unterrichtet.

Verheiratet wurden die Mädchen bereits im Alter von 13 bis 16 Jahren, wobei die Ehemänner meist wesentlich älter waren.

### Die Erziehung der Jungen

Auch für die Jungen begann ab dem Alter von sieben Jahren ein neuer Lebensabschnitt. Wenn es sich die Familie leisten konnte, besuchten sie einen Lehrer, der bei sich zu Hause die Schüler einzeln oder in Kleingruppen im Lesen, Schreiben und Rechnen unterrichtete. Viel Wert wurde auf das Auswendiglernen gelegt. Auf dem Stundenplan standen auch Dichtkunst und Musik. Ab dem Alter von 13 Jahren kam das Fach Sport hinzu. Auch in Rhetorik, also der Redekunst, wurden die Schüler unterrichtet. So sollten sie sich auf die Teilnahme an den Volksversammlungen und auf politische Ämter vorbereiten. Überhaupt war die Erziehung sehr streng, Schläge waren nicht selten. Kinder ärmerer Familien besuchten kaum eine Schule, sie mussten ihren Eltern bei der Arbeit helfen. Öffentliche Schulen wurden erst ab dem 4. Jh. v. Chr. eingerichtet.

**A** Berichte über das Leben eines Kindes bis zum Alter von sieben Jahren.
**B** Erkläre, wie die Mädchen auf ihre zukünftige Rolle vorbereitet wurden.
**C** Stelle dar, wie die Erziehung der Jungen verlief.

Film: *Kindheit in Griechenland*

## Vor dem ersten Schultag

**M1** *So könnte im antiken Athen ein Gespräch zwischen einem Vater und seinem Sohn abgelaufen sein. Für den siebenjährigen Aris beginnt morgen der erste Schultag. Am Abend wird er zu seinem Vater gerufen.*

VATER: Aris, bist du schon aufgeregt?
ARIS: Ich kann es kaum erwarten, Vater. Ich hoffe, dass der Lehrer nett ist. Außerdem bin ich gespannt, wer meine Mitschüler sind. Bisher
5  kenne ich ja nur Orestis aus unserer Straße.
VATER: Das wird schon werden. Wichtig ist, dass du dir große Mühe gibst. Schließlich bezahle ich eine ganze Menge Geld für deine Ausbildung. Ich habe dir unseren Sklaven Stefanos als *paidago-*
10  *gos* bestimmt.
ARIS: Aber Vater, ich bin doch schon groß. Ich kann schon allein zum Lehrer gehen.
VATER: Widersprich mir nicht. Alle Jungen haben einen *paidagogos*. Sollen die Leute denken, dass
15  ich mir keinen leisten kann? Er wird dir die Wachstafel und die anderen Schulmaterialien tragen. Außerdem wird er dafür sorgen, dass du nicht herumbummelst und pünktlich zum Unterricht erscheinst.
20  ARIS: Und was soll er die ganze Zeit machen, wenn ich unterrichtet werde?
VATER: Er wird mit im Raum sitzen und dafür sorgen, dass du aufpasst und nicht träumst. Für die Pause wird er dich mit einer Kleinigkeit versorgen.
25  Außerdem bringt er dich nach Schulschluss auf dem kürzesten Weg nach Hause, damit ihr beiden dann noch genügend Zeit habt, zuhause das Gelernte zu üben. Aber jetzt, ab ins Bett. Schließlich musst du morgen ausgeschlafen sein,
30  wenn der Ernst des Lebens beginnt.

**1 a)** Beschreibe, in welcher Situation sich Aris befindet und welche Erwartungen er hat.
**b)** Erkläre, warum der Vater möchte, dass sich Aris Mühe gibt.
**c)** Stelle dar, wer Aris unterstützen soll und welche Aufgaben dieser Helfer übernimmt.
**2** Heute kennen wir das Wort Pädagoge. Vergleiche die Bedeutung von *paidagogos* und Pädagoge.

## Ein griechisches Kinderspiel

**M2** *Das Fünf-Knöchel-Spiel*

Die Kinder im antiken Griechenland haben dieses Spiel mit fünf Knöchelchen gespielt, ihr könnt aber auch fünf kleine Steine oder Münzen verwenden. Zunächst müsst ihr die Zahl der Runden oder eine Höchstpunktzahl festlegen. Als Erstes werden die Knöchelchen aus der Faust nach oben geworfen. Anschließend versucht man sie mit dem Handrücken aufzufangen. Die aufgefangenen Knöchelchen werden vom Handrücken wieder nach oben geworfen und diesmal mit der Handfläche aufgefangen. Für jeden Stein, den man gefangen hat, bekommt man einen Punkt. Sieger ist derjenige, der entweder zuerst die vereinbarte Höchstpunktzahl erreicht oder nach den vereinbarten Runden die meisten Punkte erzielt hat.

**3** Erklärt euch gegenseitig das Spiel und probiert es aus. Partnervortrag

Das antike Griechenland

*Woran glaubten die Griechen?*

**Abb. 1** *Der Parthenon, der Tempel der Athene, auf der Akropolis in Athen*

# Die griechische Götterwelt

### Götter bestimmen das Leben

Die griechische Bevölkerung beobachtete die Natur sehr genau, weil diese für ihre Ernährung sorgte. Aber nicht alle Naturerscheinungen konnte sie sich erklären. Wie entstehen Erdbeben oder Stürme? Warum brechen Vulkane aus? Wer sorgt für Gewitter? Dies schrieben sie Göttinnen und Göttern zu, die so über ihr Leben bestimmten.

Nach dem Glauben der Griechen lebten die Götter auf dem **Olymp** – dem höchsten Berg Griechenlands. Sie bildeten eine Familie. Der Göttervater war Zeus, Hera seine Ehefrau. Neben ihnen sollten noch zehn weitere Göttinnen und Götter auf dem Berg leben. Jede Gottheit war für einen bestimmten Bereich verantwortlich – für das Meer, für den Himmel, für den Krieg, für die Landwirtschaft usw.

In der Vorstellung der Menschen sahen die Göttinnen und Götter wie Menschen aus, sie konnten sich aber in andere Lebewesen verwandeln. Die Gottheiten besaßen auch menschliche Eigenschaften und empfanden wie Menschen. Manchmal waren sie befreundet, manchmal stritten sie miteinander. Im Unterschied zu den Menschen waren sie unsterblich und alterten nicht.

### Wie die Griechen ihre Götter ehrten

Die Menschen gingen davon aus, dass die Götter ihr Leben bestimmten. Deshalb wollten sie sich mit ihnen gut stellen. Ihnen zu Ehren errichteten die Griechen mächtige **Tempel**, in denen sie beteten oder Opfergaben wie Früchte oder Tiere brachten. Außerdem wurden für die Götter in den Poleis regelmäßig große Feste veranstaltet. Diese dauerten oft mehrere Tage. Man speiste gemeinsam und lauschte verschiedenen Darbietungen.

Vor wichtigen Entscheidungen wie der Gründung einer neuen Kolonie oder dem Beginn eines Krieges fragten die Griechen die Gottheiten um Rat. Dieser angebliche Götterspruch, das **Orakel**, war meist in Rätselform und deshalb nicht immer eindeutig zu verstehen. Es wurde daher von Priesterinnen und Priestern übersetzt.

**A** Erkläre, warum die Griechen an Götter glaubten.
**B** Arbeite die Gemeinsamkeiten und Unterschiede von Menschen und Gottheiten heraus.
**C** Berichte über die Verehrung der Göttinnen und Götter durch die griechische Bevölkerung.

Film: *Die griechische Götterwelt*

## Die Aufgaben der Götter

**M1** *Eine Auswahl griechischer Gottheiten*

① Hermes   ② Aphrodite   ③ Athene   ④ Apollon   ⑤ Poseidon   ⑥ Artemis

1. Bestimme die Aufgabenbereiche der dargestellten Göttinnen und Götter.
2. Vergleicht eure Ergebnisse und gebt an, woran ihr die Bereiche erkannt habt. Bushaltestelle

## Eine griechische Sage

**M2** *Die angeblichen Göttertaten erzählten die Griechen mündlich in Sagen weiter. Im Folgenden wird über die Taten des Prometheus berichtet:*

Prometheus stammte aus einer alten Götterfamilie. Er war traurig darüber, dass es auf der Erde keine Wesen gab, die aufrecht gingen wie er. Er nahm sich Lehm und Wasser und formte daraus eine Gestalt, 
5 die aussah wie er. Athene hauchte der leblosen Statue Geist ein, das Herz begann zu schlagen. Der erste Mensch war in die Welt gesetzt. Lange wussten die Menschen nicht, wie sie ihren Verstand gebrauchen konnten, sie lebten wie kleine 
10 Kinder. Da ging Prometheus zu den Menschen und lehrte sie, Häuser zu bauen, zu lesen und zu schreiben und die Natur zu nutzen. Dies betrachteten die Götter auf dem Olymp mit Misstrauen. Zeus sprach zu Prometheus: „Du hast den Menschen viel 
15 erklärt, aber ihnen nicht beigebracht, wie man uns Götter ehrt." „Die Menschen werden euch Götter Opfer bringen, aber du, Zeus, entscheidest, was sie opfern sollen", antwortete Prometheus. Er schlachtete einen Stier und nahm zwei Säcke. In einen 
20 packte er das Fleisch, in den größeren Fett und Knochen. Dann forderte er Zeus auf zu wählen. Dieser entschied sich sofort für den größeren Sack. Seitdem opfern die Menschen den Göttern Fett und Knochen und behalten das Fleisch für sich.

3. Wähle eine Aufgabe aus:
    - **a)** Fasse die Sage von Prometheus mit eigenen Worten zusammen.
    - **b)** Erkläre, welche Fragen die Griechen mit dieser Sage zu beantworten versuchten.
    - **c)** Schreibe eine mögliche Fortsetzung der Sage.

Das antike Griechenland

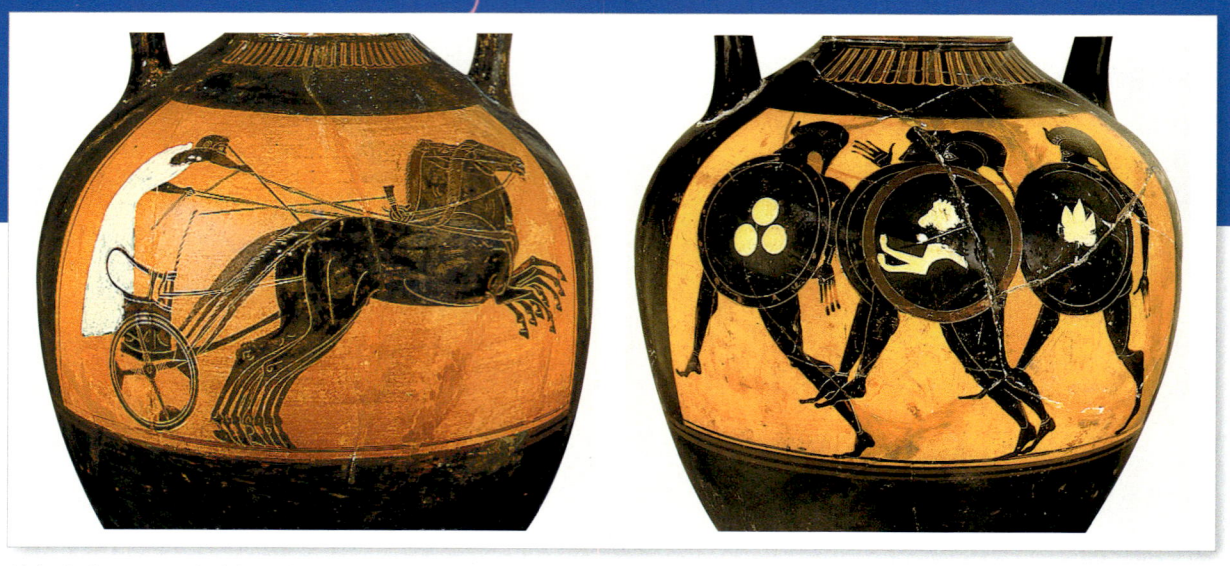

**Abb. 1** *Sportarten bei den Olympischen Spielen der Antike (Vasenmalereien aus dem 6. – 4. Jh. v. Chr.)*

# Die Olympischen Spiele der Antike

### Wettkämpfe zu Ehren der Götter

Seit 776 v. Chr. strömten bis zu 40 000 Menschen aus allen Teilen Griechenlands in die Stadt Olympia. Dort befand sich ein großer Zeus-Tempel.

Um Zeus zu ehren, wurden alle vier Jahre **Olympische Spiele** veranstaltet. Dabei handelte es sich um ein großes Fest, zu dessen Programm auch Sportwettbewerbe gehörten. Damit Wettkämpfer und Zuschauer nach Olympia gelangen konnten, galt während der Zeit der Spiele eine Friedenspflicht. Die Spiele dauerten fünf Tage. Nur freie griechische Männer durften an ihnen teilnehmen.

Am ersten Tag versammelten sich alle Beteiligten im Zeus-Tempel zum Gebet und überbrachten dem Gott ihre Gaben. In einem **olympischen Eid** verpflichteten sich die Wettkämpfer zu einem fairen Verhalten. Ab dem zweiten Tag fanden die Sportveranstaltungen statt. Die Sportler wetteiferten im Wagenrennen, Weitsprung, Laufen, Ringkampf, Faustkampf und Waffenlauf, der mit militärischer Ausrüstung durchgeführt wurde.

Von großer Bedeutung war auch ein Fünfkampf, der aus Speer- und Diskuswurf, Weitsprung, Laufen und Ringen bestand. Diese Disziplinen mussten von allen Teilnehmern absolviert werden.

Wettkämpfe gab es aber nicht nur im Sport, sondern auch in musischen Bereichen. So wurden ebenfalls Sieger im Singen und Dichten ermittelt.

### Die Olympiasieger

Am fünften Tag der Spiele fanden die Siegerehrungen statt. Geehrt wurde nur der jeweilige Gewinner eines Wettkampfes, Medaillen für den Zweiten oder Dritten gab es nicht. Der Sieger erhielt einen Kranz aus den Zweigen des Olivenbaums, der als heiliger Baum galt. In seiner Heimat wurde ein Olympiasieger hoch verehrt und gefeiert. Er wurde von der Zahlung von Steuern befreit und bekam lebenslang kostenlose Verpflegung.

**A** Berichte über den Ablauf der Olympischen Spiele.
**B** Weise nach, dass es sich um Spiele zu Ehren der Götter handelte.
**C** Der Sieger bekommt alles. Erkläre, inwieweit diese Aussage auf einen Olympiasieger im antiken Griechenland zutraf.

Film: *Die Olympischen Spiele*

## Der Ort der Spiele

**M1** *Das Gelände des antiken Olympia (Rekonstruktionszeichnung)*

① Zeus-Tempel
② Hera-Tempel
③ Trainingsgelände
④ Brunnenanlage
⑤ Schatzhäuser
⑥ Ruhehalle
⑦ Stadion
⑧ Rathaus

**1 a)** Beschreibe das Gelände der Spiele zu Ehren des Zeus in Olympia.
**b)** Ordne die Gebäude nach ihrer Funktion.

## Zwei Ansichten über die Olympischen Spiele

**M2** *Der Gelehrte Xenophanes schrieb ungefähr im 5. Jh. v. Chr.*

Wer einen Sieg erringt, indem er besonders schnell läuft oder im Fünfkampf siegt, der verdient dennoch nicht so große Ehre wie ich als Philosoph. Denn unser Wissen und unsere Geisteskraft haben
5 höheren Wert als bloße Stärke von Männern und Pferden. Nein, der Brauch, die Sieger der Spiele so zu ehren, ist unsinnig. Wie tüchtig ein Bürger im Faustkampf auch sein mag, im Fünfkampf oder Ringen, sein Staat ist deshalb nicht in besserer
10 Verfassung.

**M3** *Der griechische Schriftsteller Lukian schrieb im 2. Jh. n. Chr.*

[...] wenn du selbst mitten unter den Zuschauern säßest und deine Augen an dem herrlichen Anblick dieses Schauspiels, an dem Mut und der Standhaftigkeit der Athleten, [...] ihrer ungemeinen Geschick-
5 lichkeit und Kunst, ihrer unbezwingbaren Stärke, ihrer Kühnheit, Ehrbegierde, Geduld und Beharrlichkeit, und an ihrer unauslöschlichen Leidenschaft zu siegen, weiden könntest. Gewiss, du würdest gar nicht aufhören, sie zu loben und ihnen dein Entzü-
10 cken zuzurufen und zuzuklatschen.

**2 a)** Teilt euch beide Quellen auf. Partnerpuzzle
**b)** Arbeitet jeweils die Ansicht des Autors und die Begründungen für dessen Sichtweise heraus.
**c)** Begründet, welche Meinung für euch zutrifft.

## Das antike Griechenland

*Warum gibt es die Olympischen Spiele noch heute?*

**Abb. 1** *Das Entzünden des olympischen Feuers in den Ruinen des antiken Olympia mithilfe von Sonnenlicht und einem gewölbten Spiegel. Das olympische Feuer wird anschließend Vertretern des jeweiligen Gastgeberlandes überreicht.*

# Die Olympischen Spiele der Neuzeit

### Neugründung

Ungefähr 1500 Jahre nach den letzten antiken Olympischen Spielen kam der französische Adlige Baron de Coubertin auf die Idee, die Spiele wieder zu beleben. Er sah in gemeinsamen Sportwettkämpfen die Möglichkeit, die Jugend der Welt zusammenzubringen. Zur Vorbereitung gründete er 1894 das Internationale Olympische Komitee (IOC). Das IOC richtet noch heute die Wettkämpfe aus. Die ersten Olympischen Spiele der Neuzeit fanden 1896 in Athen statt.

### In antiker Tradition

Neben dem ersten Austragungsort Athen erinnern noch weitere Dinge an die Spiele der Antike. So wird vor allen Spielen im griechischen Olympia die olympische Flamme entzündet. Diese wird dann in einem Staffellauf durch das Austragungsland transportiert, um bei der Eröffnungsfeier im Stadion als olympisches Feuer zu brennen. Bei dieser Feier wird auch die griechische Fahne gehisst, die griechische Mannschaft darf als erste in das Stadion einmarschieren. Seit 1920 schwören die Athleten wie schon in der Antike einen olympischen Eid.

### Die Olympischen Spiele der Neuzeit

Seit 1896 finden alle vier Jahre Olympische Spiele statt. Nur in den Jahren 1916, 1940 und 1944 gab es aufgrund der Weltkriege keine Wettbewerbe. Waren bei den ersten Spielen nur Männer zugelassen, nahmen an den Wettkämpfen 1900 in Paris auch Frauen teil. Die miteinander verschlungenen olympischen Ringe, die die fünf Erdteile verkörpern sollen, sind seit 1913 Symbol der Spiele. Ab 1924 wurden Olympische Winterspiele veranstaltet, die sich seit 1992 im zweijährigen Rhythmus mit den Sommerspielen abwechseln.

Dreimal in der Geschichte der Olympischen Spiele waren deutsche Städte Austragungsort: 1936 waren Garmisch-Partenkirchen für die Winterspiele und Berlin für die Sommerspiele Gastgeberstädte, 1972 richtete München die Sommerspiele aus.

**A** Erkläre, wie es zur Neugründung der Olympischen Spiele kam.
**B** Beschreibe, wie der Bezug zu den antiken Spielen deutlich wird.
**C** Berichte über die weitere Entwicklung der Spiele der Neuzeit.

**Ein Portrait der Olympischen Spiele von 1896**

## Die ersten Olympischen Spiele der Neuzeit

Austragungsort: Athen
Dauer: 6. – 15. April 1896
Sportarten: 9
(Fechten, Gewichtheben, Leichtathletik, Radsport, Ringen, Schießen, Schwimmen, Tennis, Turnen)
Wettbewerbe: 43
Teilnehmer: 241 Männer
Teilnehmerländer: 14 Staaten

Herausragende Sportler: Carl Schuhmann aus Deutschland als vierfacher Olympiasieger im Turnen, Ringen und Gewichtheben
Besonderheiten: Die Olympiasieger erhielten Silbermedaillen und die Zweitplatzierten Bronzemedaillen. Geplante Wettkämpfe im Fußball, Cricket, Rudern und Segeln konnten wegen schlechten Wetters oder zu geringer Teilnehmerzahl nicht stattfinden.

Das Foto zeigt die Eröffnungsfeier vor 77000 Zuschauern im neu gebauten Olympiastadion in Athen am 5. April 1896.

Start zum 100-Meter-Lauf am 6. April 1896. Der Läufer in der Mitte war der Deutsche Fritz Hofmann. Er belegte den 2. Platz.

Der Deutsche Carl Schuhmann (links) und der Grieche Georgios Tsitas. Ihr Ringkampf dauerte insgesamt 65 Minuten und ging über zwei Tage.

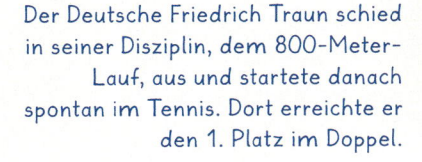

Der Deutsche Friedrich Traun schied in seiner Disziplin, dem 800-Meter-Lauf, aus und startete danach spontan im Tennis. Dort erreichte er den 1. Platz im Doppel.

**1 a)** Informiere dich über Austragungsorte der Olympischen Spiele und wähle einen aus.
**b)** Recherchiere zu den von dir gewählten Olympischen Spielen Informationen. Stelle die Informationen in einer selbst gewählten Präsentationsform zusammen.
**c)** Präsentiere dein Ergebnis deiner Lerngruppe. Galeriegang

## Das antike Griechenland

*Warum haben viele unserer Begriffe einen griechischen Ursprung?*

**Abb. 1** *Das Theater von Delphi im 4. Jh. v. Chr. (Rekonstuktionszeichnung)*

# Wissenschaft und Kultur

### Blütezeit der Wissenschaften

Viele Wörter in unserer Sprache haben einen griechischen Ursprung. Dazu gehören Wörter wie Alphabet, Theater, Apotheke, Bibliothek, Hygiene und noch viele mehr. Sie zeigen, dass wissenschaftliche Leistungen der antiken Griechen in diesen Bereichen auch noch heute eine Bedeutung haben.

Zwar gingen die Menschen in der Antike davon aus, dass die Götter über ihr Schicksal bestimmten, aber einige gaben sich damit nicht zufrieden. Sie stellten grundlegende Fragen nach dem Sinn des Lebens, nach dem Leben der Menschen miteinander oder dem Verhältnis von Mensch und Natur. Dazu fanden sie sich in Denkerschulen zusammen und versuchten in Gesprächen diesen Fragen auf den Grund zu gehen. Aus der Beschäftigung mit solchen Fragen entwickelte sich die **Wissenschaft** der Philosophie, was übersetzt Liebe zur Weisheit bedeutet.

Die Philosophen hielten es für wichtig, dass die Menschen ihren Verstand benutzten. Genaues Beobachten und Untersuchen sollte zu Erkenntnissen führen. So entstanden nach und nach selbstständige Wissenschaften wie Mathematik, Geografie und Physik.

### Das griechische Theater

Um sich vom Alltag abzulenken, liebten es die Griechen, Theateraufführungen zu besuchen. Diese Veranstaltungen fanden unter freiem Himmel statt. Meist waren die **Theater** in einen Hang hineingebaut, sodass die Zuschauerreihen anstiegen und man auch in den hinteren Reihen die Darsteller und das Bühnenbild gut sehen konnte. Ein solches Theater bot Platz für bis zu 18 000 Besucher. Besonders gut war die Akustik. Das bedeutet, dass man selbst ganz oben sogar ein Flüstern der Schauspieler gut verstand. Die Schauspieler waren ausschließlich Männer, auch Frauenrollen wurden von ihnen übernommen. Die Darsteller trugen Masken und Perücken, die zu ihren Figuren passten. Zu besonderen Festen wurden mehrere Stücke hintereinander gespielt. Der Theaterbesuch galt als Recht eines Bürgers und war deshalb kostenlos.

**A** Beschreibe, womit sich die Philosophen beschäftigten.
**B** Die Ursprünge unserer modernen Wissenschaften liegen im antiken Griechenland. Erkläre diese.
**C** Berichte über das griechische Theater.

Wissenschaft und Kultur | Digital+
WES-117845-127

## Hippokrates – der Vater der modernen Medizin

**M1** *Hippokrates erzählt von seinem Wirken*

Mein Name ist Hippokrates, ich wurde 460 v. Chr. auf der Insel Kos geboren. Mein Vater war ein Priester, der sich gut mit Heilkunst auskannte. Ich habe ihn häufig bei seiner Tätigkeit beobachtet und beschlossen, auch Menschen zu helfen.
Als wandernder Arzt durchquere ich nun Griechenland und Kleinasien. Viele meiner Mitbürger sind überzeugt, dass Krankheiten von den Göttern geschickt werden und sie deshalb nur durch Beten auf Heilung hoffen können. Ich bin aber der Meinung, dass die Menschen selbst für ihre Gesundheit sorgen können.
Um ihnen zu helfen, untersuche ich die Patienten genau, bestimme den Puls und die Temperatur. Ich verordne ihnen Diäten, Massagen oder warme Umschläge. Ich habe auch erkannt, dass Sauberkeit bei der Behandlung sehr wichtig ist, damit sich Wunden nicht entzünden.

*Büste von Hippokrates (ca. 460 – 370 v. Chr.)*

**M2** *Die Behandlung einer Patientin (5. Jh. v. Chr.)*

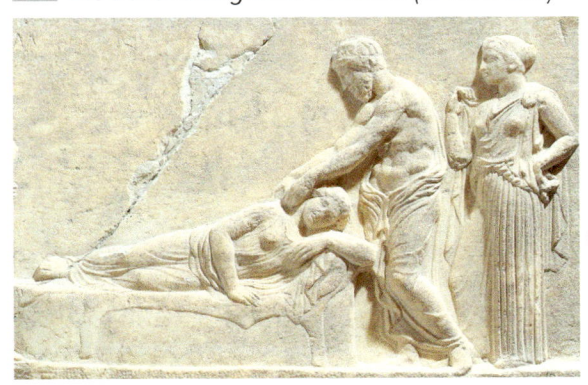

**1** Wähle eine Aufgabe aus:
 **a)** Verfasse einen Steckbrief über den griechischen Mediziner Hippokrates.
 **b)** Noch heute schwören junge Mediziner den „Eid des Hippokrates". Recherchiere zum Inhalt und zur Bedeutung dieses Eides.
 **c)** Informiere dich über einen antiken griechischen Wissenschaftler und fertige einen Steckbrief an. Marktplatz

## Vom Weinen und Lachen

**M3** *Im griechischen Theater wurden unterschiedliche Stücke gespielt (Onlinebeitrag für Kinder)*
Am wichtigsten waren in Griechenland zwei Arten von Schauspiel: die Tragödie, die war traurig, und die Komödie, die war lustig. Diese Begriffe verwenden wir auch heute noch so. In den Tragödien ging es
5 meist sehr kämpferisch zu, da bekriegten sich Götter und Menschen und Helden stellten ihren Mut unter Beweis. Meist gab es dann auch ein tragisches Ende, der Held starb oder opferte sich oder wie auch immer. Komödien handelten oft von einfachen Menschen.
10 Die Komödiendichter verspotteten oft auch die Machthaber oder sogar die Götter. [Komödien] waren immer lustig und gingen auch meistens gut aus.

**M4** *Griechische Theatermasken aus dem 3. Jh. v. Chr.*

**2** Stelle Tragödien und Komödien gegenüber.

## Das antike Griechenland

*Warum gibt es in Griechenland so wenige Wälder?*

**Abb. 1** *Griechische Küstenlandschaft (heutiges Foto)*

# Athen als Seemacht

### Der Aufbau einer Kriegsflotte

Den Athenern war es durch starke Landstreitkräfte gelungen, die Vorherrschaft über weite Teile Griechenlands zu erkämpfen. Ab dem 5. Jh. v. Chr. wurde Athen aber von einem neuen Feind, den Persern, bedroht. Diese waren vor allem durch den Einsatz von Kriegsschiffen erfolgreich.

Zwar besaß auch Athen mit Piräus einen großen Hafen, aber dieser wurde bisher nur für Handel und Fischfang genutzt. Die Athener erkannten, dass ein militärischer Erfolg nur gelingen konnte, wenn sie über starke Kriegsschiffe verfügten. Mit großen Anstrengungen bauten die Athener deshalb eine Kriegsflotte auf. Dabei entwickelten sie einen neuen Schiffstyp, die Triere. Weil das Schiff von Ruderern angetrieben wurde, war es nicht nur unabhängig vom Wind, sondern auch sehr wendig.

### Sieg über die Perser

Um der Bedrohung durch die Perser begegnen zu können, schlossen die Athener mit anderen griechischen Poleis ein Bündnis. Gemeinsam gelang es, im Jahr 480 v. Chr. in der Seeschlacht vor Salamis die persische Kriegsflotte zu besiegen.

### Großer Holzbedarf

Die Schiffe bestanden damals aus Holz. Der Aufbau der Kriegsflotte ließ den Bedarf an diesem Rohstoff enorm ansteigen. Hinzu kam, dass Holz zu jener Zeit die einzige Energiequelle war. Man benötigte es zum Heizen und Kochen, aber auch für den Bau von Häusern und die Herstellung von Möbeln und Werkzeugen. Es wurde ebenfalls für das Brennen von Tongefäßen oder als Holzkohle für die Metallherstellung verwendet. Die Griechen deckten diesen enormen Bedarf, indem sie viele Wälder abholzten.

**A** Beschreibe die Bedrohung für die Athener.
**B** Erkläre, wie Athen zur Seemacht wurde.
**C** Stelle die Ursachen des großen Holzbedarfes dar.

🔊 Hörszene: *Natur und Mensch in der Antike*

---

**Perser:** Volk, das im heutigen Iran lebt. Die Perser hatten weite Teile Kleinasiens (heute Türkei) erobert, wo zahlreiche griechische Kolonien entstanden waren.
**Flotte:** Verbund aus mehreren Schiffen
**wendig:** fähig zum schnellen Richtungswechsel
**Salamis:** Insel in der Nähe von Athen

## Ein neuer Kriegsschiffstyp – die Triere

**M1** *Die Kriegsschiffe der Athener um 480 v. Chr. (Rekonstruktionszeichnung)*

Die Trieren waren 35 Meter lang und wurden von 170 Ruderern angetrieben. Diese saßen auf beiden Seiten des Bootes in je drei Reihen übereinander. Am Bug des Schiffes, also vorn, gab es einen Rammsporn, um im Angriff die Schiffe des Gegners versenken zu können.

1. Fertige einen kurzen Lexikonartikel an, in dem du eine Triere erklärst. Stühletausch
2. Athen hatte keine Armee. Recherchiere, wer die Trieren bauen ließ, wer sie ruderte und wer sie kommandierte.

## Die Folgen des Holzhungers

**M2** *Der griechische Gelehrte Platon schrieb im 4. Jh. v. Chr. über die Folgen der Abholzung.*

Auf den Bergen gab es [damals] weite Wälder, und die Ebenen, die man heute als rau und steinig bezeichnet, hatten fetten Boden in reichem Maße [...]. Von Zeus bekam das Land jedes Jahr sein Wasser,
5 und dieses ging nicht wie heute verloren, wo es aus kärglichem Boden ins Meer fließt, sondern weil das Land reichlich Erde hatte und das Wasser damit auftrank und es in dem lehmigen Boden bewahrte. Wenn man den heutigen Zustand mit dem damali-
10 gen vergleicht, ist fetter, lehmhaltiger Boden weggeschwemmt worden und nur das magere Gerippe des Landes ist übrig geblieben.

3. Wähle eine Aufgabe aus:
   a) Beschreibe die im Text genannten Folgen der Abholzung der Wälder.
   b) Der Autor beschreibt den früheren Zustand und die Folgen der Abholzung. Stelle beide gegenüber.
   c) Die Abholzung der griechischen Wälder in der Antike wird als erste von Menschen gemachte Umweltkatastrophe bezeichnet. Erläutere dies.

## Das antike Griechenland

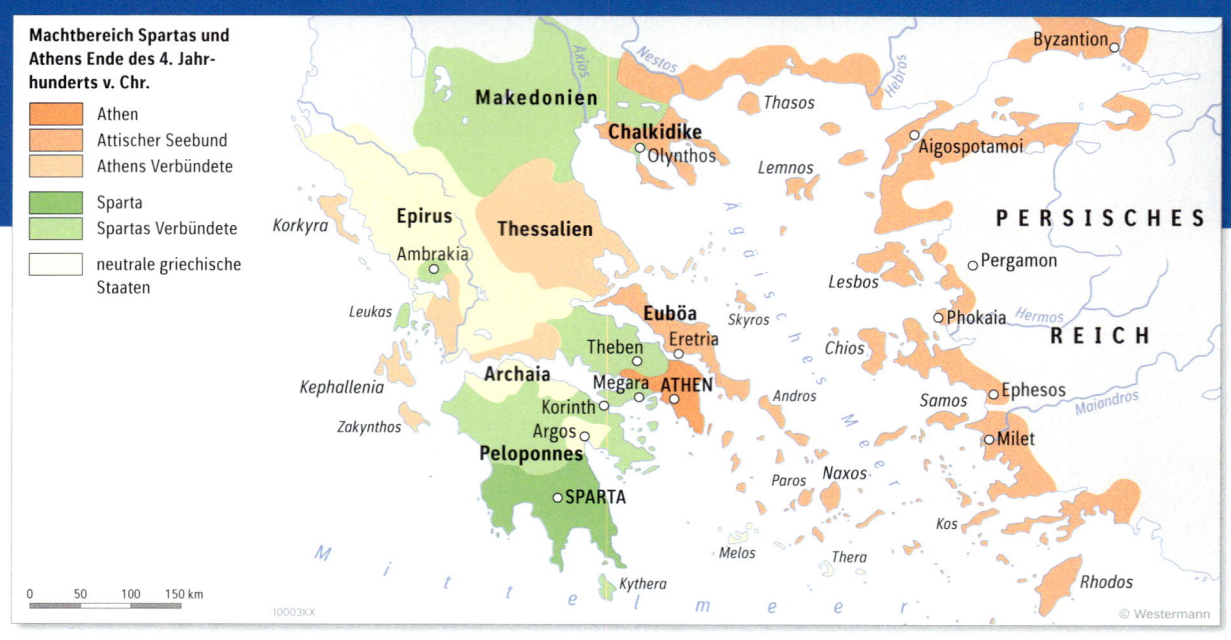

**Abb. 1** *Die Einflussgebiete der mächtigen Stadtstaaten Sparta und Athen Ende des 4. Jh.*

# Sparta – die kriegerische Polis

### Ständig kriegsbereit

Neben der Polis Athen gab es noch weitere griechische Stadtstaaten. Im Süden der Halbinsel Peleponnes lag **Sparta**, das im 10. Jh. v. Chr. aus ursprünglich fünf Dörfern entstanden war. Sparta unternahm Kriegszüge in sein Umland und nahm dieses in Besitz. Die Bewohner der eroberten Städte blieben zwar frei, durften aber nicht mitbestimmen. Außerdem waren sie verpflichtet, im Heer der Spartaner zu kämpfen. Die Bauern aber wurden versklavt. Sie mussten das Land für die Spartaner bearbeiten und die Hälfte der Ernte abgeben.

Die Spartaner lebten in ständiger Angst, dass es in den eroberten Gebieten zu Aufständen kommen könnte. Deshalb war es für Sparta besonders wichtig, jederzeit Krieg führen zu können. Es kam auch vor, dass junge Spartaner in die eroberten Gebiete geschickt wurden, um gezielt unfreie Bauern zu töten. Damit sollte ein eventueller Aufstand verhindert werden.

**Heerlager:** Sammelort einer Armee
**Baracke:** einfaches Holzhaus

### Ein Leben für den Krieg

Die ständige Kriegsbereitschaft bestimmte das gesamte Leben der Bewohner Spartas. Die Stadt glich einem andauernden Heerlager. Den Bürgern war es verboten zu arbeiten. Vielmehr sollten sie sich im Sport und in der Kriegskunst trainieren.

Die Männer wohnten nicht bei ihren Familien, sondern gemeinsam in Baracken. Nur ab und zu besuchten sie ihre Frauen und Kinder.

An der Spitze der Gesellschaft standen in Sparta zwei Könige. Ihre Aufgabe war aber nur die Führung des Heeres. Alle weiteren politischen Entscheidungen fielen in der Volksversammlung. Diese diskutierte allerdings nicht über Vorschläge, sondern stimmte nur über die Vorschläge des Ältestenrates ab. Diesem gehörten 28 Männer an, die über 60 Jahre alt waren.

**A** Erkläre, warum die Spartaner ständig kriegsbereit sein wollten.
**B** Beschreibe, wie der Krieg das Leben der Spartaner bestimmte.
**C** Stelle dar, wie Sparta regiert wurde.

## Eine Kindheit in Sparta

**M1** *Ein junger Spartaner berichtet*

Meine Ausbildung zum Krieger begann schon unmittelbar nach der Geburt. Der Ältestenrat entschied, welche Kinder stark genug waren, künftig ihren Beitrag zur Wehrfähigkeit der Stadt zu leisten. Kinder, die dafür wahrscheinlich zu schwach waren, werden ihren Müttern weggenommen und auf einem Berg bei Sparta ausgesetzt und ihrem Schicksal überlassen.
Mit sieben Jahren wurden ich und andere Gleichaltrige in die Verantwortung eines Erwachsenen übergeben. Wir lebten unter seiner Aufsicht und er bildete uns zum Krieger aus. Wir sind unserem Ausbilder gegenüber zu unbedingtem Gehorsam verpflichtet. Ich musste unter anderem lernen, Schmerzen zu ertragen. Deshalb durfte ich nur barfuß gehen. Wenn ich 18 Jahre alt bin, muss ich eine Prüfung bestehen. Ich werde nackt im Land des Feindes ausgesetzt und soll mich dann nach Hause durchschlagen. Das werde ich sicher schaffen und demzufolge mit 20 Jahren ein vollwertiger Krieger werden. Bis zum Alter von sechzig Jahren diene ich dann in der Armee.

**M2** *Eine junge Spartanerin berichtet*

Auch wir Mädchen bekommen ab dem Alter von sieben Jahren eine Ausbildung. Wir leben ebenfalls in Baracken zusammen und lernen lesen, schreiben und diskutieren. Eine große Bedeutung hat für uns sportliches Training. Das liegt daran, dass wir als künftige Mütter von spartanischen Soldaten gelten. Deshalb sollen wir gesund und kräftig sein. Um uns die Weichheit abzugewöhnen, dürften wir wie die Jungen an öffentlichen Veranstaltungen nur unbekleidet teilnehmen. Wenn ich ungefähr 18 Jahre alt bin, wird ein Mann für mich ausgesucht. Sobald ich schwanger bin, schneide ich mir die Haare kurz, damit alle wissen, dass ich verheiratet bin. Sehen werde ich meinen Mann selten. Er darf sich anfangs nur heimlich mit mir treffen. Wenn er mit mir erwischt wird, wird er bestraft und verspottet. Das mag komisch klingen, es soll aber seine Kriegstauglichkeit trainieren und gleichzeitig unsere Zuneigung frisch halten. Da mein Mann wenig zu Hause sein wird, werde ich unseren Besitz verwalten und über die Diener bestimmen.

**1** Wähle eine Aufgabe aus:
  **a)** Berichte entweder über die Ausbildung der Jungen oder der Mädchen in Sparta.
  **b)** Vergleiche die Ausbildung der Jungen und der Mädchen.
  **c)** Stelle in einem Eintrag für einen Geschichtsblog dar, ob du gern als Kind in Sparta gelebt hättest.

Das antike Griechenland

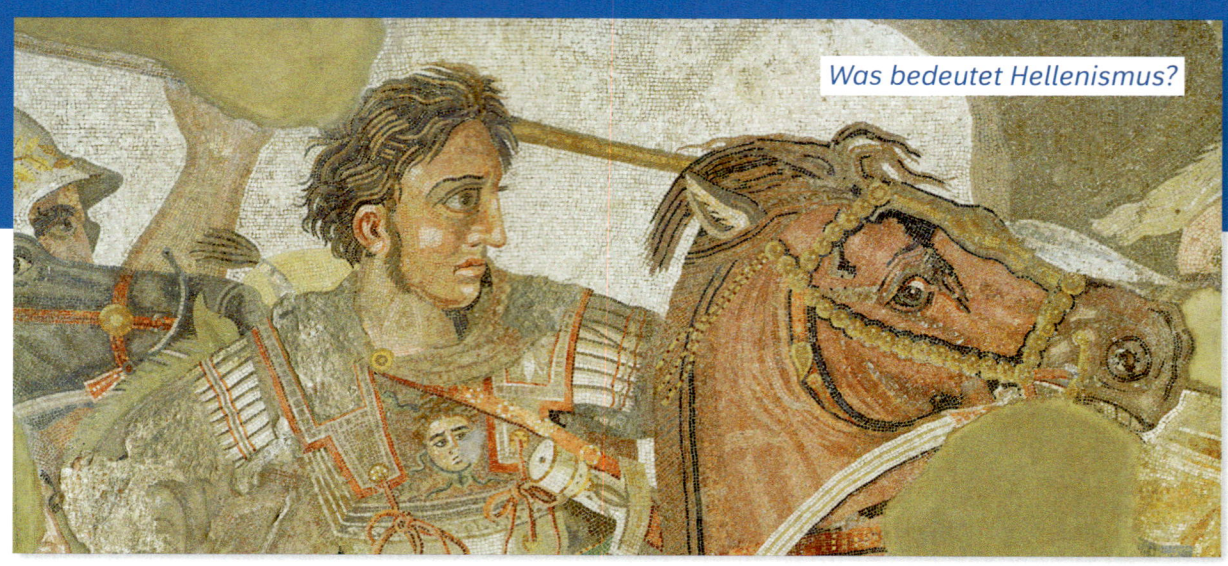

*Was bedeutet Hellenismus?*

**Abb. 1** *Darstellung Alexanders des Großen in einem römischen Mosaik (um 150 – 100 v. Chr.)*

# Ein Weltreich entsteht

### Ein neues Machtzentrum

Im 4. Jh. v. Chr. hatten ständige Auseinandersetzungen um die Vorherrschaft die griechischen Poleis geschwächt. Dies nutzte König Philipp II. aus dem im nördlichen Griechenland gelegenen Makedonien aus. Nachdem er bereits weite Teile Griechenlands erobert hatte, besiegte er 338 v. Chr. auch die Athener. Er übernahm die Führung des Korinthischen Bundes, das war ein Zusammenschluss, dem bis auf Sparta alle griechischen Stadtstaaten angehörten.

### Die Eroberungen Alexander des Großen

Nach dem Tod Phillip II. wurde sein Sohn **Alexander** König. Er setzte die Eroberungen seines Vaters fort. Ein besonders schwieriger Gegner war das persische Großreich. Die Perser hatten ihr Reich bis nach Ägypten ausgedehnt und in Kleinasien auch zahlreiche griechische Städte erobert. Das Perserreich war damit zum unmittelbaren Nachbar geworden und wurde von den Griechen als Bedrohung empfunden.
Dem von Alexander geführten Heer gelang es, die Perser zu besiegen. Durch weitere Kriegszüge dehnte Alexander sein Reich bis nach Indien aus. Deshalb wurde er bald Alexander der Große genannt.

### Die Ausbreitung der griechischen Kultur

Um dieses große Reich verwalten zu können, gründete Alexander 70 neue Städte. Ein Beispiel dafür ist Alexandria im Mündungsgebiet des Nils in Ägypten. Die Einwohner dieser Städte kamen vor allem aus den griechischen Stadtstaaten. Sie brachten ihre Kultur und Lebensweise mit und blieben mit der alten Heimat durch vielfältige Handelsbeziehungen verbunden. Auch die griechische Sprache verbreitete sich auf diese Weise bis weit nach Asien.
Nach Alexanders Tod im Jahr 323 v. Chr. zerfiel sein Reich in mehrere Königreiche, der Einfluss der griechischen Lebensweise blieb aber erhalten. Deshalb wird die Zeit von der Eroberung durch Alexander bis zur Besetzung der Gebiete durch die Römer um das Jahr 30 v. Chr. als **Hellenismus** bezeichnet. Das Wort Hellenismus ist von Hellenen abgeleitet, wie sich die Griechen selbst nannten. Es beschreibt die Ausbreitung der griechischen Kultur bis weit nach Asien.

**A** Erkläre die Entstehung des neuen Machtzentrums.
**B** Berichte über die Eroberungen Alexanders.
**C** Erkläre, was man unter Hellenismus versteht.

## Die Kriegszüge Alexander des Großen

**M1** *Die folgende Karte zeigt die Kriegszüge Alexander des Großen und das unter ihm entstandene Reich.*

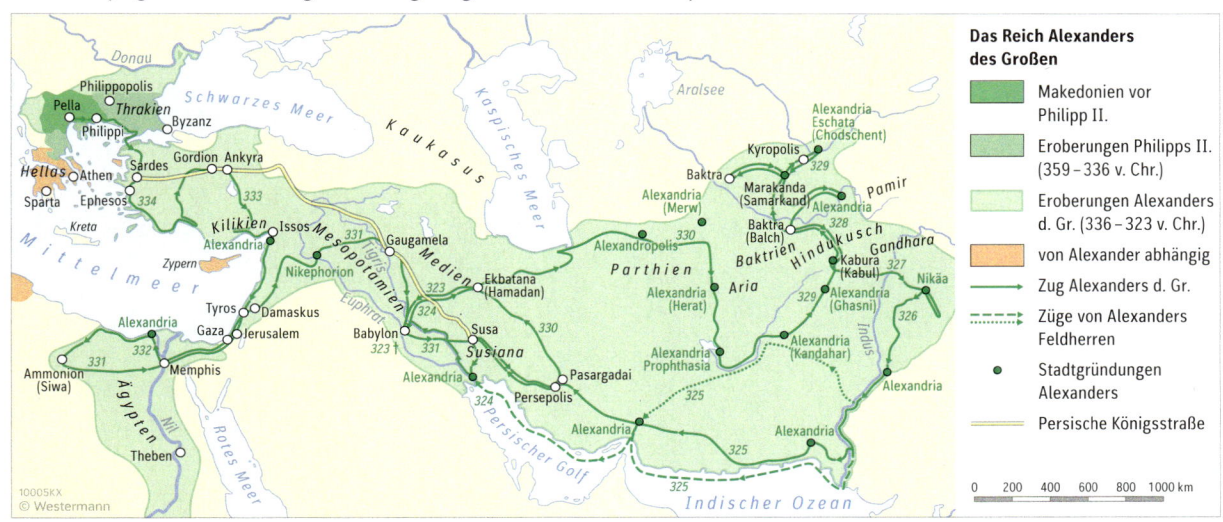

**Das Reich Alexanders des Großen**
- Makedonien vor Philipp II.
- Eroberungen Philipps II. (359–336 v. Chr.)
- Eroberungen Alexanders d. Gr. (336–323 v. Chr.)
- von Alexander abhängig
- Zug Alexanders d. Gr.
- Züge von Alexanders Feldherren
- Stadtgründungen Alexanders
- Persische Königsstraße

**1** Wähle eine Aufgabe aus:
- **a)** Suche zehn Städte heraus, die den Namen Alexander in ihren Namen trugen.
- **b)** Beschreibe den Verlauf der Kriegszüge Alexander des Großen.
- **c)** Beschreibe die Ausdehnung des Reiches unter Alexander dem Großen.

## Die Persönlichkeit Alexander des Großen

**M2** *Über Alexander gibt es viele Sagen. Eine erzählt von der Zerschlagung des Gordischen Knotens.*

Auf seinem Feldzug erreichte Alexander die Stadt Gordion, die sich in der heutigen Türkei befindet. Wegen ihrer Lage galt Gordion als Einfallstor zum Perserreich. Hier gab es auch einen bedeutenden
5 Tempel, in dem der Legende nach der Kampfwagen von Zeus aufbewahrt wurde. Ein kompliziertes Knotengeflecht verband die Deichsel des Wagens mit der Vorrichtung zum Anspannen der Zugtiere. Ein Orakel besagte, dass derjenige,
10 dem es gelänge, den Knoten zu lösen, über ganz Asien herrschen würde. Alexander nahm kurzerhand ein Schwert und hieb den Knoten einfach durch.

**M3** *Diese Sage aus M2 wird in einem Zeitschriftenartikel folgendermaßen beurteilt*

Was mochten die Bewohner [...] über den Draufgänger gedacht haben, der einen derart ruppigen Weg wählte, um die Probe zu bestehen? Immerhin hatten sie offenbar schon vielen klugen und starken Männern
5 ihr wertvollstes [...] Rätsel vorgeführt – ohne dass die eine Lösung gefunden hätten. Wer nicht einfach staunen mochte, für den stand Alexander als brutaler Besserwisser da, vielleicht gar als Schummler. Die Zerschlagung des Gordischen Knotens [...]
10 zeigt vor allem den unbeirrbaren Eroberer. Alexander löste das Rätsel nicht, er zerstörte es kurzerhand. Was auch heißen könnte: Alexander war nicht klüger als andere, nur pragmatischer und entschlossener.

**2**
- **a)** Gib die Sage vom Gordischen Knoten mit eigenen Worten wieder. (M2)
- **b)** Arbeite aus M3 heraus, wie Alexanders Vorgehen eingeschätzt wird.
- **c)** Begründe, welcher Einschätzung du dich anschließen würdest. Fishbowl

Projekt

# Wir stellen ein Faltbuch her

Ein Faltbuch ist eine gute Möglichkeit, Ergebnisse eurer Arbeit anschaulich zu präsentieren. Es ist ganz einfach herzustellen und gibt euch bei der Gestaltung ganz viele Möglichkeiten. Ihr könnt verschiedene Materialien und Größen verwenden. Am einfachsten ist es, mit einem weißen DIN-A3-Blatt anzufangen.

**Abb. 1** *Faltbücher können vielfältig gestaltet werden*

**Tipp:** Wenn ihr wichtige Ergebnisse aus eurem Geschichtsunterricht in ein Faltbuch schreibt, könnt ihr es auch gut für die Vorbereitung auf eine Leistungsüberprüfung nutzen.

**Abb. 2** *Eine Klasse hat zu verschiedenen Themen Faltbücher hergestellt.*

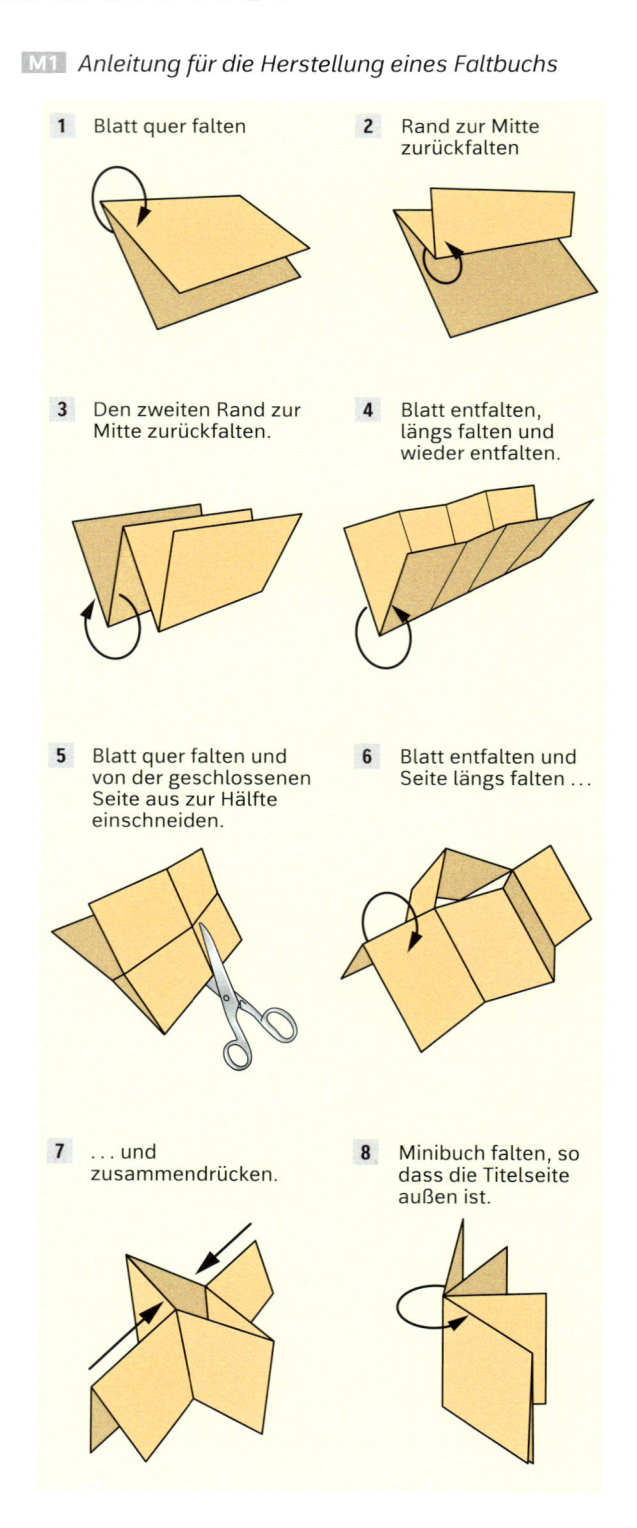

**M1** *Anleitung für die Herstellung eines Faltbuchs*

1. Blatt quer falten
2. Rand zur Mitte zurückfalten
3. Den zweiten Rand zur Mitte zurückfalten.
4. Blatt entfalten, längs falten und wieder entfalten.
5. Blatt quer falten und von der geschlossenen Seite aus zur Hälfte einschneiden.
6. Blatt entfalten und Seite längs falten ...
7. ... und zusammendrücken.
8. Minibuch falten, so dass die Titelseite außen ist.

## Die sieben Weltwunder der Antike

**M2** *Im 2. Jh v. Chr. schrieb der Schriftsteller Antipatros von Sidon einen Reiseführer. Darin listete er sieben Bauwerke auf, die man unbedingt gesehen haben musste. Für diese Bauwerke wurde der Begriff Weltwunder geprägt. Von den Weltwundern der Antike existieren heute nur noch die Pyramiden.*

① Pyramiden von Gizeh

② hängende Gärten der Semiramis in Babylon

③ Leuchtturm auf der Insel Pharos bei Alexandria

④ Grabmal des Königs Mausolos II. in Halikarnassos

⑤ Zeus-Statue von Olympia

⑦ Koloss von Rhodos

⑥ Tempel der Artemis in Ephesos

**1** Recherchiert zu den Weltwundern der Antike und fertigt dazu ein Faltbuch an.
**2** Präsentiert eure Ergebnisse in der Klasse oder im Jahrgang. Galeriegang

# Das antike Griechenland

## Wo lebten die Griechen?

Die Landschaft im östlichen Mittelmeerraum ist sehr stark zerklüftet. Deshalb entstanden hier zahlreiche voneinander unabhängige Stadtstaaten, die Poleis genannt werden. Damit eine größer gewordene Bevölkerung ernährt werden konnte, wanderte ein Teil aus ihren Mutterstädten aus und gründete im gesamten Mittelmeerraum und am Schwarzen Meer Tochterstädte. Diesen Vorgang nennt man Kolonisation.

## Mitbestimmung nicht für alle

Die größte griechische Polis war Athen. Den Bürgern war es im 5. Jh. v. Chr. gelungen, sich Mitsprache an politischen Entscheidungen zu erkämpfen. In der Volksversammlung wurde über Gesetze abgestimmt und über Krieg und Frieden entschieden. An diesen Versammlungen nahmen alle freien Männer über 20 Jahre gleichberechtigt teil. Diese Herrschaftsform wird Demokratie, was Volksherrschaft bedeutet, genannt. Frauen, Metöken und Sklaven waren jedoch von politischer Mitbestimmung ausgeschlossen.

**Abb. 1** *Auf der Volksversammlung*

**Wichtige Begriffe**
Aristokratie, Demokratie, Götterwelt, Monarchie, Losverfahren, Olympische Spiele, Polis, Rat der 500, Scherbengericht, Volksversammlung, Wahl, Zeus

## Die griechische Götterwelt

Die Griechen glaubten an mehrere Götter. Um die Götter zu ehren, errichteten sie prächtige Tempel. Reste dieser Tempel finden sich in zahlreichen Ausgrabungsstätten. Außerdem veranstalteten sie zu Ehren der Götter große Feste. Alle vier Jahre versammelten sich Griechen aus allen Teilen des Landes, um die Olympischen Spiele für den Göttervater Zeus zu veranstalten. Neben Gottesdiensten wurden auch sportliche Wettbewerbe durchgeführt. Seit 1896 finden die Olympischen Spiele der Neuzeit statt.

**Abb. 2** *Olympische Spiele zu Ehren der Götter*

## Wissenschaft und Kultur

Sehr beliebt waren auch Schauspielaufführungen, die in großen Freilufttheatern stattfanden. Hier wurden Tragödien und Komödien antiker Dichter aufgeführt. Bedeutende Wissenschaftler legten im antiken Griechenland die Grundlage für unsere modernen Wissenschaften.

**Abb. 3** *Ein Arzt behandelt eine Patientin.*

## Die Herrschaft der Athener

**M1** *Schüttelrätsel*

A) ACEHI**M**NOR
B) A**Ä**EELNRSTTT
C) BCCEEEGHHINRR**S**T
D) **B**EGRRÜ
E) AEEFH**L**NORRSV
F) EEK**M**NÖT
G) A**D**EEIKMORT
H) AEGKLLMMNORSSU**V**V
I) AEKLN**S**V
J) A**A**EIIKORRSTT

**Tipp:** Starte mit dem fett gedruckte Buchstaben.

**1 a)** Bringe die Buchstaben der gesuchten Begriffe in die richtige Reihenfolge
**b)** Suche dir sechs Begriffe aus und schreibe zu ihnen eine kurze Erklärung.

## Griechische Wissenschaft und Kultur

**M2** *Richtig- oder Falschaussagen*

A) Viele Wörter in unserer Sprache haben einen griechischen Ursprung.
B) Die Wissenschaft der Philologie bedeutet übersetzt Liebe zur Weisheit.
C) Die Philosophen wollten, dass sich der Mensch seiner Muskeln bedient.
D) Theateraufführungen fanden unter freiem Himmel statt.
E) Alle Rollen wurden ausschließlich von Frauen gespielt.

**2 a)** Entscheide, ob die Aussagen richtig oder falsch sind.
**b)** Schreibe die falschen Aussagen berichtigt auf.

## Die griechischen Götter

**M3** *Eine Götterversammlung*

Ich darf mich vorstellen, mein Name ist Zero. Als Göttervater bin ich der Chef der ganzen Truppe. Wir sitzen hier auf der Zugspitze, dem höchsten Berg Griechenlands, und beobachten von hier aus, was
5 ihr Menschen so treibt. Neben mir sitzt die Göttermutter Hella, meine Ehefrau seit vielen Jahrtausenden. Darauf stoßen wir an! Also Dionysos, du als Gott des Weinens, sorg für ordentlich Nachschub! Schließlich sollen auch meine Gäste nicht auf dem
10 Trockenen sitzen. Sie sind von ihrem Tagwerk bestimmt ganz durstig. Ares als Gott des Friedens hat sich bestimmt wieder den ganzen Tag geprügelt, Artemis als Göttin der Raumfahrt ist wieder stundenlang durch die Wälder gestreift und Apoll als
15 Gott der Künste hat ohne Unterbrechung sein Keyboard bearbeitet. Ah, da kommen ja auch die anderen Mädels – Aphrodite, die Göttin der Weisheit, und Athene, die Göttin der Schönheit. Also hoch das Glas!
20 Nur Positiv sitzt etwas missmutig in der Ecke. Als Gott des Meeres will er nur Salzwasser trinken. Selbst schuld. Und da kommt ja auch noch Ikarus – der Götterbote. Mal hören, was der zu berichten hat. Echt interessant. Da haben sich die Menschen
25 aus ganz Griechenland wieder einmal in Sparta versammelt, um mir zu Ehren Olympische Spiele zu veranstalten. Werde ich mir unbedingt angucken. Prost!

**3 a)** Da hat der Göttervater wohl ein wenig tief ins Glas geschaut und etwas wirr geredet. Finde die Fehler. Tipp: Es sind zwölf Fehler.
**b)** Verfasse selbst einen kurzen Fehlertext zum antiken Griechenland. Tausche die Texte mit einem Nachbarn.

Lösungen: *Lerncheck*

# Kapitel 5

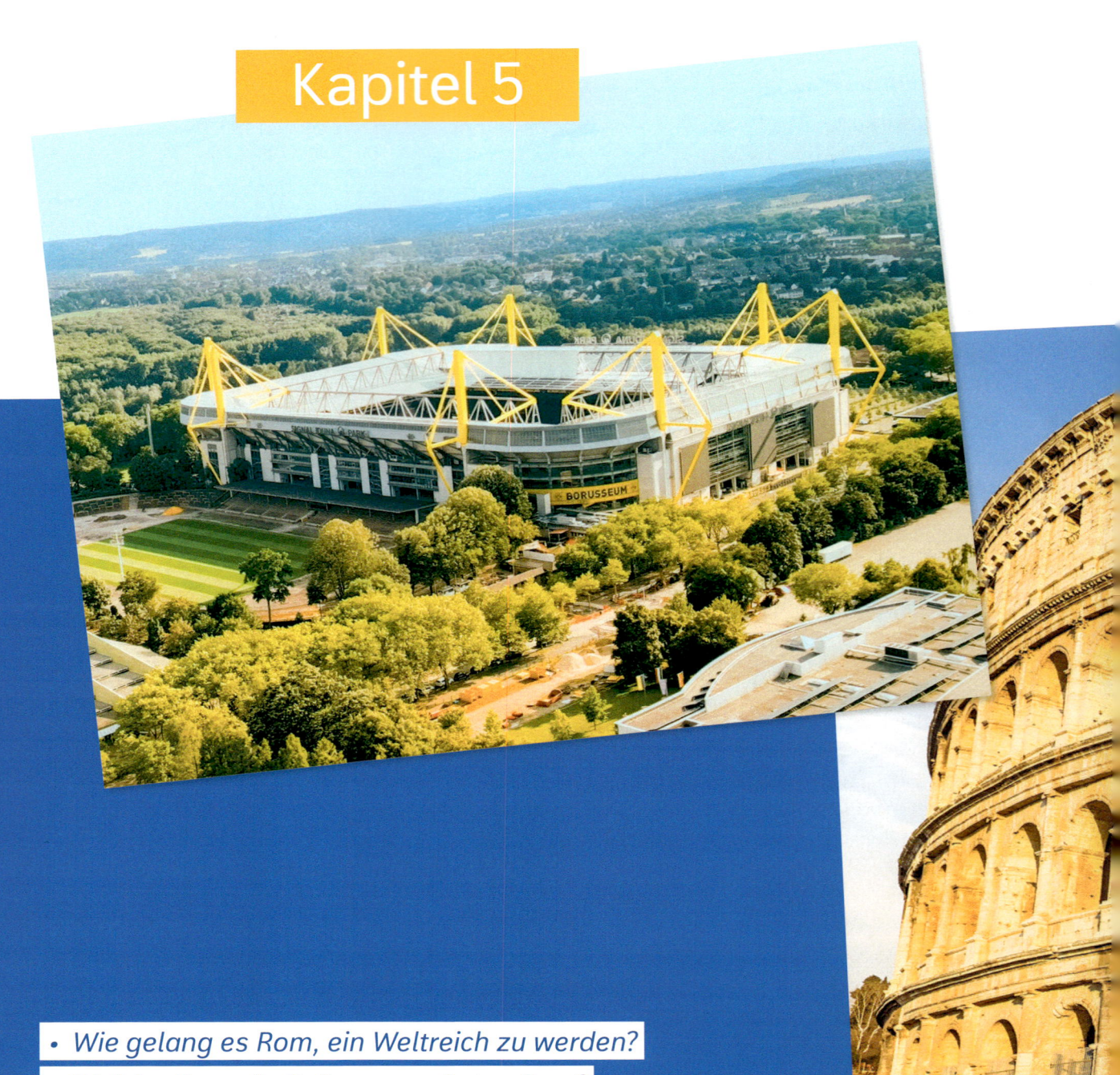

- *Wie gelang es Rom, ein Weltreich zu werden?*
- *Welche Herrschaftsformen prägten Rom?*
- *Wie lebten die Römer?*
- *Was hielt das Imperium zusammen und ließ es wachsen?*

# Das Imperium Romanum

Das Imperium Romanum

*Was ist über die Gründung Roms bekannt?*

Abb. 1 *Einer Sage nach rettete eine Wölfin die späteren Stadtgründer Roms vor dem Tod. (Bronzefigur)*

# Die Ursprünge Roms

### Die Anfänge Roms

Über die Ursprünge Roms ist wenig bekannt, weil es aus der Zeit der ersten Besiedlung keine schriftlichen Quellen gibt. Aus diesem Grund stützt sich die Wissenschaft vor allem auf die Erkenntnisse der Archäologie. Durch sie ist bekannt, dass sich bereits 1000 v. Chr. Menschen im Gebiet Roms niedergelassen hatten. Um 600 v. Chr. gab es eine Siedlung, die sich hundert Jahre später zu einer Stadt entwickelt hatte. Dies beweisen Überreste von Tempelanlagen, gepflasterten Wegen sowie einem Hafen am Fluss Tiber.

### Rom unter der Herrschaft der Etrusker

Um 600 v. Chr. wurde Rom von etruskischen Königen regiert. Die Etrusker waren ein Volk, das nördlich von Rom siedelte. Wegen seines Hafens war Rom als Handelsort interessant.
Der Einfluss der etruskischen Kultur auf die Römer war groß. Sie übernahmen z. B. das Alphabet und die Bauweise von Häusern und Tempeln. Die Herrschaft der etruskischen Könige dauerte vermutlich bis ins 5. Jh. v. Chr. Der letzte etruskische König in Rom ist von den Römern gestürzt und vertrieben worden.

### Die Gründungssage Roms

Über die Gründung Roms berichtete schon in der Antike eine Sage, an die die Römer fest glaubten. Im Mittelpunkt der Sage stehen die Zwillingsbrüder Romulus und Remus, die Söhne des Gottes Mars waren. Die beiden Kinder hatten ein Recht auf den Königstitel. König war jedoch ihr Großonkel, der deshalb die beiden Säuglinge töten lassen wollte. Ein Diener setzte sie stattdessen in einem Korb auf dem Tiber aus. Um seine Kinder zu retten, schickte Mars eine Wölfin, die die Zwillinge säugte. Schließlich wurden die Brüder von einem Hirten gefunden. Er nahm sie auf und zog sie mit seiner Frau groß. An dem Ort, an dem Romulus und Remus von der Wölfin gefunden worden waren, gründeten sie als Erwachsene 753 v. Chr. eine Stadt. Romulus regierte die Stadt als Erster und benannte sie nach sich. Bei einem Streit erschlug Romulus seinen Bruder, was er später sehr bedauerte.

**A** Stelle dar, wie Roms Geschichte erforscht wird.
**B** Berichte über die frühe Geschichte Roms.
**C** Arbeite heraus, wie sich die Römer selbst die Gründung ihrer Stadt vorstellten.

## Roms geografische Lage

**M1** *Rom und sein Umland um 700 v. Chr.*

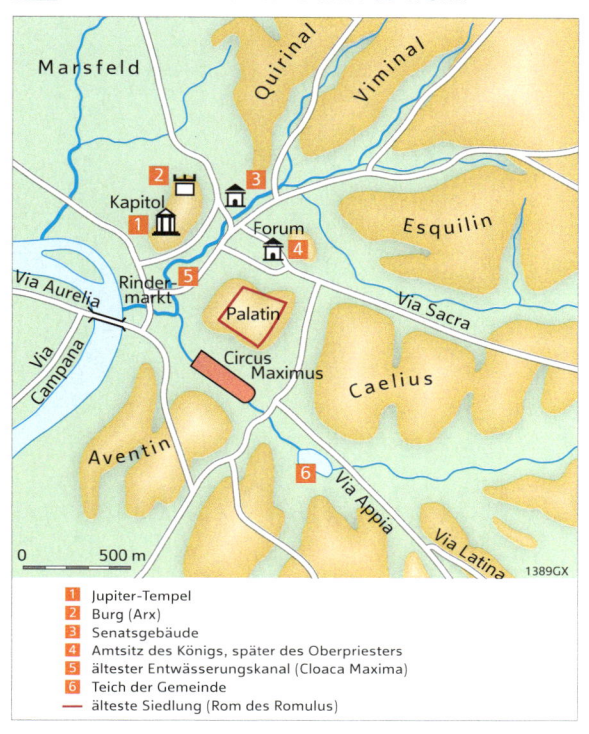

1 Jupiter-Tempel
2 Burg (Arx)
3 Senatsgebäude
4 Amtsitz des Königs, später des Oberpriesters
5 ältester Entwässerungskanal (Cloaca Maxima)
6 Teich der Gemeinde
— älteste Siedlung (Rom des Romulus)

**M2** *Informationen zur geografischen Lage Roms*

- Die besiedelten sieben Hügel Roms waren von Sumpfgebieten umgeben, die Schutz vor Feinden boten.
- Der Tiber galt schon früh als wichtige Handelsroute.
- An der Insel im Tiber befand sich eine Furt.
- An den zunächst einzelnen Siedlungen führte ein alter Handelsweg vorbei.

**1** Wähle eine Aufgabe aus:
  **I a)** Nenne die sieben Hügel Roms.
  **II b)** Beschreibe die Lage Roms.
  **III c)** Erläutere die Vorteile, die die Lage Roms für eine gute Entwicklung der Stadt bot.

**Furt:** flache Stelle in einem Fluss, an der man den Fluss überqueren kann

## Die Gründungssage Roms

**M3** *Die Wölfin mit den Säuglingen Romulus und Remus in verschiedenen Darstellungen*

① *Eine römische Münze (3. Jh. v. Chr.)*   ② *Street Art in Rom (heutiges Foto)*

**2** Vermute anhand von M3 die Bedeutung der römischen Gründungssage – damals wie heute.
**3** Recherchiere weitere Beispiele dafür, dass die Römer sich gern an ihre Gründungssage erinnern.

Das Imperium Romanum

*Wie wurde Rom von einem Dorf zum Weltreich?*

**Abb. 1** *Rom siegt 168 v. Chr. über Makedonien in der Schlacht bei Pydna in Griechenland. (Rekonstruktionszeichnung)*

# Vom Dorf zum Imperium Romanum

### Rom wird Vormacht Italiens

Zu Beginn seiner Geschichte war Rom ein Dorf. Es entwickelte sich zu einem **Stadtstaat** mit Umland. Zu Beginn des 4. Jh. v. Chr. erweiterte Rom seinen Machtbereich. Es besiegte die etruskische Nachbarstadt Veji. Dies war der Auftakt weiterer Eroberungen. Im Laufe der Zeit schloss Rom Bündnisse mit seinen Nachbarn oder unterwarf sie. 272 v. Chr. war die Stadt am Tiber als Herrscherin über das italische Festland zu einer **Landmacht** geworden.

### Kriege mit Karthago

Die Ausdehnung Roms in Italien führte zum Konflikt mit der nordafrikanischen Stadt Karthago. Diese beherrschte mit ihrer Flotte das westliche Mittelmeer. Im Streit um die Insel Sizilien kam es 264–241 v. Chr. zum Krieg, der die Römer erstmals über Italien hinausführte. Rom baute eine große Kriegsflotte, wurde dadurch zur **Seemacht** und besiegte Karthago. Mit den Mittelmeerinseln Sizilien, Sardinien und Korsika wurden von Rom erstmals Gebiete außerhalb Italiens erobert und als **Provinzen** von einem römischen Beamten verwaltet. Bis 146 v. Chr. folgten zwei weitere Kriege gegen Karthago. Sie endeten mit dessen Vernichtung und weiteren römischen Gebietsgewinnen.

### Auf dem Weg zum Weltreich

Der östliche Mittelmeerraum geriet ebenfalls ins Blickfeld Roms. Einerseits bedrohten Piraten die Handelswege, andererseits versuchte die Großmacht Makedonien, ihren Einflussbereich auszuweiten, und geriet dadurch mit Rom in Konflikt. Nach drei Kriegen wurden die Makedonier 168 v. Chr. vernichtend geschlagen. Dies sahen bereits die Zeitgenossen als Wendepunkt. Rom war so mächtig, dass es als **Weltmacht** betrachtet wurde.

Bis ins 2. Jh. n. Chr. eroberten die Römer noch weitere Gebiete und schufen damit ein zusammenhängendes **Weltreich**. Dies nannten sie **Imperium Romanum**. Es umfasste bis ins 5. Jh. n. Chr. den gesamten Mittelmeerraum.

**A** Erstelle einen Zeitstrahl über die Entwicklung Roms zum Imperium Romanum.

Film: *Vom Dorf zum Imperium*

**Provinz:** ein Gebiet außerhalb Italiens, das unter römischer Herrschaft und Verwaltung stand
**Reich:** Staat mit großer Ausdehnung, der viele verschiedene Völker umfasst

## Die Entwicklung des Römischen Reichs

**M1** *Roms Schritte zum Weltreich*

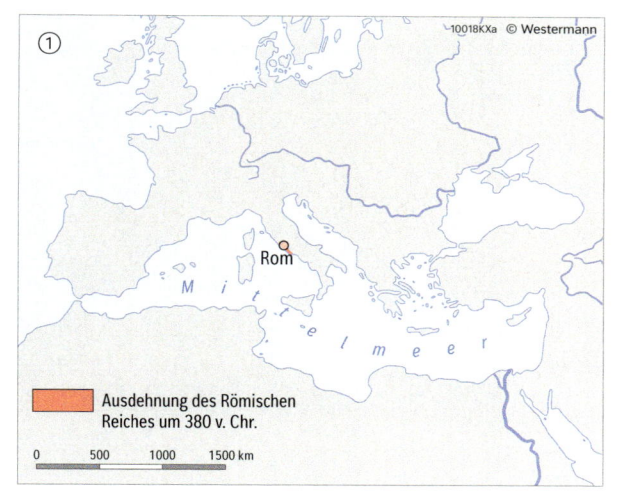

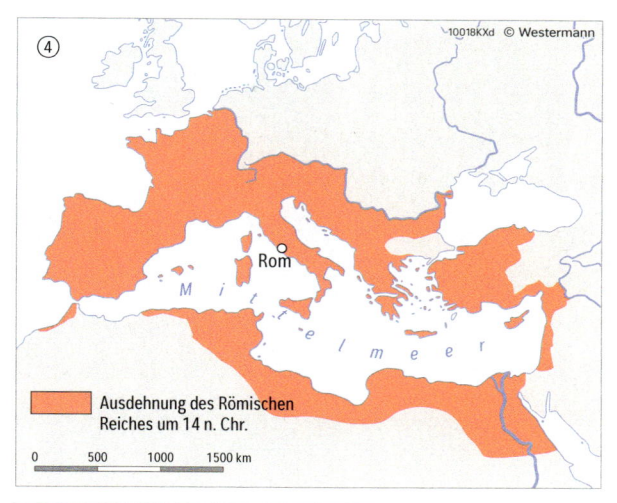

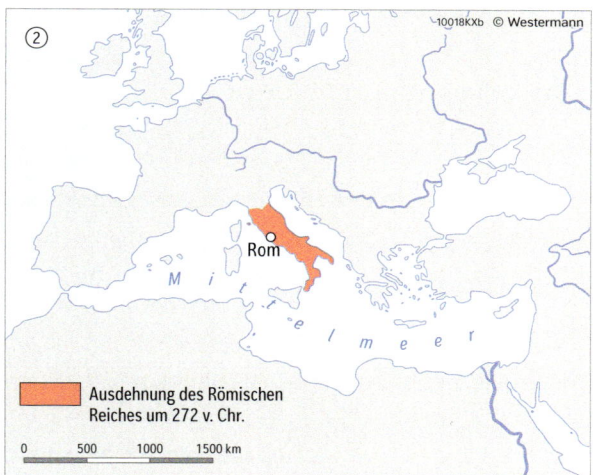

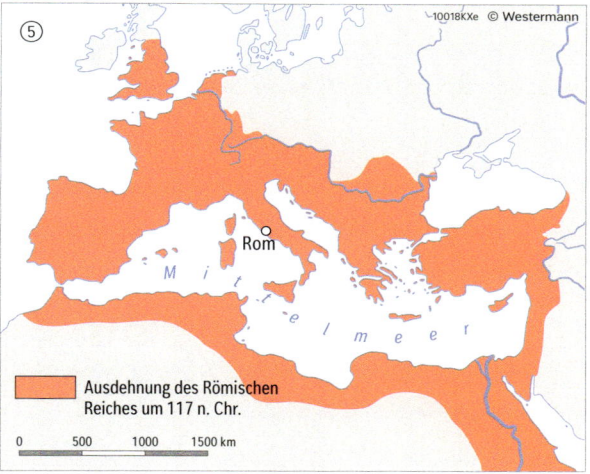

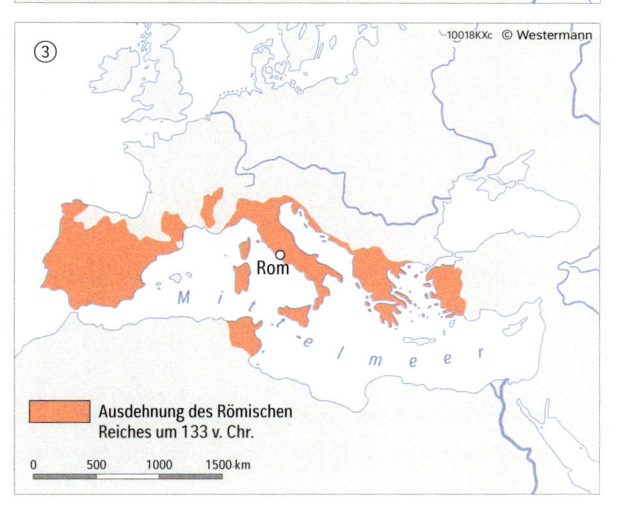

① Ausdehnung des Römischen Reiches um 380 v. Chr.

② Ausdehnung des Römischen Reiches um 272 v. Chr.

③ Ausdehnung des Römischen Reiches um 133 v. Chr.

④ Ausdehnung des Römischen Reiches um 14 n. Chr.

⑤ Ausdehnung des Römischen Reiches um 117 n. Chr.

**1** Wähle eine Aufgabe aus:

**a)** Ordne den Karten den jeweils passenden Begriff zu: Weltmacht, Landmacht, Stadtstaat, Seemacht, Weltreich.

**b)** Beschreibe Roms Aufstieg anhand der Karten. Nutze dazu die fett gedruckten Begriffe der linken Seite.

**2** Die Römer nannten das Mittelmeer auch „unser Meer". Erläutere dies mithilfe der Karten.

**3 a)** Nenne die Kontinente, auf denen das Römische Weltreich lag.

**b)** Nenne fünf heutige Staaten, die ganz oder teilweise zum Römischen Reich gehörten.

## Das Imperium Romanum

*Was machte das römische Militär so erfolgreich?*

**Abb. 1** *Römische Soldaten (historische Darstellung anlässlich der Feierlichkeiten zum Geburtstag der Stadt Rom 2017)*

# Das römische Militär

### Die Legionen
Die römische Armee spielte eine wichtige Rolle bei der Errichtung und Sicherung des Römischen Reiches. Sie eroberte nicht nur Gebiete, sondern ließ dort auch Truppen als Besatzung zurück.

Das Herzstück des römischen Militärs bildeten die Legionen. Sie waren die größte Einheit. Eine **Legion** umfasste ca. 5000 kämpfende Soldaten. Um das Jahr 14 n. Chr. gab es 25 Legionen. Ihre Art zu kämpfen war bei den Gegnern Roms gefürchtet. Die mitgeführten Kriegsgeräte wie z. B. Katapulte waren jahrhundertelang Teil des römischen Erfolgs.

### Die Legionäre
In einer Legion dienten sehr gut ausgebildete und ausgerüstete Soldaten für jeweils 20–25 Jahre. Diese sogenannten **Legionäre** trainierten jeden Tag ihre Kampftechnik und übten mehrmals im Monat den Marsch mit schwerem Gepäck. Neben ihrem Kriegsdienst verrichteten die Legionäre auch wichtige Arbeiten wie den Bau von Straßen oder Brücken. Dadurch kam den Legionen auch eine bedeutende Rolle bei der Erschließung von neu eroberten Gebieten zu.

Ein Legionär erhielt ein festes Gehalt. Bei seiner Entlassung aus dem Militärdienst bekam er zudem ein Stück Ackerland, um versorgt zu sein.

### Die Hilfstruppen
Neben den Legionen verfügte die römische Armee über **Hilfstruppen**. Diese wurden von römischen Verbündeten oder Unterworfenen gestellt. Rückte eine Legion aus, wurde sie stets von Hilfstruppen begleitet. Darüber hinaus wurden diese zur Grenzsicherung eingesetzt.

Weil ein Soldat der Hilfstruppen nach 25 Jahren Dienstzeit das römische Bürgerrecht erhielt, war dieser Dienst sehr begehrt. Dadurch gab es ebenso viele Soldaten der Hilfstruppen wie Legionäre.

**A** Beschreibe die Rolle des Militärs für das Römische Reich.
**B** Berechne die Gesamtstärke der römischen Armee um das Jahr 14 n. Chr.
**C** Begründe, warum es für einen Nichtrömer interessant war, bei den römischen Hilfstruppen zu dienen.

## Die römischen Legionäre

**M1** *Die Legionäre und ihre Ausrüstung (Rekonstruktionszeichnung)*

Die römischen Legionäre bildeten Zeltgemeinschaften. Sie bestanden jeweils aus acht Legionären und einem Sklaven. Zu jeder Zeltgemeinschaft gehörte auch ein Maultier oder ein Esel als Lasttier. Dieses trug z. B. die Zeltausrüstung und wurde vom Sklaven der Gemeinschaft versorgt.

① Rüstung
② Helm
③ Schild
④ Kurzschwert
⑤ Wurfspeer
⑥ Kochgeschirr
⑦ Tragegestell mit Wolldecke, Trinkflasche, Verpflegung, Beutel für persönliche Dinge
⑧ Holzpfosten zum Bau eines Palisadenzauns
⑨ Feldzeichen der Legion

**1 a)** Beschreibe die Ausrüstung der Legionäre.
 **b)** Berichte über Tätigkeiten der Legionäre, wenn sie nach einem Marsch das Heerlager errichteten.
**2** Erkläre, was in der römischen Armee eine Zeltgemeinschaft war. Partnerabfrage

## Das Imperium Romanum

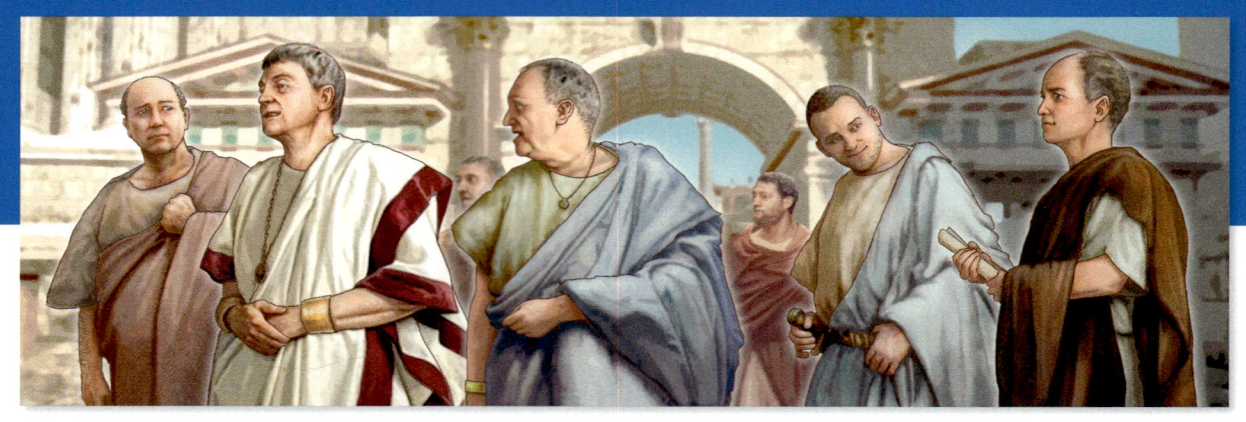

**Abb. 1** *Ein einflussreicher Römer auf einem Spaziergang. Er wird von Bürgern, die von ihm abhängig sind, begleitet. Die Größe seiner Anhängerschaft zeigt, was für eine wichtige Persönlichkeit er ist. (Rekonstruktionszeichnung)*

# Die römische Gesellschaft

### Die Oberschicht

Die freien Bürger Roms waren in verschiedene Gruppen eingeteilt. Wer besonders reich war, genoss hohes Ansehen und hatte großen Einfluss in der Gesellschaft. Dabei standen die **Patrizier** am höchsten. Sie waren Mitglieder alter römischer und zugleich wohlhabender Familien. Aufgrund ihrer Herkunft übernahmen sie die höchsten Regierungsämter und sicherten sich dadurch die Macht in Rom. In diese Bevölkerungsgruppe wurde ein Römer hineingeboren.

Die nächste Gruppe waren die **Ritter**. Sie waren wohlhabende Bürger, die im Kriegsfall als Reiteroffiziere dienten. In diese Gruppe konnten Bürger mit einem bestimmten Vermögen aufsteigen. Ritter und Patrizier verband, dass sie viel Land und Einfluss besaßen.

### Die Plebejer

Die größte Gesellschaftsgruppe waren die **Plebejer**. Unter ihnen gab es sehr vermögende Grundbesitzer und Kaufleute sowie Handwerker und Bauern mit kleinen Ländereien. Aber auch die verarmte, besitzlose Unterschicht gehörte dazu. Diese Menschen werden als **Proletarier** bezeichnet.

Die Plebejer stellten im Heer die einfachen Soldaten, die von Patriziern oder Rittern befehligt wurden. Aufgrund ihrer hohen Anzahl kam den Plebejern im Krieg eine große Bedeutung zu. Daher forderten sie im Laufe der Zeit mehr Teilhabe an der Macht. Nach mehreren Aufständen gelang ihnen dies im 3. Jh. v. Chr.

### Das Klientelwesen

Für die römische Gesellschaft und Politik war es wichtig, dass mächtige Bürger auf der einen Seite und weniger einflussreiche Leute auf der anderen Seite häufig in einem festen Treue- und Abhängigkeitsverhältnis standen. Geriet ein Plebejer in Not, z. B. wegen Geldsorgen, konnte er einen Patrizier um Hilfe bitten. Dadurch wurde der Plebejer zum **Klient**en des Patriziers und der Patrizier zum **Patron** des Plebejers. Es bestand fortan eine feste Bindung zwischen beiden. Davon hatte sowohl der Patron als auch der Klient Vorteile. Der Patron vertrat seinen Klienten etwa vor Gericht und bot ihm Schutz. Als Gegenleistung sicherte der Klient dem Patron bestimmte Dienste zu. Wollte dieser sich für ein Amt bewerben, war ihm die Wählerstimme des Klienten sicher. Durch das Klientelwesen konnten die Patrizier große Anhängerschaften um sich versammeln und an Einfluss gewinnen. Zudem wurde ein Klientelverhältnis über Generationen hinweg weitervererbt.

**A** Beschreibe die römische Gesellschaft.
**B** Erkläre das Klientelwesen. Nutze auch Abb. 1.

Film: *Die römische Gesellschaft*

## Die römische Gesellschaft

**M1** *Ein Schaubild zum Aufbau der römischen Gesellschaft*

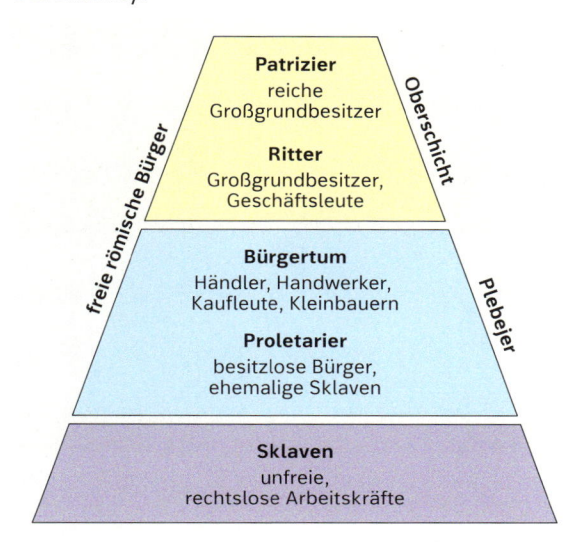

Pyramide:
- **Patrizier** – reiche Großgrundbesitzer (Oberschicht)
- **Ritter** – Großgrundbesitzer, Geschäftsleute (Oberschicht)
- **Bürgertum** – Händler, Handwerker, Kaufleute, Kleinbauern (Plebejer)
- **Proletarier** – besitzlose Bürger, ehemalige Sklaven (Plebejer)
- **Sklaven** – unfreie, rechtslose Arbeitskräfte

(Patrizier bis Proletarier: freie römische Bürger)

**1** Werte das Schaubild mithilfe der Methodenseite 72/73 aus.

## Über das Ansehen der Patrizier

**M2** *Plinius der Ältere (23 – 79 n. Chr.) berichtete über eine Rede für einen verstorbenen Patrizier.*
Quintus Metellus hat in der Rede, die er bei der letzten Ehrung seines Vaters […] hielt, […] überliefert, dieser habe die zehn höchsten und besten Dinge […] in sich vereinigt: Er wollte nämlich der erste Krieger, der beste
5 Redner, der tapferste Feldherr sein, weiterhin wollte er, dass unter seinem Oberbefehl die wichtigsten Taten vollbracht würden, dass er die höchsten Ehrenstellen erreiche, die größte Weisheit besitze, als bedeutendster Senator gelte, ein großes Vermögen
10 auf rechte Weise erwerbe, viele Kinder hinterlasse und der Angesehenste in der Bürgerschaft sei. […]

**2** Arbeite heraus, was ein Patrizier leisten musste, um hoch angesehen zu sein.

**3 a)** Erläutere die Bedeutung von militärischem Ruhm für das Ansehen eines Patriziers.
**b)** Vermute, welche Auswirkungen dies auf die römische Eroberungspolitik hatte. Bienenkorb

## Kleider machen Leute

**M3** *Die Kleidung der Römer*

① *Die Tunika war das Kleidungsstück aller Römer.*
② *Das Tunikakleid der Frauen war knöchellang.*
③ *Verheiratete Frauen trugen ein langes Überkleid, die Stola.*
④ *Frauen und Männer trugen als wärmenden Umhang ein rechteckiges Tuch, welches Palla bzw. Pallium hieß.*
⑤ *Die Toga war ein Tuch, das freigeborene römische Bürger trugen. Die Toga einfacher Bürger war dunkel, die der wohlhabenden weiß. Hohe Würdenträger waren daran zu erkennen, dass ihre Toga mit einem breiten purpurroten Streifen eingefasst war.*

**4** Erläutere, wie sich in der Kleidung die gesellschaftliche Stellung der Menschen zeigte.

Das Imperium Romanum

Wer bestimmt in Rom die Politik?

Abb. 1 *Eine Versammlung des römischen Senats (Darstellung aus dem 19. Jh.)*

# Die römische Republik

### Die Herrschaft der Oberschicht

Um das Jahr 500 v. Chr. vertrieben die einflussreichen Patrizierfamilien den letzten etruskischen König aus Rom. Politische Entscheidungen wurden nun zu einer Angelegenheit der römischen Bürger. Damit begründeten sie eine neue Staatsform, die **Republik**. Zunächst blieb die Macht in den Händen der Patrizier, denn sie hatten genug Geld, um sich Zeit für politische Ämter zu nehmen.

Die Übernahme eines Regierungsamtes bedeutete Ansehen für die eigene Familie. Deshalb war in der römischen Oberschicht der Wettbewerb bei Wahlen für bestimmte Ämter sehr groß, wie z. B. beim höchsten Regierungsamt, dem des Konsuls. Denn wer Konsul wurde, hatte die militärische Befehlsgewalt und konnte im Krieg große Anerkennung erlangen.

Wer ein römisches Regierungsamt ausgeübt hatte, erhielt im Anschluss einen Sitz im römischen Senat. Somit versammelten sich im Senat die angesehensten und mächtigsten Bürger Roms. Auf diese Weise wurde der Senat mit eigentlich nur beradender Funktion zum Machtzentrum Roms.

### Das einfache Volk bestimmt mit

Im 5. und 4. Jh. v. Chr. erstritten sich die Plebejer mehr Möglichkeiten, in Rom politisch mitzuwirken. In der **Volksversammlung** wurden von allen römischen Bürgern die Kandidaten für die Regierungsämter gewählt. Außerdem hatten die Plebejer das Recht, sich in einer eigenen **Plebejerversammlung** zusammenzufinden. In dieser wurde über Gesetze abgestimmt, die ausschließlich die Plebejer betrafen.

Außerdem wählten die Plebejer eigene Vertreter. Diese wurden als **Volkstribunen** bezeichnet und hatten erhebliche Macht. Sie konnten z. B. gegen die Entscheidung eines Regierungsbeamten Einspruch erheben. Somit hatten die Plebejer in vielen Angelegenheiten ein Mitspracherecht.

**A** Erkläre, warum es für Römer erstrebenswert war, ein politisches Amt zu übernehmen.
**B** Erläutere die Mitbestimmungsmöglichkeiten der Plebejer.

Film: *Die römische Republik*

## Die römische Verfassung

**M1** *Schaubild zur Verfassung der römischen Republik*

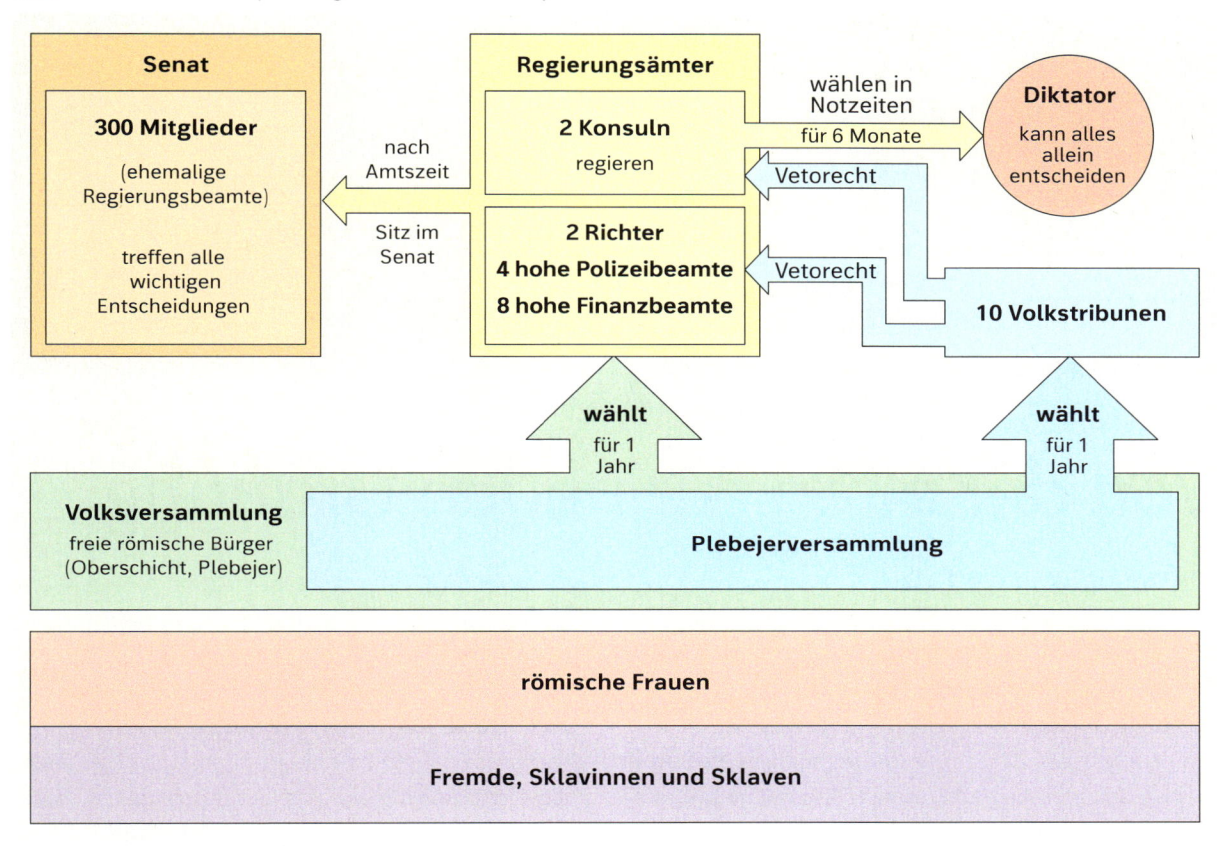

- **Senat**: 300 Mitglieder (ehemalige Regierungsbeamte), treffen alle wichtigen Entscheidungen
- **Regierungsämter**: 2 Konsuln regieren; 2 Richter, 4 hohe Polizeibeamte, 8 hohe Finanzbeamte
  - nach Amtszeit → Senat; Sitz im Senat
  - wählen in Notzeiten für 6 Monate → **Diktator**: kann alles allein entscheiden
- **10 Volkstribunen**: Vetorecht gegen Konsuln und Richter/Beamte
- **Volksversammlung**: freie römische Bürger (Oberschicht, Plebejer) – wählt Regierungsämter für 1 Jahr
- **Plebejerversammlung**: wählt Volkstribunen für 1 Jahr
- **römische Frauen**
- **Fremde, Sklavinnen und Sklaven**

**M2** *Römische Silbermünze aus dem 2. Jh. n. Chr.*

1. Erkläre anhand des Schaubildes M1 die Machtverteilung in der römischen Republik.
2. Wähle eine Institution in der römischen Verfassung aus und formuliere dazu drei Fragen. Stelle diese einem Partner oder einer Partnerin vor. **Marktplatz**
3. **a)** Beschreibe die Silbermünze in M2.
   **b)** Erkläre, wie diese Münze mit der Staatsform Republik in Zusammenhang steht.

---

**Vetorecht:** Einspruchsrecht eines Volkstribuns, womit eine Entscheidung eines Magistrats blockiert werden konnte. Veto kommt aus dem Lateinischen und bedeutet „ich verbiete".

## Das Imperium Romanum

*Wieso endete die Republik und wie entstand das Kaiserreich?*

**Abb. 1** *Eine Gruppe römischer Senatoren ermordet Julius Caesar während einer Senatssitzung (Gemälde von 1865)*

# Von der alten zur neuen Ordnung

### Die Republik in der Krise

Durch die Eroberungskriege Roms gewannen viele erfolgreiche Feldherren an Einfluss. Weil sie ihre Truppen häufig mit Geld beschenkten, standen diese treu zu ihren Befehlshabern. Dadurch gewannen die Feldherren eine große Machtfülle und versuchten oft, ihre eigenen Ziele in der Politik durchzusetzen, teilweise mithilfe ihrer Soldaten. Aus diesem Grund kam es ab dem Ende des 2. Jh. v. Chr. zu vielen **Bürgerkriegen**, in denen Römer gegen Römer kämpften.

### Caesars Herrschaft

Gaius Julius Caesar war solch ein erfolgreicher römischer Feldherr. Er eroberte z. B. Gallien und war sehr beliebt bei seinen Legionen. Dem Senat in Rom war er allerdings zu mächtig geworden. Deshalb enthob der Senat Caesar seines Kommandos. Doch dieser akzeptierte das nicht, sodass es wieder zu einem Bürgerkrieg kam. Aus diesem ging Caesar als Sieger hervor und übernahm die Macht in Rom.

Caesar schaffte es, zum Diktator auf Lebenszeit ernannt zu werden, und konnte somit allein herrschen. Gegen diese Machtfülle regte sich Widerstand unter den Senatoren. Am 15. März 44 v. Chr. wurde Caesar während einer Senatssitzung von Senatoren ermordet. Zwischen Caesars Mördern und seinen Anhängern kam es zu einem erneuten Bürgerkrieg, an dessen Ende sich Caesars Adoptivsohn Octavian durchsetzte.

### Eine neue Regierungsform entsteht

Nach der Erlangung der Macht gab Octavian vor, die Verfassung der Republik wiederherzustellen. Dafür erhielt er vom Senat den Beinamen Augustus, der Erhabene. Als **Kaiser** Augustus ließ Octavian die alten Einrichtungen der Republik aber nur zum Schein bestehen. In Wahrheit lagen die letzten Entscheidungen bei ihm. Tatsächlich war er also seit dem Jahr 31 v. Chr. **Alleinherrscher**. Mit ihm begann die Kaiserzeit in Rom. Diese Regierungsform wird auch als **Prinzipat** bezeichnet. Während seiner 45jährigen Regierungszeit gelang es Octavian, für eine lange Friedenszeit zu sorgen, was auch die Wirtschaft im Reich stärkte.

**A** Beschreibe die Rolle der militärischen Befehlshaber in der späten Republik.
**B** Berichte über das Schicksal Caesars.
**C** Erkläre die Staatsform des Kaiserreichs unter Augustus.

Film: *Gaius Julius Caesar*

## Gaius Julius Caesar

**M1** *Der römische Schriftsteller Sueton urteilte um 120 n. Chr. über Caesar.*

Er nahm übertriebene Ehren an: die ständige Wiederwahl zum Konsul, die Diktatur auf Lebenszeit, außerdem den Ehrentitel *Imperator* und den Beinamen *Vater des Vaterlandes*, [...] und einen ⁵Thron im Theater. Darüber hinaus duldete er auch Ehrungen, die Menschen nicht angemessen sind: einen goldenen Sessel im Senat und im Gericht, Standbilder neben den Götterstatuen, die Benennung eines Monats nach seinem Namen. Er nahm ¹⁰und vergab auch Ämter, wie es ihm gefiel. In aller Öffentlichkeit sagte er, dass die Republik ein Nichts sei. Besonderen Hass zog er sich durch Folgendes zu: Er empfing die Senatoren im Sitzen, als sie ihm weitere Ehren übertragen wollten.

**1 a)** Arbeite heraus, welches Verhalten Caesars kritisiert wird.
**b)** Stelle dir vor, du wärst ein Freund Caesars. Gib ihm Ratschläge, die Senatoren nicht zu sehr zu verärgern.

## Octavian, genannt Augustus

**M2** *Eine über zwei Meter hohe Marmorstatue des ersten römischen Kaisers Augustus (gefertigt um 20 v. Chr.)*

Film: *Von der Republik zum Prinzipat*

**M3** *Der römische Historiker Tacitus (58 bis ca. 120 n. Chr.) über die Erlangung der Alleinherrschaft des Augustus (sprachlich vereinfacht)*

Die Soldaten gewann er durch Schenkungen, das Volk durch Getreidespenden, jedermann durch den Frieden. Und nun hob er allmählich das Haupt. Er nahm die Befugnisse des Senats, der Beamten und der ⁵Gesetzgebung an sich. Einen Gegner fand er nicht. Die Tapfersten waren in den Schlachten gefallen oder durch ihn beseitigt, und der Rest der Patrizier wurde umso reichlicher mit Geld und Ämtern bedacht, je williger er sich der Knechtschaft fügte.

**2 a)** Ordne den Ziffern ①–⑥ an der Statue M2 die Beschreibungen Ⓐ–Ⓕ zu:
  Ⓐ Panzer
  Ⓑ militärischer Hüftmantel
  Ⓒ Amor, Sohn der Liebesgöttin Venus
  Ⓓ barfüßig wie die Götter
  Ⓔ Herrschergeste
  Ⓕ Speer
**b)** Deute die Selbstdarstellung des Augustus.
**3 a)** Beschreibe, wie Augustus seine Herrschaft sichern konnte. (M3)
**b)** Arbeite heraus, wie Tacitus die Herrschaftssicherung des Augustus bewertet.
**4** Vergleiche die Darstellung des Augustus (M2) mit der Beschreibung des Tacitus (M3).

Das Imperium Romanum

*Wie lebten Sklaven im Römischen Reich?*

**Abb. 1** *Der Römer Fructus wird von seinen Sklaven Myro und Victor bedient. (Ausschnitt aus einem Mosaik, um 200 n. Chr.)*

# Die Sklaverei im Römischen Reich

### Die Sklaven Roms
Wie in anderen Regionen des Mittelmeeres, so lebten in der Antike auch in Rom viele Sklaven. Zu Beginn der römischen Geschichte gab es nur wenige Sklaven, doch je mehr Gebiete Rom eroberte, umso größer wurde deren Anzahl. Im 2. Jh. n. Chr. lebten in Rom sogar mehr Sklaven als Römer.

Sklaven waren oft Kriegsgefangene, die versklavt wurden. Daneben konnten Menschen durch eine Verurteilung das römische Bürgerrecht verlieren und Sklave werden. Häuften sich die Schulden eines Bürgers dermaßen, dass er sie nicht mehr begleichen konnte, war auch dies eine Möglichkeit, als Sklave zu enden. Häufig wurden Menschen bereits als Sklave geboren, wenn bereits die Eltern in Sklaverei lebten.

Die römischen Sklaven mussten Arbeiten sehr verschiedener Art verrichten. Da sie für ihre Arbeit nicht bezahlt wurden, waren sie als billige Arbeitskräfte für die römische Wirtschaft von großer Bedeutung.

### Die Rechte von Sklaven
Sklaven hatten zunächst grundsätzlich keinerlei Rechte, galten sie doch als eine Art Ware, die Eigentum ihres Herrn war. Auf Sklavenmärkten wurden sie gekauft und verkauft. In späterer Zeit durften sie Geld sparen, heiraten und im Auftrag ihres Herrn z. B. Verträge für ihn abschließen. In der Kaiserzeit verbesserte sich ihre Situation erneut, da sie sogar Beamte werden konnten.

Dennoch kam es immer auf den jeweiligen Eigentümer an, wie Sklaven behandelt wurden und welche Tätigkeiten sie ausführen mussten. Hierbei hatten die Sklaven in der Stadt häufig weniger hart zu arbeiten als jene auf dem Land.

### Die Freigelassenen
Wurde ein Sklave oder eine Sklavin von ihrem Besitzer freigelassen oder kaufte sich durch Ersparnisse frei, musste er bzw. sie dem ehemaligen Herrn weiterhin zu Diensten sein. Die Kinder von Freigelassenen wurden gleichberechtigte römische Bürger.

**A** Stelle dar, wie Menschen im Römischen Reich zu Sklaven wurden.
**B** Beschreibe die rechtliche Stellung der Sklaven.
**C** Erkläre den Begriff Freigelassener.

Film: *Sklaven im Römischen Reich*

**Die Sklaverei im Römischen Reich | Digital+**

WES-117845-155

## Über die Lebensbedingungen von Sklavinnen und Sklaven

**M1** *Vier Sklavinnen und Sklaven berichten über ihre Arbeit*

Seid gegrüßt! Mein Name ist Segimer.
Ich war 14 Jahre alt, als Rom meine Heimat in Germanien eroberte. Mein Vater starb in der letzten Schlacht gegen die Römer. Meine Mutter und ich wurden auf dem Sklavenmarkt verkauft. Ich kam in den Bergbau, eine harte und gefährliche Arbeit. Viele gehen körperlich zugrunde, und viele sterben infolge der übermäßigen Anstrengung – denn Erholung oder Pausen in der Arbeit gibt es nicht. Die Aufseher zwingen uns mit Schlägen, die furchtbaren Leiden zu ertragen. Das Essen ist schlecht, zu trinken gibt es zu wenig. Aber das macht dem Besitzer, der durch uns Sklaven reich geworden ist, nichts aus. Er kauft einfach neue Sklaven, die für ihn schuften.

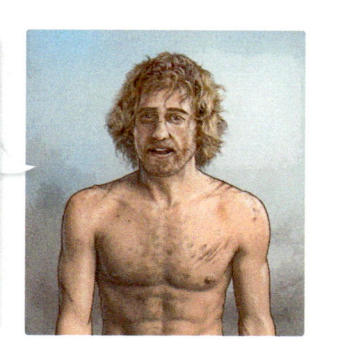

Ich grüße Euch! Mein Name ist Neferet.
Ich arbeite in einer Gladiatorenschule. Mein Herr ist ein reicher Patrizier, der diese Schule betreibt. In ihr lässt er Sklaven zu Gladiatoren ausbilden. Er verdient viel Geld damit. Mein Herr hat mich auf einem Sklavenmarkt in Ägypten, auf dem er eigentlich nach neuen Kämpfern gesucht hatte, eingekauft. Ich bin vor allem dafür zuständig, für die Gladiatoren zu kochen und ihre Wunden zu versorgen. Es ist furchtbar mitanzusehen, wie sie teilweise leiden. Ich selbst werde recht gut behandelt und habe sogar einen eigenen Raum zum Schlafen. Auch an Essen und Trinken, passender Kleidung und Körperpflege mangelt es mir nicht. Somit habe ich es recht gut.

Salve! Mein Name ist Tiro.
Ich wurde als Sklave geboren. Seit 17 Jahren arbeite ich als Privatsekretär eines römischen Senators. Für mich ist es eine sehr angenehme Arbeit. Ich werde gut behandelt und habe ein vertrauensvolles Verhältnis zu meinem Herrn und erledige vielfältige Aufgaben. Neben der Betreuung der Bibliothek bin ich vor allem für die Post zuständig. Mein Herr diktiert mir am Tag mitunter mehrere Briefe. Ich sorge auch dafür, dass die Empfänger sie erhalten. Daneben unterstütze ich meinen Herrn darin, Reden zu schreiben, die er vor dem Senat oder dem Volk von Rom hält. Für mich ist das sehr spannend, weil ich sehr viel von der römischen Politik mitbekomme.

Hallo, ich heiße Salvinia.
Meine Herrin ist die Frau eines sehr erfolgreichen und angesehenen römischen Feldherrn. Dieser hatte mich von einem Kriegszug in Spanien in das weit entfernte Rom verschleppt. Ich war das Geschenk, das er seiner Frau mitbrachte. Seitdem stehe ich in ihren Diensten. Ich mache das Haus sauber, wasche die Wäsche oder bediene beim Essen. Ich bin auch zuständig für ihre Frisuren, bereite ihre Bäder vor und helfe ihr beim Ankleiden. Kommt es vor, dass ihre Haare beim Bürsten ziepen oder das Wasser im Bad zu kalt ist, hat sie mir zur Strafe schon manche schmerzhafte Ohrfeige gegeben.

**1** Arbeite aus den Aussagen die verschiedenen Tätigkeiten und Arbeitsbedingungen der Sklavinnen und Sklaven heraus sowie das Verhältnis der Sklavinnen und Sklaven zu ihren Besitzern. Graffiti

Das Imperium Romanum

**Abb. 1** *Ein römisches Ehepaar mit ihrem Kind und ihren Bediensteten (antikes Relief)*

# Die römische Familie

Im antiken Rom gab es noch keine Altersversorgung oder Krankenversicherung und auch keine staatliche Unterstützung bei Arbeitslosigkeit. Deshalb war die Familie ein wichtiger Bestandteil der Gesellschaft, denn sie war es, welche die Versorgung ihrer Angehörigen absicherte. Eine römische Familie, genannt *familia*, bestand daher nicht nur aus Eltern und Kindern, zu ihr gehörten ebenso die Kinder der verheirateten Söhne sowie Sklaven, Freigelassene, Dienstboten und Klienten.

Das Oberhaupt der Familie war der Vater, der sogenannte *pater familias*. Er hatte weitreichende Rechte. Er traf alle wichtigen Entscheidungen für die *familia*. Sämtliche Mitglieder der *familia* unterstanden seiner väterlichen Gewalt. Der *pater familias* hatte auch die Rolle eines Richters und konnte somit sogar die Todesstrafe über ein Familienmitglied verhängen. Starb der *pater familias*, übernahm nicht die Ehefrau seine Rolle, sondern der älteste Sohn.

Die Vorrechte des Familienoberhauptes waren sehr vielfältig. Lange Zeit durfte ausschließlich der *pater familias* über den Besitz der Familie verfügen. Er konnte es erlauben, dass seine Kinder ein Vermögen aufbauten, durfte aber darüber bestimmen. Erst ab dem 1. Jh. n. Chr. erhielt auch die Ehefrau das Recht, eigenes Vermögen zu erwerben. Seit dieser Zeit war es ihr beispielsweise auch erlaubt, die Scheidung einzureichen.

**A** Beschreibe die Zusammensetzung und die Bedeutung der römischen *familia*.
**B** Erkläre die Rolle des *pater familias*.

Film: *Die römische Familie*

## Die römische *familia*

**M1** *Grafik zum Aufbau einer Familie zu römischer Zeit*

*pater familias* — *Ehefrau und Kinder* — *verheiratete Söhne mit Familien* — *Klienten* — *Sklaven*

**1** Erkläre den Aufbau einer römischen *familia*. Think – Pair – Share

## Die gesellschaftliche Stellung von Frauen

**M2** *Ein römisches Mädchen berichtet*

Nach meiner Geburt entschied sich mein Vater, mich als sein Kind anzunehmen. Das ist nicht selbstverständlich. Er hätte mich auch verstoßen können; insbesondere weil ich ein Mädchen bin.
Zwischen meinem sechsten und zehnten Lebensjahr gab es für mich die Möglichkeit, vom Pontifex Maximus, also dem höchsten Priester in Rom, zur Vestalin ernannt zu werden. In diesem Fall hätte ich als Priesterin das heilige Feuer der Stadt im Tempel der Vesta für 30 Jahre hüten müssen. In dieser Zeit wäre es mir verboten gewesen, zu heiraten. Bei mir wird es aber anders kommen, denn ich wurde bereits mit drei Jahren durch meinen Vater einem zukünftigen Ehemann versprochen. Da Mädchen ab zwölf Jahren als Frau gelten und somit heiratsfähig sind, dauert es bis zu meiner Heirat also nicht mehr lange.
Nach der Heirat werde ich meinem Ehemann unterstehen. Meine wichtigste Aufgabe in der Ehe wird es dann sein, Kinder zu bekommen. Über deren Erziehung wird dann mein Ehemann entscheiden.

**2 a)** Fasse die Position von Mädchen und Frauen in der römischen *familia* zusammen.
**b)** Nimm Stellung zur gesellschaftlichen Stellung der römischen Frauen.

Das Imperium Romanum

**Abb. 1** *Dieses Relief aus dem 2. Jh. n. Chr. zeigt vier Lebensphasen eines römischen Jungen.*

# Kindheit im alten Rom

### Die Erziehung römischer Kinder

Bei der Erziehung war es den Römern sehr wichtig, ihren Kinder das gesellschaftlich erwünschte Verhalten zu vermitteln. Bestimmte Eigenschaften wie Würde, Klugheit, Aufrichtigkeit und Tapferkeit waren ihnen sehr wichtig. Trotz dieser allgemeingültigen Erziehungsziele verlief in römischer Zeit die Kindheit von Jungen und Mädchen recht unterschiedlich. Jungen wurden bei ihrer Erziehung und Ausbildung vor allem auf ihre künftige Rolle als *pater familias* vorbereitet, Mädchen dagegen auf die Rolle als Hausfrau und Mutter.

### Die Ausbildung der Kinder

Welche Ausbildung Kinder erhielten, war sehr an deren Herkunft gebunden. Kinder aus ärmeren Familien genossen selten oder gar keine Bildung. Sie mussten früh arbeiten. Jungen halfen ihrem Vater bei dessen Arbeit und erlernten auf diese Art oft seinen Beruf. Mädchen halfen der Mutter im Haus und lernten so alles, was sie später für ihren eigenen Haushalt wissen mussten.

Wohlhabende Römer schickten ihre Kinder mit sieben Jahren zu einem Lehrer, der Lesen, Schreiben und Rechnen vermittelte. Sehr reiche Römer konnten sich private Hauslehrer leisten, meistens griechische Sklaven. Während für Mädchen mit elf Jahren die Bildung endete, um sich auf ihre Ehe vorzubereiten, ging es für die Jungen weiter.

### Höhere Bildung nur für Jungen

Die Jungen aus wohlhabenden Familien wechselten nach den ersten Schuljahren zu einem Grammatiklehrer. Dieser lehrte den richtigen Umgang mit Sprache und machte seine Schüler mit den Werken bedeutender Schriftsteller vertraut. Auch Griechisch wurde unterrichtet, da dies im östlichen Mittelmeerraum die am meisten gesprochene Sprache war. Außerdem waren viele für die Römer wichtige Texte aus Literatur und Philosophie auf Griechisch verfasst. Hatte ein Junge seine Grundbildung erlangt, begann nun sein dritter Bildungsabschnitt: Er besuchte mit ca. 17 Jahren einen Lehrer, der ihn in der Kunst der Rede schulte. Dies war wichtig, wollte der Junge später eine politische Laufbahn einschlagen und erfolgreicher Politiker werden. Zum Abschluss erfolgte meist eine Reise nach Griechenland, um einen herausragenden Philosophen zu treffen. Danach spezialisierten sich die jungen Erwachsenen, um z. B. Rechtsgelehrter, Arzt oder Architekt zu werden.

**A** Nenne Unterschiede und Gemeinsamkeiten der Bildung von Jungen und Mädchen.
**B** Berichte über die Ausbildung armer Kinder.
**C** Beschreibe den Werdegang eines Jungen aus einer wohlhabenden Familie vom Kind zum Erwachsenen. Nutze auch die Abbildung.
**D** Erkläre die Bedeutung der griechischen Sprache für die Römer.

## Die Schule der Römer

**M1** *Eine Schulszene (Rekonstruktionszeichnung)*

**1** Beschreibe die dargestellte Schulsituation.
**2** Vergleiche deine Schule mit denen der Römer.

## Die Erziehung eines Sohnes

**M2** *Der griechische Schriftsteller Plutarch (ca. 45–125 n. Chr.) schrieb darüber, wie der Schriftsteller und Politiker Cato der Ältere seinen Sohn erzog.*

Sobald [der Junge] zu begreifen begann, nahm [Cato] ihn selbst in die Lehre und brachte ihm Lesen und Schreiben bei, obwohl er einen tüchtigen Elementarlehrer an seinem Sklaven Chilon hatte,
5 der viele Knaben unterrichtete. Aber er hielt es nicht für recht […], dass sein Sohn von einem Sklaven gescholten oder am Ohr gezogen würde, wenn er nicht fleißig lernte, […] sondern er war selbst der Lehrer […] in der Gesetzeskunde und in den
10 Leibesübungen, indem er seinen Sohn nicht nur im Speerwerfen, im Gebrauch der Nahkampfwaffen und im Reiten unterwies, sondern auch im Boxen, im Ertragen von Hitze und Kälte und im kräftigen Durchschwimmen der Wirbel und der reißendsten
15 Stellen des Flusses. Auch seine Geschichte, sagt er, habe er selbst mit eigener Hand und mit großen Buchstaben niedergeschrieben, damit der Knabe die Möglichkeit habe, sich im eigenen Hause zur Kenntnis der Taten und Sitten der Vorfahren
20 heranzubilden […].

**elementar:** grundlegend, wesentlich
**gescholten:** von schelten: schimpfen, ermahnen
**Leibesübungen:** sportliche Körperübungen

**3** Nenne die Unterrichtsinhalte, die der Sohn von seinem Vater lernt.
**4** Erkläre die Beweggründe des Vaters, seinen Sohn nicht von einem Sklaven unterrichten zu lassen.
**5** Begründe den Stellenwert, den die körperliche Ausbildung bei den Römern hatte.

Das Imperium Romanum

*Was machte Rom als Stadt einzigartig?*

**Abb. 1** *Der Einzug eines siegreichen Feldherrn mit seinen Truppen in Rom war ein immer wiederkehrendes Großereignis in der Hauptstadt. (Rekonstruktionszeichnung)*

# Rom – Hauptstadt des Imperiums

### Rom – eine Millionenstadt

Zu Beginn des 1. Jh. n. Chr. war Rom mit über einer Million Einwohnern die größte Stadt des Römischen Reiches. Als Hauptstadt war Rom Vorbild für viele andere Städte des Imperiums. Sie besaß viele prächtige Gebäude, von denen heute noch einige Überreste bestehen. Seit Augustus ließen die Kaiser viele Bauten errichten, die ihrer Herrschaft Glanz verleihen und von ihren Siegen berichten sollten. Tempel, Siegessäulen und Triumphbögen kündeten von ihrer Macht.

### Das Zentrum Roms

Der zentrale Ort in Rom war der Marktplatz, das sogenannte Forum Romanum. Der Senat, Tempel und Gerichtsgebäude befanden sich dort. Von hier aus machten sich politische Entscheidungen buchstäblich auf den Weg in die Provinzen des Römischen Reiches. Denn vom Forum gingen die wichtigsten Straßen in alle Himmelsrichtungen ab. Es war der Ort, an dem Gerichtsverhandlungen und Volksversammlungen abgehalten wurden. Hier versuchten Politiker mit ihrer Redekunst, ihre Anhängerschaft zu vergrößern oder den politischen Gegner zu übertrumpfen. Hier hatte auch der Senat seinen Sitz.

### Der Triumphzug – ein Fest für Rom

In Triumphzügen konnten sich große Feldherren feiern lassen. Hatte ein Feldherr einen bedeutenden Sieg errungen, gestatte ihm der Senat einen Triumphzug. Zu diesem Zweck durfte der Feldherr, der vor der Stadt auf dem Marsfeld wartete, mit seinen Truppen in Rom einmarschieren. Das war sonst nicht gestattet, da die militärische Befehlsgewalt mit Betreten der Stadt erlosch. Die ganze Stadt war zu diesem Anlass festlich geschmückt. Quer durch Rom wurden Gefangene und erbeutete Schätze geführt, zeigten sich die siegreichen Truppen und ihr Feldherr.

**A** Beschreibe Besonderheiten Roms.
**B** Erkläre, warum das Forum Romanum als Herz Roms und des Römischen Reichs bezeichnet werden kann.
**C** Erkläre die Bedeutung von Triumphzügen.

**Triumphbogen:** Bauwerk in Form eines Tores, das zu Ehren eines Sieges (also eines Triumphes) errichtet wurde.
**Forum:** großer Platz, der z. B. als Marktplatz, aber auch für Versammlungen der Bürger genutzt wurde

## Das Rom der prächtigen Bauten

**M1** *Ein Modell zeigt Rom im 3. Jh. n. Chr.*

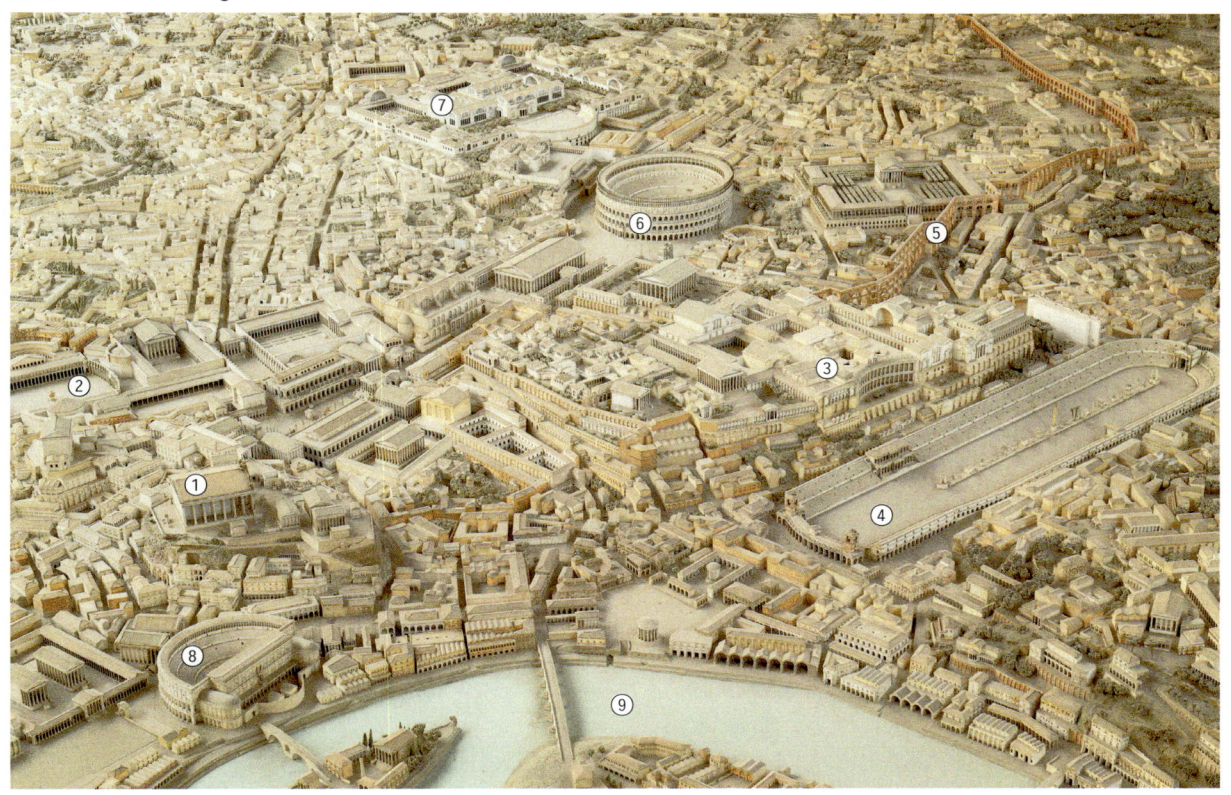

**M2** *Der römische Schriftsteller Sueton (ca. 70 – 122 n. Chr.) über die Baumaßnahmen des Augustus*

Die Stadt, die zum einen entsprechend der Würde ihrer Herrschaft baulich nicht hinreichend geschmückt und außerdem Überschwemmungen und Bränden ausgesetzt war, schmückte [Augustus] in
5 dem Maße, dass er sich mit Recht rühmen konnte, er habe eine Stadt aus Marmor hinterlassen, die er als Stadt aus Ziegeln übernommen habe.

**1** Beschreibe deinen ersten Eindruck von Rom. (M1)
**2** Versetze dich in einen Bewohner Roms. Schreibe einem Freund, warum er Rom besuchen sollte und was du ihm zeigen würdest. Partnervortrag
**3** Arbeite aus M2 heraus, welche Rolle der Schriftsteller Sueton Kaiser Augustus bei der Gestaltung Roms zuschrieb.

① *Jupitertempel auf dem Kapitol*
② *Forum Romanum als Fest- und Veranstaltungszentrum*
③ *Kaiserpaläste auf dem Palatin*
④ *Circus Maximus, in dem Wagenrennen stattfanden und 250 000 Zuschauer Platz fanden*
⑤ *Wasserleitungen, sogenannte Aquädukte, über die täglich über 180 000 m³ Wasser nach Rom flossen*
⑥ *Kolosseum, das Platz für 60 000 Zuschauer bot und damit das größte Amphitheater des Römischen Reiches war*
⑦ *Trajansthermen, die neben den eigentlichen Bädern auch über Parkanlagen und überdachte Sporträume verfügten*
⑧ *Marcellus-Theater mit fast 20 000 Sitzplätzen*
⑨ *Tiber als wichtiger Verkehrsweg*

**Marmor:** als besonders edel angesehene Steinsorte, die z. B. für herrschaftliche Gebäude verwendet wurde

## Das Imperium Romanum

*Welche Folgen hatte der Straßenbau?*

**Abb. 1** *Die Via Appia bei Rom gilt als die erste befestigte römische Straße und wurde ab 312 v. Chr. gebaut.*

# Die Straßen des Römischen Reichs

### Der römische Straßenbau

Eine wichtige Aufgabe der römischen Legionäre war es, gut ausgebaute, befestigte Straßen zu errichten. Mithilfe dieser Straßen konnten sich die Legionen zügig bewegen, erhielten schnell wichtige Nachrichten und wurden gut versorgt. Die Straßen sollten auch Rom und die einzelnen **Provinzen** miteinander verbinden, um sie dadurch leichter kontrollieren zu können. Die Römer beabsichtigten so, die eroberten Gebiete an sich zu binden. Durch die Straßen sollte das Römische Reich zu einer Einheit zusammenwachsen. In regelmäßigen Abständen gab es an den Straßen Stationen, an denen Reitpferde oder Zugtiere gewechselt werden konnten. So konnten z. B. Boten schneller ihre Nachrichten nach Rom bzw. in die Provinzen oder zu einer Legion bringen. Entlang der Straßen wurden Meilensteine errichtet. Sie zeigten den Standpunkt und Entfernungen zu anderen Ortschaften an.

Am Ende des 1. Jh. n. Chr. gab es 372 Straßen. Das Straßennetz umfasste ca. 100 000 km.

### Der Handel

Auch wenn der überwiegende Handel der Römer per Schiff erfolgte, war das gut ausgebaute Straßennetz für den Warenverkehr von großem Vorteil. Die befestigten Straßen machten Handelsunternehmungen einfacher und schneller und unterstützten den Transport der Waren von den Häfen in das **Binnenland** und umgekehrt. Die Handelsgüter waren sehr vielfältig z. B. Getreide aus Ägypten, Gewürze aus Asien, Öl aus Spanien oder Glas und Töpferwaren vom Rhein. Aber auch Waren aus der Region wurden über die Straßen zu dem Märkten in den Städten transportiert.

**A** Beschreibe das Straßensystem der Römer.
**B** Erläutere Vorteile, die die Straßen mit sich brachten.

**Binnenland:** Regionen, die nicht an der Küste eines Meeres liegen

## Die römische Straße

**M1** *Querschnitt durch eine römische Straße*

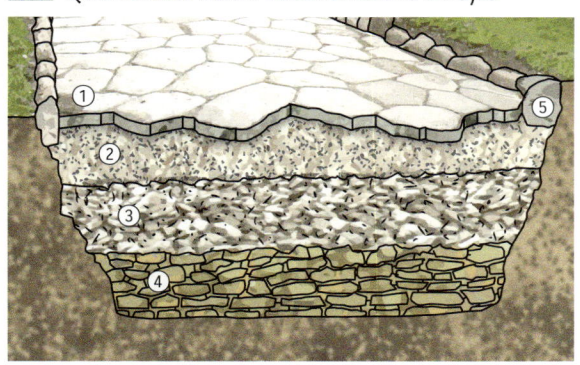

1. Ordne die Begriffe Ⓐ–Ⓕ den Nummern ①–⑤ zu:
   - Ⓐ Randsteine
   - Ⓑ Plattenbelag
   - Ⓒ feiner Steinschotter
   - Ⓓ grober Steinschotter
   - Ⓔ Steine mit Mörtel

2. Erkläre mithilfe der Begriffe Ⓐ–Ⓔ den Aufbau einer römischen Straße. Stühletausch

## Der Handel im Römischen Reich

**M2** *Die Handelsgüter der verschiedenen Provinzen*

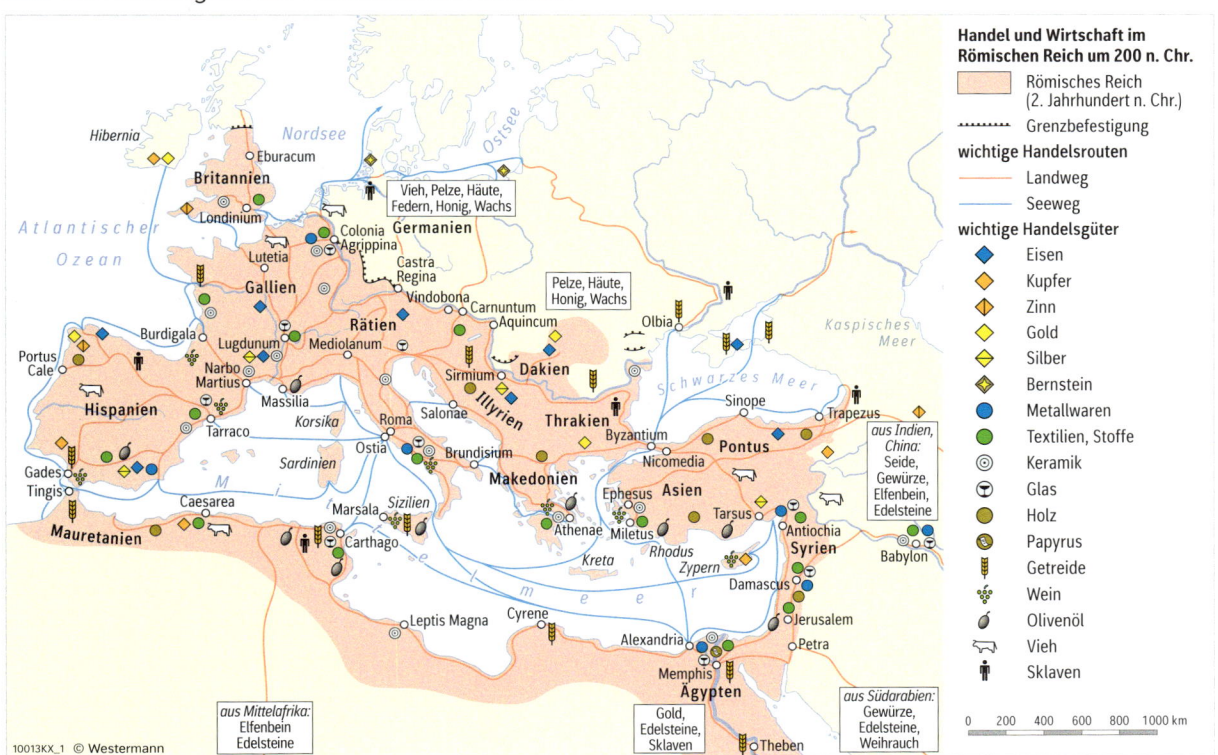

Handel und Wirtschaft im Römischen Reich um 200 n. Chr.
- Römisches Reich (2. Jahrhundert n. Chr.)
- Grenzbefestigung

**wichtige Handelsrouten**
- Landweg
- Seeweg

**wichtige Handelsgüter**
- Eisen
- Kupfer
- Zinn
- Gold
- Silber
- Bernstein
- Metallwaren
- Textilien, Stoffe
- Keramik
- Glas
- Holz
- Papyrus
- Getreide
- Wein
- Olivenöl
- Vieh
- Sklaven

3. Wähle eine Aufgabe aus:
   - **I a)** Die römische Armee benötigte z. B. große Mengen an Getreide, Textilien und Metallwaren. Arbeite aus der Karte heraus, woher diese Güter geliefert wurden.
   - **II b)** Beschreibe den Verlauf der Handelswege von Rom nach Castra Regina, Londinium und Damaskus.
   - **III c)** Beurteile das Handelsnetz des Römischen Reiches.

## Das Imperium Romanum

*Wie vertrieben sich die Römer ihre freie Zeit?*

Abb. 1 *Im Circus Maximus in Rom konnten bis zu 250 000 Zuschauer spektakuläre Wagenrennen bestaunen. (Rekonstruktionszeichnung)*

# Das Leben in Rom

### Unterhaltung in der Freizeit

Rom war besonders bekannt für seine vielen Freizeiteinrichtungen, in denen seine Bewohner unterhalten wurden. Sie gingen gern in Theater, um ein Schauspiel zu sehen, oder in Thermen, um die dortigen Bademöglichkeiten zu nutzen und Körperpflege zu betreiben. Die Römer fieberten mit 250 000 anderen Menschen bei den halsbrecherischen Wagenrennen im Circus Maximus mit. Im Kolosseum kämpften Gladiatoren, das waren Sklaven, Verbrecher oder Berufskämpfer, vor einer jubelnden Menschenmenge. Ähnlich wie die Wagenlenker waren Gladiatoren beim Publikum so beliebt wie heute Fußballstars. Es wurden auch exotische Tiere aus allen Teilen des Reiches im Kolosseum gezeigt. In Tierhetzen kämpften sie gegen andere Tiere oder gegen Menschen.

Die verschiedenen Kaiser veranlassten regelmäßig, dass die Römer bei vielen Veranstaltungen freien Eintritt erhielten. Kaiserliche Brot- und Getreideschenkungen gehörten bei vielen Veranstaltungen dazu. Die Kaiser wollten mit diesen Geschenken dafür sorgen, dass die Bevölkerung mit ihrer Herrschaft zufrieden ist. So wollten sie ihre Macht erhalten.

### Die Wasserversorgung

Die Stadt Rom verfügte über fließendes Wasser. Aus Quellen, Flüssen oder Seen der Umgebung führten Wasserleitungen, sogenannte Aquädukte, das Wasser in die Stadt. Die Häuser der wohlhabenden Römer verfügten über eigene Wasseranschlüsse. Alle anderen Bewohner Roms hatten in der Nähe ihrer Unterkünfte öffentliche Brunnen.

Auch unterirdische Abwasserkanäle gab es bereits. Diese verliefen z. B. unter den öffentlichen Toiletten.

### Das Straßenleben

In den engen Straßen Roms herrschte reges Gedränge und Lärm. Es stank, denn überall lagen Abfälle herum, die aus den Häusern geworfen wurden. In der gesamten Stadt gab es Läden und Werkstätten, die ihre Waren auf der Straße verkauften. Hinzu kamen Straßenhändler. Baulärm, Bettler und Beifall für Schausteller sorgten ebenfalls für Lärm. Weil die meisten Straßen sehr eng waren, gab es von Sonnenaufgang bis zum späten Nachmittag ein Fahrverbot für Fuhrwerke. Das führte dazu, dass Wagenfahrten nachts stattfanden und so die Nachtruhe erheblich störten.

## Die Wohnverhältnisse

Rom war sehr dicht bebaut. Die meisten Menschen lebten dort in einfachen Häusern zur Miete. Manche dieser Häuser waren über zwanzig Meter hoch und schlecht gebaut. Im Erdgeschoss waren Läden und Werkstätten untergebracht. Eigene Toiletten gab es nicht, man benutzte Töpfe und leerte diese in Kübel, die unter der Treppe standen.

Die wohlhabenden und vornehmen Römer lebten in einzelnen Häusern, umgeben von Gärten. Diese Häuser waren mit Wandmalereien, Fußbodenmosaiken, Springbrunnen und Statuen prächtig gestaltet. Zudem hatten sie eigene Toiletten und verfügten über eine Heizung. Diese Häuser lagen auf den Hügeln der Stadt fernab von Lärm und Gestank.

## Die Religion

Im Römischen Reich spielte der Glaube eine große Rolle. Die Verehrung der Götter war allgegenwärtig. Jedes römische Haus verfügte über einen Hausaltar, an dem die Menschen die Götter täglich um Schutz und Hilfe baten. Die Römer glaubten an eine Vielzahl von Göttern, von denen die meisten den griechischen glichen. Alle besaßen ihren eigenen Zuständigkeitsbereich, z. B. die Ernte, den Krieg oder den Handel. Religiöse Feiern standen unter der Aufsicht von Priestern. Alle öffentlichen Veranstaltungen begannen mit einer Opferzeremonie zu Ehren der Götter. Geopfert wurden Blumen, Wasser, Wein oder auch Tiere.

**A** Fasse die Freizeitmöglichkeiten zusammen.
**B** Erkläre den Zweck von „Brot und Spiele".
**C** Erkläre die Wasserversorgung römischer Städte.
**D** Beschreibe das Straßenleben in Rom.
**E** Nenne Unterschiede zwischen den Häusern wohlhabender und einfacher Leute.
**F** Beschreibe die Rolle der Religion für die Römer.
**G** Recherchiere drei römische Götter und ihre jeweiligen Aufgaben.

**Mosaik:** verschieden geformte farbige Steine werden zu einem Bild oder Muster zusammengefügt

*Abb. 2 Raum mit Fußbodenfliesen und aufwendigen Wandmalereien in einer Villa aus römischer Zeit. (Villa der Mysterien in Pompeji, Italien, 1. Jh. n. Chr.)*

*Abb. 3 Altar in einer Villa zur Ehrung der Schutzgeister des Hauses. (Villa der Vettier in Pompeji, Italien, 1. Jh. n. Chr.)*

*Abb. 4 Solche Aquädukte versorgten Rom und andere Städte im Römischen Reich mit Wasser aus den umliegenden Bergen. (Pont du Gard in Südfrankreich, 1. Jh. n. Chr.)*

## Das Leben in Rom

### Sportliche Unterhaltung in Rom

**M1** Das Kolosseum in Rom ist das größte Amphitheater der Geschichte. Es ist im 1. Jh. nach Chr. erbaut worden und diente dazu, die Bewohner Roms mit vielfältigen Veranstaltungen zu unterhalten.

Der Innenraum der Arena war anfangs nicht bebaut und konnte für die Aufführung von Seeschlachten mit Aquäduktwasser geflutet werden. Später wurde der Arenaboden erhöht und der Raum darunter in Kerker für Gefangene, Käfige für wilde Tiere oder Räume für verschiedene Bühnenbilder umgebaut. Der Arenaboden verfügte über Rampen und Aufzüge. Über das Kolosseum konnte ein Sonnensegel gespannt werden, um Schatten zu spenden.

① Kaiserloge
② Senatorensitze
③ Ein- und Ausgänge
④ Stützen für das Sonnensegel

**M2** Ausschnitt aus einem Mosaik aus der römischen Villa in Nennig im Saarland (2. Jh. n. Chr.)

**1 a)** Beschreibe den Aufbau des Kolosseums.
**b)** Vergleiche das Kolosseum mit einem selbst gewählten Gebäude für Großveranstaltungen aus heutiger Zeit.
**c)** Beurteile die Fähigkeiten der römichen Architekten, Baumeister und Handwerker.

**2 a)** Recherchiere, welche verschiedenen Veranstaltungen im Kolosseum gezeigt wurden.
**b)** Bewerte diese Formen von Freizeitvergnügen für Zuschauer.

**3** Recherchiere über Gladiatoren:
- Wer wurde Gladiator?
- Wie wurden Gladiatoren ausgebildet?
- Wie oft kämpften Gladiatoren?
- Wie alt wurden Gladiatoren?
- Konnten Gladiatoren frei werden?

Film: *Das Kolosseum*

## Die Wasserversorgung Roms

**M3** *Karte über die Aquädukte, die Rom mit Wasser versorgten*

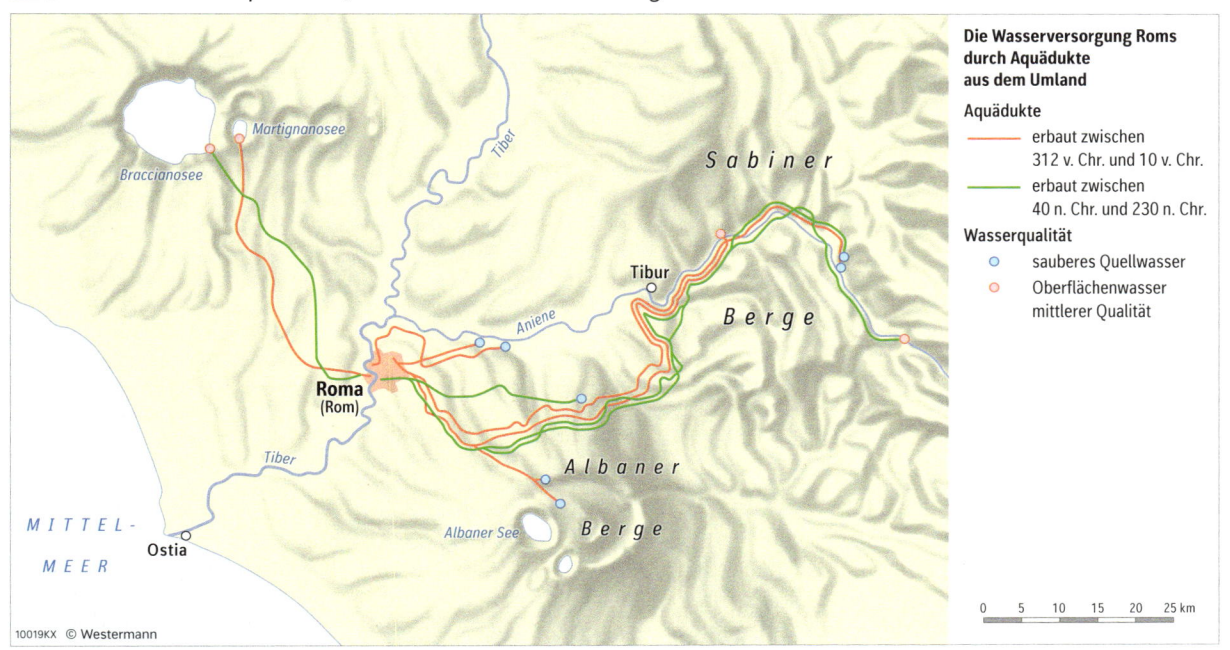

Die Wasserversorgung Roms durch Aquädukte aus dem Umland

Aquädukte
- ―― erbaut zwischen 312 v. Chr. und 10 v. Chr.
- ―― erbaut zwischen 40 n. Chr. und 230 n. Chr.

Wasserqualität
- ○ sauberes Quellwasser
- ○ Oberflächenwasser mittlerer Qualität

**M4** *Grafik zur Wassernutzung in einer römischen Stadt*

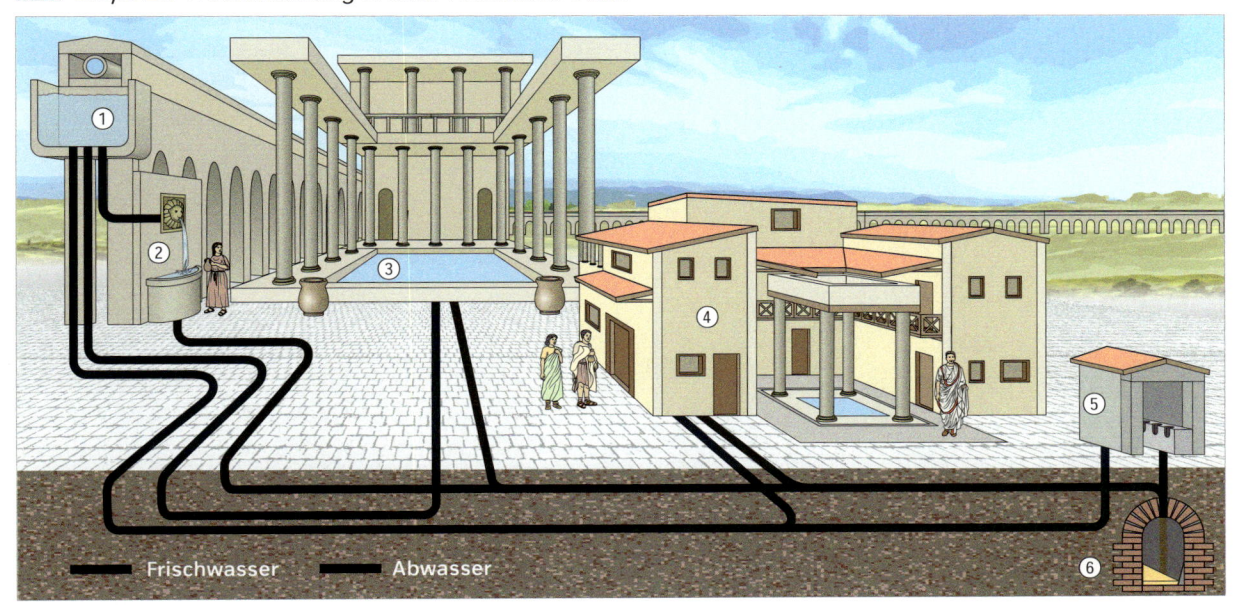

① Aquädukt mit Verteilerbecken, ② Wasserstelle, ③ Therme, ④ private Villa, ⑤ Latrine, ⑥ Abwasserkanal

**4** Arbeite aus der Karte heraus, wie Rom mit Wasser versorgt wurde. (M3)

**5** Versetze dich in einen Stadtbewohner in römischer Zeit und erläutere einem Besucher die Wasserversorgung in deiner Stadt. (M3, M4) Partnervortrag

Das Leben in Rom

**Auf den Straßen Roms**

M5 *Ein Blick in ein römisches Stadtviertel (Rekonstruktionszeichnung)*

**M6** *Der griechische Geograf Strabo (um 64 v. – 25 n. Chr.) schrieb über die Römer.*

Diese (die Römer) trafen am besten Vorsorge in Dingen, um die sich jene (die Griechen) wenig kümmerten: die Pflasterung von Straßen, die Versorgung mit Wasser durch Aquädukte und die
5 Abwasserkanäle, die in der Lage sind, die Abfälle der Stadt in den Tiber zu entsorgen.

**M7** *Der römische Dichter Juvenal (um 67 – 130 n. Chr.) schrieb über Rom.*

Hier stirbt ein mancher aus Mangel des Schlafes [...]. Wagen und Karren, die um die Ecken enger Straßen zu fahren haben, und das lärmende Geschrei über die stehenden Pferde berauben [...] des Schlafes [...].
5 Wir mögen eilen, wie wir wollen, [...] das Volk, welches in großen Haufen hinter uns kommt, drückt [...], dieser stößt uns mit dem Ellenbogen, jener bringt uns [...] einen Stoß bei, bald fühlt unser Haupt den Schlag eines Balkens, [...] aller Orten werde ich
10 von einem großen Fuße getreten, und ein Haken oder Nagel aus dem Schuh eines Soldaten bleibt mir in den Zehen stecken.
Siehe nun auf andere [...] Gefahren [...] hier des
15 Nachts [...], daher dir leicht ein Ziegel oder eine aus den Dachfenstern [...] geworfene zerbrochene Scherbe [...] das Gehirn zerschmettern kann [...]. Für einen unvorsichtigen [...] Dummkopf kann man dich mit Recht halten, so oft du, ohne dein Testament
20 gemacht zu haben, ausgehst [...]. Tue also den ärmlichen Wunsch, dass sich diese Leute begnügen möchten, dich bloß mit dem Inhalte dieser Töpfe zu begießen, anstatt dir mit den Töpfen selbst den Kopf zu zerschmettern.

**6** Wähle eine Aufgabe aus:
  **a)** Wähle aus M5 zwei Personen aus und formuliere ein mögliches Gespräch.
  **b)** Berichte aus Sicht eines Reisenden über deine Eindrücke in der Stadt Rom. (M5, M6, M7)
  **c)** Entwickle ein Streitgespräch über die Vor- und Nachteile des Stadtlebens. (M5, M6, M7)

# Wir gestalten ein Mosaik

Mosaiken sind Bilder, die aus vielen kleinen bunten Steinchen zusammengefügt sind. Diese Gestaltungstechnik war schon bei den Griechen beliebt und breitete sich später auch im Römischen Reich aus. Kunstvolle Fußbodenmosaike schmückten öffentliche Gebäude und vornehme Häuser. Es war zeitaufwendig und teuer, ein großes Mosaik herzustellen. Zum Legen eines Mosaiks wurden viele Steinchen aus Naturstein oder gebranntem Ton benötigt. Je kleiner die Steinchen gewählt wurden, desto mehr wirkte es wie ein gemaltes Bild. Du kannst selbst ein römisches Mosaik legen.

**Abb. 1** *Kämpfende Gladiatoren (Ausschnitt aus dem Mosaikfußboden einer römischen Villa in Nennig im Saarland, 2. Jh. n. Chr.)*

### Wie erstelle ich ein Mosaik?
Benötigt werden:
- Mosaiksteinchen in verschiedenen Farben (Reste aus einem Fliesengeschäft)
- der Deckel einer festen Schachtel als Unterlage
- eine Spachtelmasse
- die Vorlage einer Zeichnung
- ein Stift, Klebstoff und ein Lappen

1. Zeichne einen Entwurf für dein Mosaik auf deine Unterlage.

2. Klebe die Mosaiksteinchen auf die Zeichnung.

3. Rühre deine Spachtelmasse zu einem zähen Brei. Achte auf die Trocknungszeit.

4. Verfuge die Lücken zwischen den Mosaiksteinchen mit der Spachtelmasse.

**1** Gestalte ein Mosaik zu einem römischen Thema. Stelle dein Mosaik deiner Klasse vor.
   Galeriegang

**2** Gestaltet in eurer Schule eine Ausstellung mit euren Mosaiken.

# Wir bauen Wachstafeln

### Eine antike Schreibunterlage

Das Einritzen von Notizen, Briefen, Rechnungen oder Schreibübungen in Wachs war in der ganzen Antike verbreitet. Sowohl Griechen als auch Römer kannten Wachstafeln.

Bei Ausgrabungen und auf Abbildungen fanden Archäologinnen und Archäologen nicht nur einzelne Tafeln, sondern auch Wachstafelbücher. Zusammengeklappt ließen sich diese Tafeln versiegeln und eigneten sich für vertrauliche Nachrichten und Botschaften.

### Verwendung einer Wachstafel

Die Tafeln bestanden aus ausgehöhlten Holzplatten, in die eine Mischung aus Bienenwachs, Baumharz und Ruß eingefüllt wurde. Das Baumharz verhinderte das Schmelzen des Wachses auch bei hohen Außentemperaturen, der Ruß färbte das Bienenwachs zur besseren Lesbarkeit schwarz.

Mit dem spitzen Ende eines Stiftes, lateinisch: Stilus, schrieb man den Text in die Wachsmasse. Das abgeflachte Ende des Stilus verwischte die Schrift bei Bedarf. So konnte leicht korrigiert oder die Tafel nach Gebrauch wiederverwendet werden. Das Material für den Stilus konnte Knochen, Elfenbein oder Metall sein.

### Wie erstelle ich eine Wachstafel?

Das benötigt ihr:
- Sperrholzplatte in DIN-A5- oder DIN-A6-Format
- schmale Holzleisten
- Holzleim
- Schleifpapier
- Wachsplatten (aus dem Bastelgeschäft)
- Nagel oder Wachsstift

1. Stelle eine Wachstafel her.
2. Gestalte aus der Wachstafel ein Türschild für deine Zimmertür.
3. Stellt euch eure Wachstafeln gegenseitig vor.
   Galeriegang

1. Brettchen aus dem Sperrholz in der entsprechenden Größe zusägen.
2. Holzleisten auf die Längen zuschneiden und so auf das Brettchen kleben, dass ein Rahmen entsteht.
3. Gut trocknen lassen, bevor die Ränder des Brettchens mit einem Schleifpapier glatt geschmirgelt werden können.
4. Mit einem leicht angefeuchteten Tuch allen Schleifstaub gründlich abwischen.

5. Jetzt die Wachsplatten einpassen: Überstehenden Rand sauber abschneiden und die Lücken damit auffüllen.

6. Die Tafeln können auch beschrieben werden. Entweder man ritzt die Schrift mit einem großen Nagel ein oder man trägt sie mit einem flüssigen Wachsstift aus dem Bastelgeschäft auf. Sie eignen sich auch als Türschilder.

*Tipp:* Die Übergänge zwischen einzelnen Wachsstücken können mit dem Finger leicht verwischt werden.

Das Imperium Romanum

**Abb. 1** *Eine germanische Siedlung (Rekonstruktionszeichnung)*

# Die Germanen

### Über die Germanen

Das Siedlungsgebiet der **Germanen** erstreckte sich über große Teile Nord- und Mitteleuropas. Die Römer nannten diese Region Germanien.

Die Germanen selbst sahen sich nicht als eine Einheit an. Es gab eine Vielzahl unterschiedlicher Stämme mit unterschiedlichen Bräuchen. Allerdings hatten die Germanen sehr ähnliche Vorstellungen von Religion, Krieg und Ehre. Darüber hinaus sprachen sie die gleiche Sprache. Aus diesem Germanisch bildeten sich beispielsweise die heutigen Sprachen Deutsch, Englisch, Schwedisch oder Niederländisch heraus.

Die Germanen haben keine schriftlichen Aufzeichnungen hinterlassen. Um etwas über das Leben der Germanen aussagen zu können, ist die Forschung auf Ausgrabungsfunde der Archäologie und auf die Geschichtsschreibung der Römer und Griechen angewiesen.

### Die Gesellschaftsordnung

Eine germanische Stammesgemeinschaft bestand aus einer kleinen adligen Oberschicht, aus der die Stammesführer und später die Fürsten und Könige hervorgingen. Darunter teilte sich die Gemeinschaft in verschiedene Untergruppen:

- Freie: das waren alle Männer, die Waffen tragen durften,
- Halbfreie: das waren meist Freigelassene, die als Knechte oder Mägde auf einem Hof arbeiteten,
- Unfreie: das waren Menschen, die z. B. bei Kriegszügen gefangen genommen worden waren.

Die kleinste Einheit in der germanischen Gesellschaft war die Hausgemeinschaft. Oberhaupt einer Hausgemeinschaft war ein freier Mann. Ihm waren seine Frau, die Kinder sowie Knechte, Mägde und Unfreie untergeordnet.

### Das germanische Thing

Den germanischen Stämmen war gemeinsam, dass wichtige politische Entscheidungen im **Thing** getroffen wurden. An dieser Versammlung durften alle freien Männer teilnehmen. Sie fand immer unter freiem Himmel statt, häufig auf einer Anhöhe oder unter einem augenfälligen Baum. Entscheidungen über Krieg und Frieden, aber auch Gerichtsverhandlungen waren Gegenstand eines Things.

Die Germanen | Digital+
WES-117845-173

## Die Lebensweise

Die Germanen lebten als Ackerbauern und Viehzüchter in Großfamilien. Sie wohnten auf Einzelgehöften oder in kleinen Siedlungen. Ihr Hauptnahrungsmittel war Getreide. Fleisch und Gemüse gab es nur wenig. Kleidung, Werkzeuge, Haushaltsgegenstände, Waffen oder Schmuck wurden selbst hergestellt. Nur was die Menschen nicht selbst fertigen konnten, erwarben sie im Tauschhandel oder erbeuteten sie auf Kriegszügen. Die Germanen lebten in Langhäusern, die meist mit Stroh gedeckt waren, ihre Dächer reichten beinahe bis zum Boden. Gestützt wurden sie mit Holzbalken im Innern. Ihre Wände bestanden aus Flechtwerk, das mit Lehm abgedichtetet wurde. Meist wohnten Mensch und Vieh unter einem Dach. Oft trennte nur eine Wand aus Geflecht den Stall vom Wohn- und Schlafbereich. Hier kochte, arbeitete und schlief die Familie. Eher selten kamen drei oder mehr Generationen unter einem Dach zusammen, denn nur wenige Menschen erreichten ein hohes Alter.

## Der Glaube

Die Germanen verehrten verschiedene Götter, bauten ihnen jedoch keine Tempel, sondern verehrten sie unter freiem Himmel. Dafür wählten sie Seen, Moore, Bäume, Steinkreise oder Quellen aus.

Um ihre Götter freundlich zu stimmen, dankten sie ihnen mit Opfergaben. Die Germanen opferten zum Beispiel für eine gute Ernte und für die Vermehrung des Viehbestandes.

**A** Die Germanen haben keine schriftlichen und bildlichen Quellen überliefert. Erkläre, welche Herausforderungen sich daraus für die Forschung ergeben.

**B** Erkläre die Gesellschaftsordnung der Germanen.

**C** Beschreibe die Lebensweise der Germanen.

**D** Vergleiche die Ehrung der Götter bei den Germanen und den Römern.

**Abb. 2** *Eine germanische Hausgemeinschaft in ihrem Langhaus (Rekonstruktionszeichnung)*

## Das Imperium Romanum

*Welchen Zweck erfüllte der Limes?*

**Abb. 1** *Ein Grenzübergang am Limes, der das römische und das nichtrömische Germanien voneinander trennte. (Modell im Limesmuseum in Aalen)*

# Der Limes

### Eine unsichere Grenze
Zu Beginn des 1. Jh. n. Chr. endeten nach einer Niederlage Roms die römischen Eroberungen in Germanien. Die römischen Legionen zogen sich 16 n. Chr. auf die linke Rheinseite zurück. Damit war aber die Gefahr an der nördlichen Grenze des Reiches nicht gebannt. Um auf Überfälle der Germanen auf römisches Gebiet reagieren zu können, wurden Truppen entlang der Grenze stationiert.

### Die Grenze wird befestigt
Ab Mitte des 1. Jh. n. Chr. bauten die Römer an der Grenze zum nichtrömischen Germanien Grenzanlagen, den sogenannten **Limes**. Hierbei handelte es sich zum einen um Holzpalisaden oder Mauern mit Wachtürmen, die dort gebaut wurden, wo eine natürliche Grenze wie z. B. ein Fluss fehlte. Zum anderen gehörten zum Limes auch ca. 150 befestigte Truppenlager. Die sogenannten **Kastelle**. Sie waren alle sehr ähnlich gebaut und dienten der dauerhaften Unterbringung von Soldaten.

Der Limes markierte für alle sichtbar die Grenzlinie. Die Limestürme dienten der Überwachung der Grenze. Sie standen in Sicht- und Hörweite zueinander sowie zu den Kastellen. Durch Leucht- oder Hornsignale konnte schnell die Nachricht von einem Angriff übermittelt werden. Dadurch sollten frühzeitig Maßnahmen zur Verteidigung ergriffen werden können.

### Der Limes als Begegnungsstätte
Wer von der Grenze kam oder zur Grenze wollte, musste die Grenzübergänge nutzen. In den nahe gelegenen Kastellen wurden Händler und ihre Waren kontrolliert. So entstanden bei den Kastellen bald Handelsplätze, an denen Römer und Germanen ihre Waren tauschten. Damit wurde der Limes ein wichtiger Begegnungsraum.

**A** Beschreibe den Limes. Nutze dazu auch die Abbildung 1.

**B** Erkläre, wie die Römer die Grenze sicherten.

Film: *Am Limes*

## Die Sicherung der Grenzen

**M1** *Ein Kastell am Limes*

① *Hauptquartier*
② *Unterkunft des Befehlshabers*
③ *Schlafsäle der Soldaten*
④ *Vorratsspeicher*
⑤ *Haupttor*
⑥ *Wirtschaftsbereich mit Nutzbauten*
⑦ *Ställe*
⑧ *Limes mit bewachtem Grenzübergang*
⑨ *Therme*
⑩ *Herberge*
⑪ *Siedlung von Handwerkerfamilien sowie den Familien von Soldaten*

**1** Wähle eine Aufgabe aus:
 **I a)** Beschreibe den Aufbau des Kastells in M1.
 **II b)** Führe einen neu angekommenen Legionär durch das Kastell.
**2** Erläutere, warum der Limes sowohl ein Ort der Verteidigung als auch der Begegnung war.

Das Imperium Romanum

*Wie veränderte Roms Herrschaft das Leben in den Provinzen?*

**Abb. 1** *Das um 12 v. Chr. gegründete Legionslager „Castra Bonnensia" entwickelte sich zu einer Stadt und ist Ursprung des heutigen Bonn. (Rekonstruktionszeichnung)*

# Römisches Leben in der Provinz

### Neue Städte mit Rom als Vorbild

In der Nähe der römischen Legionslager siedelten sich viele Menschen an; sowohl ehemalige Legionäre mit ihren Familien als auch Einheimische. Nach dem Vorbild Roms wurden viele Siedlungen planmäßig zu Städten ausgebaut. Sie waren mit einem Forum und Gebäuden wie Tempeln, Theatern und Thermen ausgestattet. Die Städte besaßen ebenso wie Rom fließendes Wasser und ein Abwassersystem.

Vor allem in den neu entstandenen Städten kamen Einheimische in Kontakt mit den Römern und deren Kultur. Neben den Annehmlichkeiten des täglichen Lebens machte vor allem Frieden und wachsender Wohlstand es vielen unterworfenen Völkern leichter, die römische Kultur, Sprache und Lebensweise zu übernehmen.

Infolge dieser Entwicklung wandelten sich die unterworfenen Gesellschaften und akzeptierten größtenteils die römische Herrschaft. Diese Entwicklung wird **Romanisierung** genannt. Sie war eine wichtige Voraussetzung dafür, dass Rom sein großes Reich langfristig beherrschen konnte.

### Römisch mit vielen Besonderheiten

Insbesondere im Westen des Reiches kam es zur Angleichung mit Rom. Hierbei war die Möglichkeit, das römische Bürgerrecht zu erlangen, sehr begehrt. Diente man z. B. bei den Hilfstruppen, wurde man nach Ende der Dienstzeit römischer Bürger. Dadurch war ein gesellschaftlicher Aufstieg möglich.

Die örtliche Oberschicht genoss die römische Lebensweise und behielt weiterhin Einfluss. Aber auch die niederen Schichten konnten durch eine wachsende Wirtschaft der Städte ihre Vorteile aus der römischen Herrschaft ziehen. Zudem ließen die Römer den Menschen ihre Religionen oder auch örtliche Mitwirkungsmöglichkeiten, wenn sie die römische Herrschaft nicht bedrohten. Dies ermöglichte es großen Teilen der Provinzbevölkerung, sich mit Rom verbunden zu fühlen.

**A** Beschreibe Veränderungen, die die römische Herrschaft in den Provinzen zur Folge hatte.
**B** Erkläre den Begriff „Romanisierung".

Film: *Das Leben in den Provinzen*

## Colonia Agrippina: das antike Köln als Spiegelbild Roms

**M1** *Eine rekonstruierte Ansicht Kölns um das Jahr 100 n. Chr.*

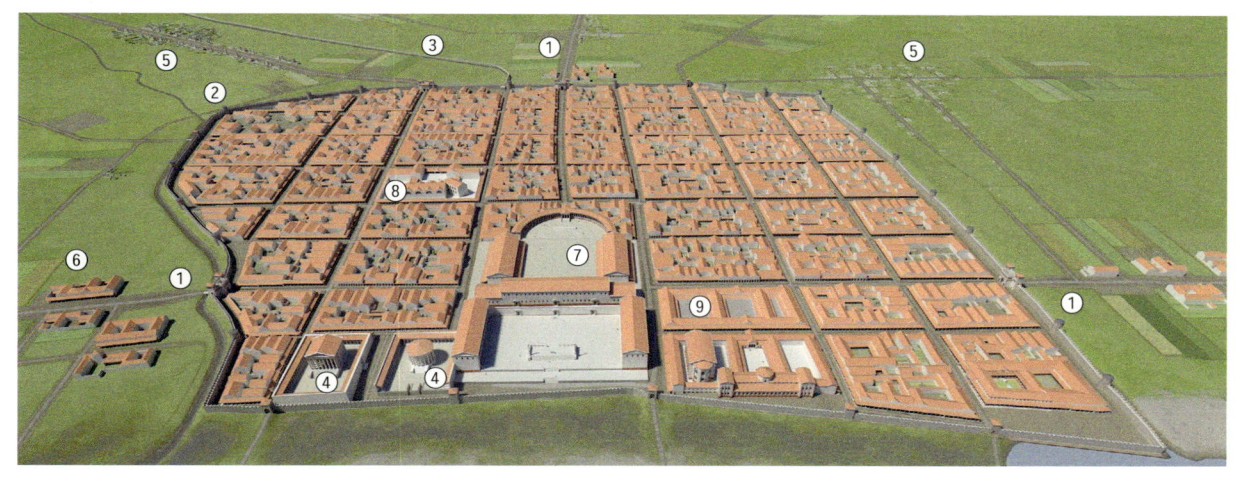

① Verbindungsstraßen
② Stadtmauer
③ Aquädukt
④ Tempel
⑤ Friedhof
⑥ Vorstadtvilla
⑦ Forum: Fest- und Marktplatz
⑧ Therme
⑨ Palast des Statthalters, also des höchsten Vertreters Roms

1. Beschreibe die antike Stadt Köln.
2. Vergleiche Köln mit Rom und benenne Gemeinsamkeiten. Nutze M1 auf Seite 161.

## Die Germanen lernen von den Römern

**M2** *Für Dinge, für die die Germanen keine Wörter kannten, übernahmen sie die Wörter der Römer aus dem Lateinischen und passten diese an ihre Sprache an. Viele Begriffe sind bis heute geblieben.*

murus – fenestra – porta – vinum – persicus – radix – nux – citreum – rosa – carrus – plastrum – cista – strata – moneta – oleum – caseus – saccus

3. Nenne zu den lateinischen Wörtern aus M2 die entsprechenden deutschen Begriffe. Bushaltestelle

Das Imperium Romanum

**Abb. 1** *Die Teilung des Römischen Reichs im Jahr 395 n. Chr.*

# Der Niedergang des Imperiums

### Die Krise des Reiches im Inneren

Im 3. Jh. n. Chr. geriet das Römische Reich in eine schwere Krise. Viele Feldherren lehnten sich gegen den jeweils herrschenden Kaiser auf und griffen selbst nach der Macht. Deshalb kam es häufig zu Bürgerkriegen. Auch Gewalt als politisches Mittel und sogar Attentate auf einen Kaiser waren üblich. Innerhalb eines Jahres gab es mitunter mehrere Kaiser. Dadurch war das Reich im Inneren enorm geschwächt.

Kaiser Konstantin verlegte 330 n. Chr. den Sitz des Kaisers in die griechische Stadt Byzanz, die in Konstantinopel umbenannt wurde. Ab 395 n. Chr. wurde zudem das römische Herrschaftsgebiet geteilt. Es gab nun sowohl in Rom als auch in Konstantinopel einen Kaiser. Der eine regierte über **das Weströmische Reich** und der andere über **das Oströmische Reich**.

### Die Bedrohungen von außen

Schon im 3. Jh. n. Chr. zeigte sich, dass die bestehende Verwaltung für das riesige Reich nicht mehr ausreichend war. Reformen wurden versucht, halfen aber nicht langfristig. Zudem hatte Rom Schwierigkeiten, die Grenzen zu sichern. Durch die Teilung des Reiches verlor das Weströmische Reich Steuern aus den reichen östlichen Provinzen. Dies führte unter anderem zu Problemen, die Legionen zu finanzieren. Vielfach wurden germanische Kampfverbände angeworben und angesiedelt. Sie sollten die Grenzen sichern, aber auch innere Bürgerkriege verhindern. Trotz dessen führte die Schwäche des Weströmischen Reiches dazu, dass es im 4. Jh. verstärkt von germanischen Kriegerverbänden angegriffen und in Teilen besetzt wurde. Die ungesicherten Grenzen ermöglichten dann auch weiteren germanischen Gruppen ins Gebiet des Weströmischen Reiches einzuwandern. Sie flohen oft vor Krieg oder Hungersnöten in ihren Heimatregionen. Das Weströmische Reich fand im Jahr 476 mit der Absetzung des letzten Kaisers in Rom durch einen germanischen Anführer sein Ende. Die bereits im Reich siedelnden bzw. neu eingedrungenen Germanen bildeten neue Reiche. Im Osten existierte das Römische Reich noch knapp 1000 Jahre weiter und wurde später Byzantinisches Reich genannt.

**A** Beschreibe die inneren Probleme des Römischen Reiches.

**B** Erkläre, wie die inneren Probleme zu einer Gefährdung von außen führten.

## Der Zerfall des Römischen Reiches

**M1** *Aus einem Briefwechsel im Jahr 409 n. Chr. über germanische Eroberungen in Gallien (gekürzt und sprachlich vereinfacht)*

Alles Land zwischen Alpen und Pyrenäen, zwischen dem Ozean und dem Rhein haben die Feinde verwüstet. Mainz, die hochberühmte Stadt, ist erobert und zerstört. Worms ist durch Belagerung
5 vernichtet. Die mächtigen Städte Reims, Amiens und Arreas sowie Tournai, Speyer und Straßburg sind Teile Germaniens geworden. Auch das Land ist verwüstet. Vor den Toren der Städte wütet das Schwert, drinnen der Hunger.

**M2** *Über die Plünderung Roms in einer Chronik zum Jahr 455 n. Chr. des zeitgenössischen Geschichtsschreibers Prosper Tiro von Aquitanien*

Die [...] Hauptstadt (Rom) besetzte Geiserich (Anführer der Vandalen). Vor den Toren trat ihm der heilige Bischof Leo entgegen. Dessen Flehen milderte seinen Sinn [...] so weit, dass er [...] von Brand-
5 schatzung, Mord und Folterungen Abstand nahm. So ward 14 Tage hindurch Rom [...] ungehindert durchstöbert und aller seiner Schätze entleert, und viele Tausend Gefangene jedes Alters [...] wurden nach dem Belieben des Siegers [...] hinweggeführt.

**M3** *Germanische Nachfolgereiche auf dem Gebiet des ehemaligen Weströmischen Reiches*

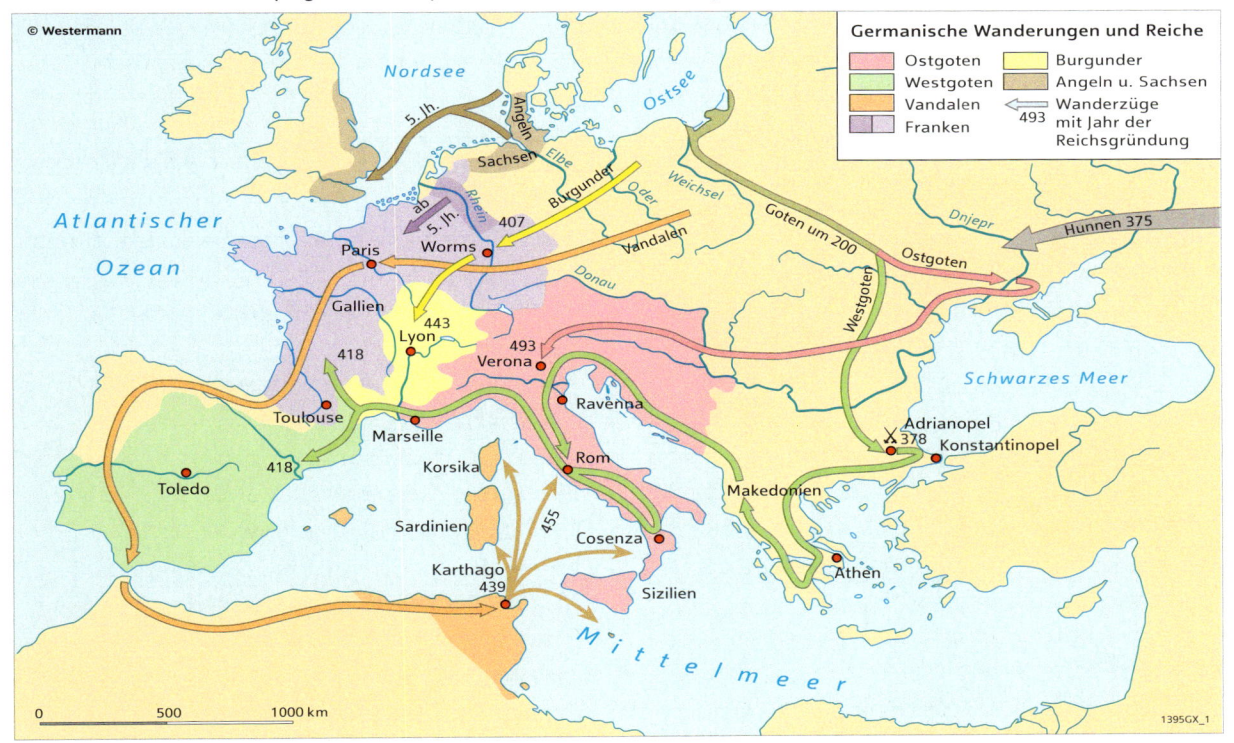

**Vandalen:** germanischer Volksstamm
**Bischof:** hohes Amt in der christlichen Kirche

1 Fasse mithilfe von M1 und M2 zusammen, was römische Zeitzeugen über germanische Angriffe berichteten.
2 Wähle eine Aufgabe aus:
   **I** a) Nenne die germanischen Reiche, die auf dem Gebiet des Weströmischen Reiches entstanden sind.
   **II** b) Beschreibe die Migrationsbewegungen der verschiedenen germanischen Stämme.
3 Erläutere, inwiefern die enorme Ausdehnung des Römischen Reiches ein Grund für seinen Zerfall war.

Das Imperium Romanum

*Wo können wir heute noch Zeugnisse der Romanisierung finden?*

**Abb. 1** *Überreste des Hadrianswalls in England markierten lange die nördlichste Grenze des römischen Imperiums.*

# Spuren Roms im heutigen Europa

### Romanisierung

Auch heute noch gibt es in vielen Ländern Zeugnisse der römischen Herrschaft. Viele Errungenschaften der Römer wurden von anderen Völkern übernommen. Diese Romanisierung zeigt sich z. B. in der Sprache, der Kultur, im Recht oder der Baukunst.

Fünf Sprachen haben sich direkt aus dem Lateinischen entwickelt, die romanischen Sprachen Französisch, Portugiesisch, Spanisch, Italienisch und Rumänisch. Über die Hälfte aller Menschen, die schreiben können, verwenden das lateinische Alphabet.

### Das römische Recht

Die Grundlage unserer Gesetze geht auf das römische Recht zurück. Bereits seit dem 5. Jh. v. Chr. wurden die Rechte der römischen Bürger schriftlich festgehalten. Manche der Grundsätze der römischen Rechtsprechung sind auch für uns heute selbstverständlich:

- Niemand darf ohne Anhörung durch ein Gericht verurteilt werden. Jeder hat das Recht, sich selbst zu verteidigen.
- Im Zweifel muss der Richter für den Angeklagten entscheiden, im Lateinischen heißt dies „in dubio pro reo".
- Wenn man vor ein Gericht geladen wird, dann muss man erscheinen.
- Ein durch Folter oder Zwang erpresstes Geständnis ist ungültig.

### Die römische Baukunst

Die Architektur des Römischen Reichs prägte die Baukunst in Europa über mehrere Jahrhunderte hinweg. Die Römer erfanden den Mörtel und ein betonähnliches Material. Erst dadurch war es möglich, Gebäude wie Aquädukte oder das Kolosseum zu bauen. Diese Gebäude waren so stabil, dass wir ihre Reste auch heute noch bewundern können. Zahllose Überreste im heutigen Europa erinnern uns an die Zeit des Römischen Reiches.

**A** Erkläre den Begriff Romanisierung anhand konkreter Beispiele.

**B** Fasse zusammen, was uns die Römer hinterlassen haben.

## Überreste römischer Bauten

**M1** *Aquädukt von Segovia*

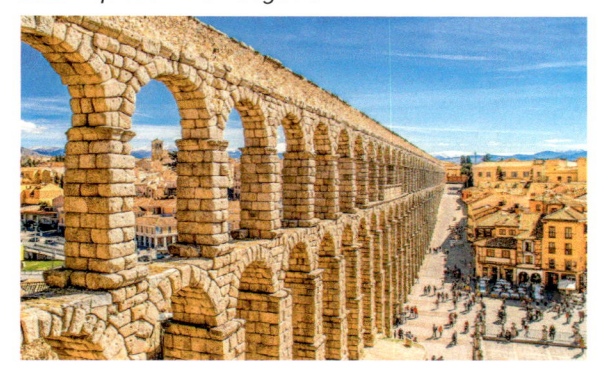

**M2** *Triumphbogen in Orange*

**M3** *Militärlager am Hadrianswall bei Housesteads*

**M4** *Die Arena von Verona*

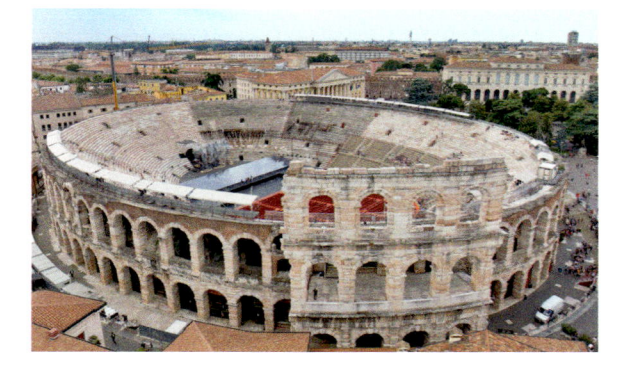

**M5** *Die Porta Nigra*

**M6** *Fußbodenmosaik von Volubilis*

**1** Teilt euch in fünf Gruppen auf und recherchiert zu M1 bis M5. Stellt wichtige Informationen zusammen und präsentiert sie euren Mitschülerinnen und Mitschülern. Galeriegang

# Das Imperium Romanum

## Vom Dorf zum Weltreich

Die Geschichte Roms begann vor dreitausend Jahren mit einer Bauernsiedlung am Fluss Tiber. Schnell entwickelte sich Rom zu einer Stadt, die ihren Einflussbereich durch Kriege und Bündnisse ständig vergrößerte. Tausend Jahre später war Rom die Hauptstadt eines Weltreiches. Durch kampferprobte Legionen, ein gut ausgebautes Straßennetz und eine wirksame Verwaltung konnte das Imperium zusammengehalten werden.

**Abb. 1** *Vom Dorf zum Weltreich*

## Wie wurde Rom regiert?

Von einer Königsherrschaft wandelte sich Rom zur Republik. Anfangs übten die alten Familien der Patrizier den größten Einfluss aus. Mit der Zeit erreichten auch die zunächst rechtlosen Plebejer eine Gleichstellung. Machtkämpfe führten zu Unruhen und Bürgerkriegen. Aus diesen Auseinandersetzungen ging Gaius Octavius als Sieger hervor. Er bekam den Titel Augustus verliehen und begründete eine neue Herrschaftsform: Die Republik wurde durch das Kaiserreich abgelöst.

**Abb. 2** *Republik in der Krise*

## Wie lebten die Menschen in Rom?

In Rom besaßen Männer die Macht. Frauen hatten keinen Einfluss. An der Spitze der Familie stand der Pater familias. Er bestimmte über alles, was die Familie betraf. Zusätzlich waren Sklaven ein wichtiger Bestandteil der Bevölkerung. Durch ihre billige Arbeitskraft wuchs der Wohlstand.

Rom selbst war eine hochentwickelte Stadt, wurde durch Leitungen ständig mit Wasser versorgt, bot seinen Bewohnern die Möglichkeit zur Erholung in Thermalbädern oder das Abschalten vom Alltag im Kolosseum.

## Wie wurde die Herrschaft gesichert?

In vielen Provinzen wussten die Bewohnerinnen und Bewohner die Errungenschaften der Römer im täglichen Leben zu schätzen. Eine Wasserversorgung, Unterhaltung und vorher unbekannte Handelswaren führten dazu, dass viele Menschen in den Provinzen die Lebensweise der Römer übernahmen, was als Romanisierung bezeichnet wird.

Der Straßenbau erschloss die neu eroberten Gebiete und verband die entferntesten Gegenden mit der Hauptstadt.

## Wie endete Roms Weltherrschaft?

Viele Herrscherwechsel ab dem 3. Jh. n. Chr. und eine zunehmend überforderte Verwaltung schwächten das Reich. Auch die Aufteilung in Ost- und Weströmisches Reich brachte nicht die erwünschte Sicherung des Imperiums. Das stetige Eindringen germanischer Gruppen vor allem im Westen sorgte dann auch für dessen Ende dort, während das Oströmische Reich noch weitere 1000 Jahre überdauerte.

---

**Wichtige Begriffe**
Aquädukt, Germanen, Imperium, Kaiser, Klienten, Legion, Legionär, Limes, Pater familias, Patrizier, Plebejer, Provinz, Republik, Romanisierung, Senat, Sklaven, Straßenbau

## Römische Geschichte

**M1** *Rätsel zum Imperium Romanum*

1. _ _ _ _ _ _ = Oberhaupt der Familie
2. _ _ _ _ _ _ _ = höchster Beamter
3. _ _ _ _ _ _ _ _ _ = vom Senat verliehener Titel an Octavian
4. _ _ _ _ _ _ _ _ _ = Herrschaftsform, in der alle Bürger Roms beteiligt waren
5. _ _ _ _ _ _ _ _ _ _ = römische Adlige
6. _ _ _ _ _ _ _ _ _ _ = römische Wasserleitung
7. _ _ _ _ _ _ = Zentrum Roms
8. _ _ _ _ _ _ _ _ _ = lateinische Bezeichnung für Weltreich
9. _ _ _ _ _ _ = Grenze

**1** Schreibe die gesuchten Begriffe untereinander wie vorgegeben in dein Heft.

## Römisches Alltagsleben

**M2** *Römisches Relief aus dem 1. Jh. n. Chr.*

**M3** *Buchstabensalat*

```
D F N K O L O S S E U M G H T H E R M E J K U T E M P E L C V F
S K L A V E B H W U E R F E L S P I E L B G C T H E A T E R B H O
R H B F Z M G O E T T E R V B G H J J T R I U M P H Z U G C B M
C D F B A Q U A E D U K T B J K J K W A G E N R E N N E N K O L
```

**2 a)** Nenne den Ort der Alltagssituation auf dem Relief M2.
**b)** Beschreibe die Szene.

**3** Finde in dem Buchstabensalat M3 mindestens drei Wörter aus dem Alltagsleben der Römer.

## Römisches Militär

**M4** *Römische Kampftaktik (heutiges Foto)*

**4 a)** Beschreibe die römische Kampftaktik M4.
**b)** Erläutere, warum das römische Militär so erfolgreich war.

## Wahr oder falsch?

**M5** *Was stimmt hier nicht?*

1. In den Anfängen Roms wurde die Stadt von griechischen Königen regiert.
2. Die Gründungssage Roms hat als zentralen Bestandteil einen Brudermord.
3. Nachdem Rom Italien erobert hatte, stieß es mit der westlichen Mittelmeermacht Gallien zusammen, die es in vier langen Kriegen besiegte.
4. Eroberte Gebiete wurden zu Provinzen, die von einem Beamten verwaltet wurden.
5. Die Stütze des Imperiums waren die gut ausgerüsteten Legionen.
6. An der Spitze der römischen Gesellschaft standen die Plebejer.
7. Nur die Plebejer konnten Regierungsämter übernehmen.
8. Bevor Rom ein Kaiserreich wurde, war es eine Republik.
9. Alle Jungen und Mädchen erhielten eine umfassende schulische Ausbildung.
10. Besonders bedeutende Verbündete Roms waren die Germanen im Süden des Imperiums.
11. Durch den Straßenbau konnten die Römer neu eroberte Gebiete sichern und an sich binden.

**5** Finde heraus, welche Aussagen falsch und welche richtig sind.

Lösungen: *Lerncheck*

# Lebenswelten im Mittelalter

# Kapitel 6

- Wie lebten die Menschen im Mittelalter?
- Wie herrschten die Könige in ihrem Reich?
- Wie veränderte sich die Arbeit der Bauern auf dem Land?
- Welche Rolle spielte die Kirche im Mittelalter?

## Lebenswelten im Mittelalter

*Wie ist die Gesellschaft im Mittelalter aufgebaut?*

**Abb. 1** *Im Mittelalter hatten die Menschen eine unterschiedliche Stellung in der Gesellschaft. (Buchmalerei, 1300)*

# Die Ständeordnung

### Einteilung in drei Stände

Im Mittelalter lebten die Menschen in einer festgefügten Ordnung, die als von Gott gewollt galt. So waren sie in drei Stände eingeteilt. Als Stände wurden verschiedene Gruppen in der Gesellschaft bezeichnet, die sich durch Herkunft, Rechte und Bildung voneinander unterschieden.

Im ersten Stand waren die Vertreter der Kirche, der sogenannte **Klerus**. Der **Adel** bildete den zweiten Stand in der mittelalterlichen Gesellschaft. Im dritten Stand war die einfache Bevölkerung wie **Bauern**, Handwerker und Händler. Der König stand an der Spitze der Gesellschaft und war nicht Teil der Ständeordnung.

### Der Klerus und der Adel

Der Klerus war der erste Stand. In diesem befanden sich Angehörige der Kirche, also Geistliche wie z. B. Pfarrer oder Mönche. Dieser Stand grenzte sich durch bestimmte Vorrechte von anderen Menschen ab. Der Klerus musste keine Steuern zahlen oder Abgaben, z. B. einen Teil der landwirtschaftlichen Erträge, leisten. Zu seinen Aufgaben gehörte das Gebet, auch durften Geistliche nicht heiraten oder Kinder haben.

In den zweiten Stand, den Adel, wurden die Menschen hineingeboren. Zum Adel gehörten z. B. Herzöge, Ritter und Grafen. Viele Adlige besaßen Geld und politische Macht. Ihre Aufgabe war es, das Land und die Bevölkerung zu schützen.

### Der dritte Stand

Im Mittelalter waren über 90 % der Bevölkerung Bauern. Sie bildeten die Basis der Gesellschaft und versorgten die Menschen mit ihren Waren, die sie selbst anbauten und erwirtschafteten. Obwohl der Anteil der Bauern im Mittelalter so groß war, waren sie dennoch der schwächste Teil der Gesellschaft. Auch Handwerker und Händler befanden sich im dritten Stand.

Die Lebensbedingungen der Menschen im dritten Stand waren unterschiedlich, doch viele mussten Abgaben, Dienste oder Steuern leisten. Dies stellte eine zusätzliche Belastung dar. Ein Aufstieg in einen höheren Stand war nicht möglich.

**A** Beschreibe die Aufgaben und Rechte der mittelalterlichen Stände.
**B** Erkläre die Stellung des Königs in der mittelalterlichen Gesellschaft.

## Die mittelalterliche Ständegesellschaft

**M1** *Der Bischof von Laon schrieb 1016 über die Ständeordnung.*

Das Haus Gottes ist dreigeteilt: Die einen beten, die anderen kämpfen, die dritten endlich arbeiten. Diese drei [...] können nicht getrennt werden. Die Dienste des einen sind die Bedingung für die Werke
5 der beiden anderen. Jeder trachtet danach, das Ganze zu unterstützen.

1. Erläutere die Ansicht des Bischofs zur Notwendigkeit der Ständeordnung (M1).
2. Wähle eine Aufgabe aus:
   - **a)** Benenne die Personengruppen in M2.
   - **b)** Erkläre die Aufgaben der dargestellten Personengruppen in M2.
   - **c)** Vermute, warum die Gruppen in M2 in verschiedenen Abständen zu Christus dargestellt wurden.

Film: *Mittelalterliche Ständegesellschaft*

**M2** *Mittelalterlicher Holzstich, 1492*

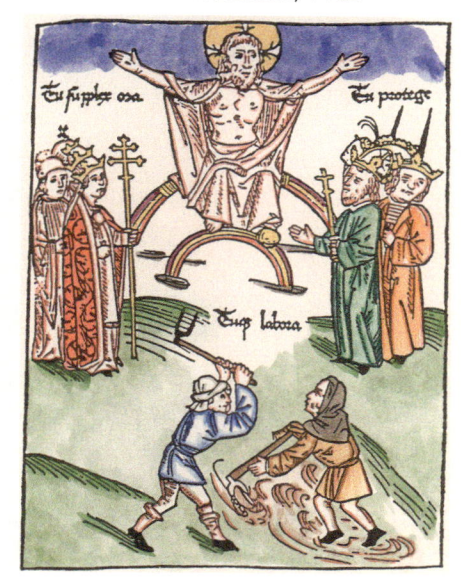

*Christus teilt den Menschen Aufgaben zu: „Du bete untertänig" (links oben); „Du beschütze" (rechts oben); „Du arbeite" (Mitte)*

## Die Aufteilung der mittelalterlichen Stände

**M3** *Schaubild zur Ständegesellschaft*

**1. Stand: Klerus**
(z. B. Bischöfe, Priester, Nonnen, Mönche)

**2. Stand: Adlige**
(z. B. Herzöge, Grafen, Barone, Ritter)

**3. Stand:**
(z. B. Bauern, Handwerker, Händler)

3. Nenne die Personengruppen, die zu den verschiedenen Ständen gehörten.
4. Vermute, was passiert wäre, wenn der dritte Stand weggefallen wäre. Placemat

Lebenswelten im Mittelalter

*Wer unterstützte den König bei seiner Herrschaft?*

**Abb. 1** *König und Untergebene (mittelalterliche Buchmalerei)*

# Das Lehnswesen

### Land und Amt als Leihgabe

Der König regierte im Mittelalter sein Land nicht allein. Teile seines Landes wurden von Vertretern des Klerus und des Adels in seinem Sinne regiert. Das bedeutet, dass sie den König bei seiner Herrschaft unterstützten. Deshalb übertrug ihnen der König einen Teil seines Landes und das Amt als Landesherr. Ab diesem Zeitpunkt waren sie Vasallen des Königs, also Gefolgsmänner. Im Gegenzug für diese Leihgabe von Land und Amt verlangte der König von ihnen Treue und bestimmte Dienste. So mussten die Vasallen in Kriegszeiten dem König als Heerführer zur Verfügung stehen. In Friedenszeiten standen sie dem König als Ratgeber zur Seite.

Im Gegenzug war auch der König seinen Vasallen zur Treue verpflichtet. Gab es einen Konflikt, musste der König sie unterstützen.

Land und Amt wurden vom König lediglich verliehen. Dies bezeichnet man als Lehnswesen. Diese Leihgabe konnte vom König, dem Lehnsherrn, auch wieder zurückgenommen werden, z. B. wenn ein Vasall, auch Lehnsmann genannt, die Dienste verweigerte oder nicht treu ergeben war. Bei der Belehnung des Vasallen schworen sich beide gegenseitige Treue.

### Lehnsherrschaft

Der König stand an der Spitze der Lehnsherrschaft, die wie eine Pyramide aufgebaut war.

Die Vasallen, die dem König direkt unterstanden, nannte man Kronvasallen. Sie erhielten ihr Lehen direkt vom König. Kronvasallen konnten z. B. Grafen, Herzöge oder Bischöfe sein. Diese konnten ihr Lehen weiter aufteilen und an Untervasallen verleihen. Hierzu zählten beispielsweise Ritter oder Äbte, also die Vorsteher von Klöstern.

Auch bei diesen Lehnsverhältnissen versprachen sich beide Seiten Schutz und gegenseitige Treue. Das Lehnswesen war von großer Bedeutung, um das Reich zu regieren.

**A** Nenne Personen, die den König bei der Herrschaft seines Reiches unterstützten.
**B** Erläutere den Begriff Lehnswesen.
**C** Erkläre, welche Dinge die Vasallen vom König erhielten und wozu sie sich im Gegenzug verpflichteten.
**D** Benenne im Bild König, Vasall und Untervasall.

Film: *Aufbau der Lehnsherrschaft*

Das Lehnswesen | Digital+
WES-117845-191

## Wie war die Lehnsherrschaft aufgebaut?

**M1** *Aufbau der Lehnsherrschaft*

Labels im Schaubild:
- Lehen, Treue, Schutz; Ämter
- Treue, Heeresdienst, Verwaltungsdienste
- Lehen, Treue, Schutz
- Treue, (Kriegs-)Dienste

**König** – oberster Lehnsherr, verleiht Land und Ämter

**Kronvasallen** (Herzöge, Grafen, Bischöfe) verleihen Land und Ämter an Untervasallen

**Untervasallen** (Ritter, Äbte)

1 Beschreibe das Prinzip des Lehnswesens mithilfe des Schaubildes.
2 Arbeite den Unterschied zwischen Kronvasallen und Untervasallen heraus.
3 Diskutiert, welche Vorteile das Prinzip des Lehnswesens für den König und die Vasallen hatte.
  Fishbowl

### Ein Lehen wird vergeben

**M2** *Die Lehnsvergabe eines Adeligen an seinen Vasallen wird im Sachsenspiegel aus dem 13. Jh. dargestellt.*

Der Graf fragte den zukünftigen Vasallen, ob er ohne Vorbehalt sein Mann werden wolle, und dieser antwortete: „Ich will es."
5 Alsdann umschloss der Graf die zusammengelegten Hände des anderen mit seinen Händen, und sie besiegelten den Bund durch einen Kuss.
Zweitens gab [der Vasall] dem „Vorsprecher" des Grafen mit folgenden Worten sein Treueversprechen: „Ich verspreche bei meiner Treue, von nun an 10 dem Grafen Wilhelm treu zu sein, aufrichtig ohne Trug." Damit bekräftigte er sein Versprechen durch einen Eid.

4 Wähle eine Aufgabe aus:
  I a) Benenne die erwähnten Personen.
  II b) Beschreibe den Vorgang der Lehnsübergabe.
  III c) Erkläre, warum der Graf einen Untervasallen belehnt.

Hörszene: *Vergabe eines Lehens*

Lebenswelten im Mittelalter

**Abb. 1** *Bauern leisten Abgaben an den Grundherrn. (Holzschnitt, 1479)*

Wie lebten die Bauern im Mittelalter?

# Die Grundherrschaft

### Herrschaft über Land und Leute
Hohe Geistliche und freie Adlige konnten als Vasallen über das ihnen anvertraute Land bestimmen. Hierbei herrschten sie nicht nur über dieses Land bzw. den Grund, sondern auch über die darauf lebenden Menschen. Die Vasallen wurden nun zu Grundherren. Dieses Prinzip nennt man **Grundherrschaft**.
Die Lebensumstände der Bauern waren, abhängig von ihrem Grundherrn, sehr unterschiedlich. Dies lag an ihrer rechtlichen Stellung. Es wurde unterschieden in **freie Bauern**, **Hörige** und **Leibeigene**. Letztere waren völlig unfrei und Besitz des Grundherrn.

### Freie Bauern
Freie Bauern bewirtschafteten im Mittelalter ihr eigenes Land und konnten von den Erträgen leben. Sie mussten jedoch Kriegsdienste für ihren Grundherrn leisten. Dies war eine große Belastung, weil sich die Bauern die Waffen selbst kaufen mussten und im Krieg ihr Leben riskierten. Außerdem konnten sie in dieser Zeit nicht auf ihren Feldern arbeiten. Viele Bauern gerieten dadurch in finanzielle Not und kauften sich durch höhere Abgaben an den Grundherrn vom Kriegsdienst frei. Die Bauern begaben sich so in die Abhängigkeit vom Grundherrn. Dieser musste nun aber für den Schutz der Bauern sorgen. Je mehr der Grundherr seine Bauern unterstützte, desto mehr Freiheiten verloren sie.

### Hörige Bauern
Die abhängigen Bauern wurden Hörige genannt. Sie erhielten vom Grundherrn Land zum Bewirtschaften, an das sie gebunden waren. Den einen Teil der Erträge behielten sie für sich, den anderen Teil mussten sie dem Grundherrn als **Abgaben** liefern. Zudem verrichteten hörige Bauern **Frondienste** für den Grundherrn. Das waren unbezahlte Tätigkeiten wie z. B. Arbeiten auf dem Hof des Grundherrn oder Botendienste.

**A** Beschreibe, wer im Mittelalter als Grundherr galt.

**B** Erläutere, warum ein Teil der Erträge von den Bauern an den Grundherrn abgegeben werden musste.

## Wer befand sich in der Grundherrschaft?

**M1** *Schaubild zur Grundherrschaft*

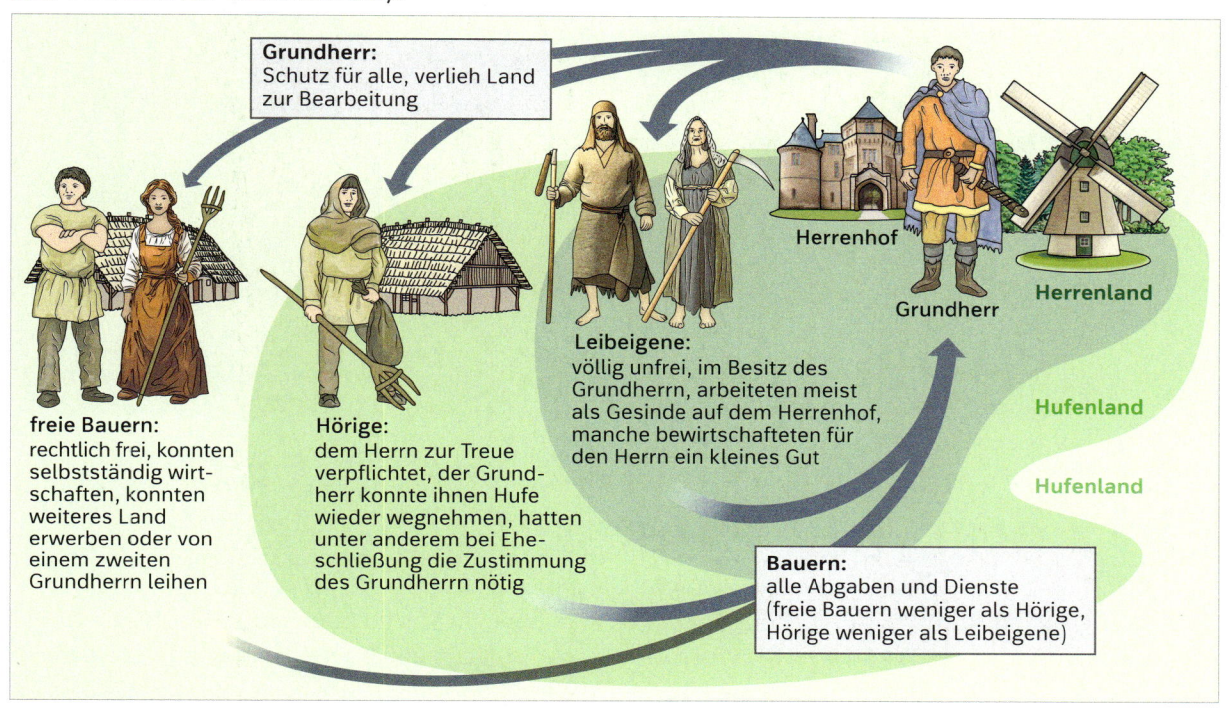

**Grundherr:** Schutz für alle, verlieh Land zur Bearbeitung

**freie Bauern:** rechtlich frei, konnten selbstständig wirtschaften, konnten weiteres Land erwerben oder von einem zweiten Grundherrn leihen

**Hörige:** dem Herrn zur Treue verpflichtet, der Grundherr konnte ihnen Hufe wieder wegnehmen, hatten unter anderem bei Eheschließung die Zustimmung des Grundherrn nötig

**Leibeigene:** völlig unfrei, im Besitz des Grundherrn, arbeiteten meist als Gesinde auf dem Herrenhof, manche bewirtschafteten für den Herrn ein kleines Gut

**Bauern:** alle Abgaben und Dienste (freie Bauern weniger als Hörige, Hörige weniger als Leibeigene)

Herrenhof – Grundherr – Herrenland – Hufenland – Hufenland

**1** Benenne die Verpflichtung des Grundherrn gegenüber seinen Untergebenen.
**2** Erläutere die verschiedenen Formen der Abhängigkeit.

Film: *Über die Grundherrschaft*

## Welche Abgaben und Dienste musste ein Höriger leisten?

**M2** *Der Gutshof Friemersheim legte 900 n. Chr. die Verpflichtungen seiner Hörigen fest (sprachlich vereinfacht).*

Je zwei Wochen [Feldarbeit] im Herbst, [...] im Vorfrühling [...] im Juni [...] im Herbst zwei Tagewerke pflügen, das Saatkorn vom Hof empfangen und eggen. Der gleiche Dienst im Frühjahr [...]. In der
5 Heuernte soll jeder Hufenbauer bis zum Mittag mähen, dann steht zweien ein Brot zu, Zukost und ein Sechstel Bier. Er soll darauf das Heu [...] zusammenrechen und [...] einen Wagen voll in die Scheune fahren. Weiter soll er zum Haupthof 30 Pfähle
10 bringen, sooft es notwendig ist, den Zaun zu erneuern. [...] Er soll jährlich zwei Scheffel Roggen vom Haupthofe empfangen und mahlen und verbacken. Von 24 Broten erhält er eines, wenn er sie abliefert.

**3** Wähle eine Aufgabe aus:
  **a)** Benenne Dienste, die die Hörigen erledigen mussten.
  **b)** Arbeite Dinge heraus, die die Hörigen für ihre Arbeit erhielten.
  **c)** Erkläre, warum einige Arbeiten zeitlich festgelegt waren.

**4** Diskutiert, was die zeitliche Festlegung der Arbeiten für die Bauern bedeutete. Fishbowl

**Tagewerk:** Maß für die Fläche, die man an einem Tag pflügen konnte
**Hufe:** Fläche, die ein Bauer bearbeitete; Anteil an der Fläche eines Dorfes; Hufe war ein Flächenmaß

## Lebenswelten im Mittelalter

*Wie regierte und verwaltete Karl der Große sein Reich?*

**Abb. 1** *Ein König mit seinem Gefolge auf Reisen (Buchmalerei, um 1340)*

# Ein König auf Reisen

### Regierung des Reiches

Ein wichtiges Reich im Mittelalter war das Fränkische Reich. Hier gab es keine Hauptstadt, in der der König regierte. Aus diesem Grund reiste der König mit seinen Hofbeamten durch das Reich, um nach dem Rechten zu sehen. Hierbei wurde überprüft, ob seine Vasallen das erhaltene Lehen gut verwalteten.

### Pfalzen

Einer der bedeutendsten fränkischen Könige war Karl der Große. Er lebte von 747 bis 814 n. Chr und ließ überall im Reich Pfalzen errichten. Dies waren große Gutsbetriebe, von denen aus der König während seines Aufenthalts regierte, wohnte und auch Gäste empfangen konnte. Diese Art des Regierens wird Reisekönigtum genannt.

Karl der Große reiste stets in Begleitung seines Hofstaates. Dieser konnte über 100 Personen umfassen. Hierzu gehörten seine Familie, Berater oder auch Hofbeamte. Für sie musste es in den Pfalzen Verpflegung geben. Dies stellte für die Bauern und für die Menschen, die in den Pfalzen lebten, eine große Herausforderung dar. Wenn die Nahrungsvorräte, die für den Königsbesuch angelegt wurden, aufgebraucht waren, musste der König weiterreisen. Gern hielt sich Karl der Große in der Pfalz in Aachen auf. Bestandteile einer Königspfalz waren immer eine Kapelle, d. h. ein kleiner Raum für Andachten oder Gottesdienste, sowie ein großer Saal und ein Gutshof.

### Verwaltung des Reiches

König Karl der Große bereiste sehr häufig sein Fränkisches Großreich, doch er konnte nicht überall gleichzeitig sein. Daher setzte er in den Gebieten Vasallen ein, die für ihn diesen Teil seines Reiches verwalteten. Diese Stellvertreter sorgten für Ordnung in seinem Reich, zudem trieben sie für den König Steuern ein oder hielten Gericht. Außerdem überbrachten Königsboten den Stellvertretern im Reich Befehle oder Nachrichten, z. B. über den Erlass neuer Gesetze. Königsboten erstatteten dann dem König Bericht über die Lage in den einzelnen Gebieten.

**A** Stelle dar, warum Karl der Große als Reisekönig bezeichnet wurde.

**B** Arbeite die Bedeutung der Pfalzen für die Herrschaft Karls des Großen heraus.

**C** Erkläre, welche Aufgaben die Königsboten hatten.

## Wie war eine Pfalz aufgebaut?

**M1** *Die Königspfalz in Aachen im 9. Jh. (Rekonstruktionszeichnung)*

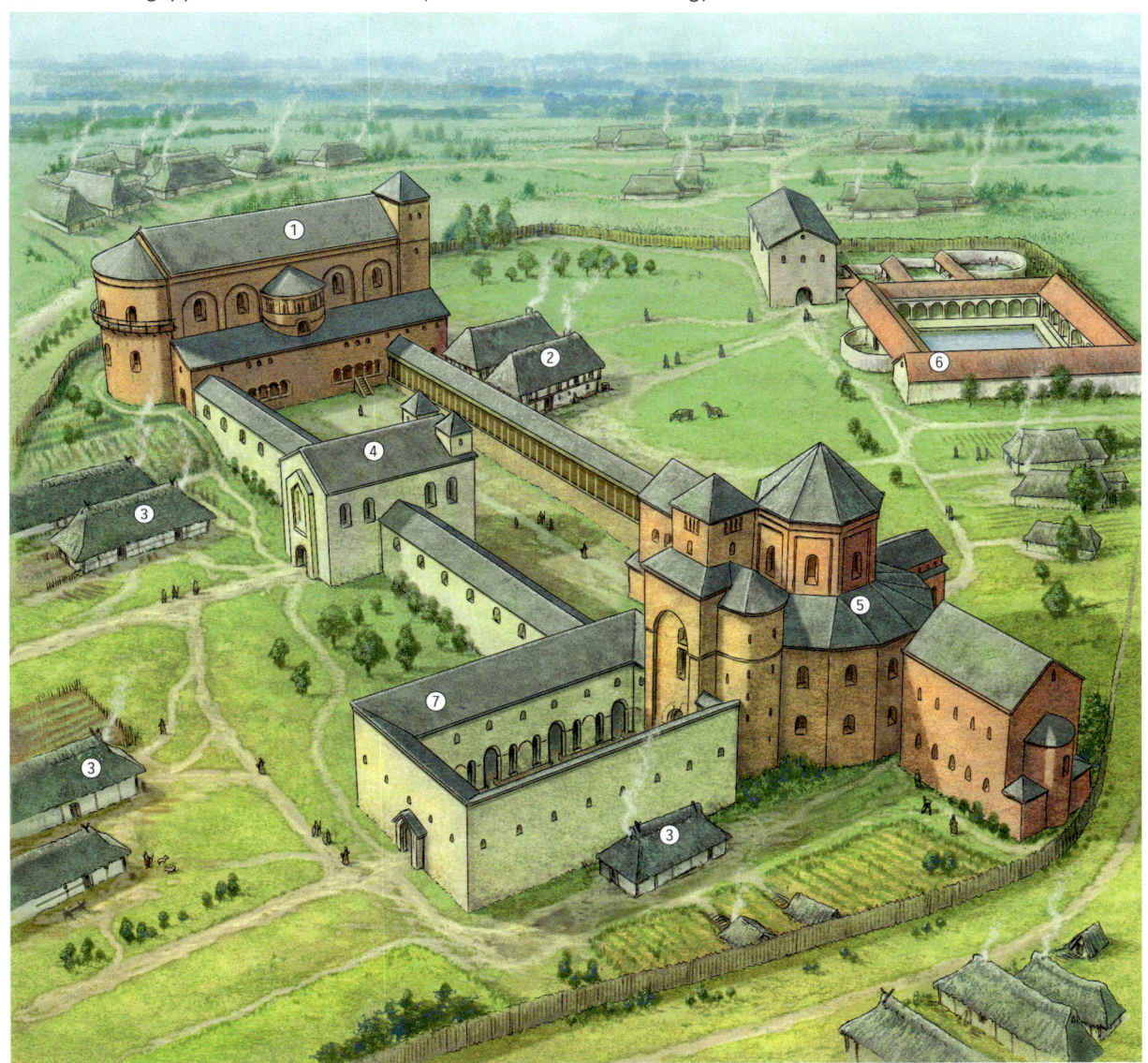

① Königshalle
② Wohngebäude für Familienmitglieder und Gefolgsleute
③ Unterkünfte für Bedienstete
④ Eingangshalle mit Gerichtssaal
⑤ Pfalzkapelle, kleines Gebäude für Gottesdienste und Gebete
⑥ Therme
⑦ Säulengang mit Innenhof

**1** Wähle eine Aufgabe aus:
**I a)** Benenne die Bestandteile der Königspfalz in Aachen.
**II b)** Beschreibe die Gebäude, die hier für den König besonders wichtig waren.
**III c)** Vermute, welche Vorbereitungen getroffen werden mussten, bevor der König mit seinem Gefolge in der Pfalz eintraf.

Lebenswelten im Mittelalter

*Wie wurde Karl der Große so mächtig?*

**Abb. 1** *Kaiserkrönung Karls des Großen (Buchmalerei, 15. Jh.)*

# Ein mächtiger Kaiser

**Ausbau des Fränkischen Großreichs**

Durch erfolgreiche Kriegszüge konnte Karl der Große sein Reich erweitern und somit seine Macht weiter ausbauen. So eroberte er Nachbarstaaten wie z. B. das Langobardenreich im Süden. Auch Teile Ungarns und Spaniens konnte er in sein Großreich eingliedern. Viele Jahre kämpfte Karl der Große gegen die Sachsen. Diese schlossen sich immer wieder zu Aufständen zusammen und widersetzten sich der Unterwerfung. 782 ließ Karl der Große unzählige Sachsen hinrichten. Andere Teile der sächsischen Bevölkerung zwang er, ihre Heimat zu verlassen und sich in anderen Gebieten des Fränkischen Großreichs niederzulassen.

Der Kampf gegen die Sachsen dauerte mehr als 30 Jahre, bis Karl der Große sie schlussendlich besiegen konnte.

**Karl der Große wird Kaiser**

Karl der Große konnte durch Gebietszugewinne sein Fränkisches Reich weiter vergrößern. Hierbei zwang er die eroberten Völker, auch den christlichen Glauben anzunehmen. Karl der Große verstand sich als Verteidiger des Christentums.

Aus diesem Grund kam im Jahr 799 Papst Leo III. auf Karl den Großen zu und bat ihn um Unterstützung gegen aufständische Adelige in Rom. Sie hatten ihn aus Rom verjagt. Da sich Karls Reich bis nach Italien ausdehnte, kam er dem Papst zu Hilfe und vermittelte zwischen den Beteiligten. So konnte Leo wieder in sein Amt eingesetzt werden.

Aus Dankbarkeit, aber auch um ihn an sich zu binden, krönte Papst Leo III. Karl den Großen im Jahr 800 in Rom zum Kaiser. Kaiser Karl verstand sich somit als Nachfolger der römischen Kaiser und Schutzherr des christlichen Glaubens. Karl der Große war nun weltliches Oberhaupt des Römischen Reiches, neben ihm gab es den Papst als geistliches Oberhaupt.

**A** Beschreibe, wie Karl der Große sein Reich erweitern konnte.

**B** Berichte, weshalb Papst Leo III. die Unterstützung Karls des Großen suchte.

**C** Erkläre, warum Karl der Große zum Kaiser gekrönt wurde.

Film: *Karl der Große*

## Wie groß war das Reich Karls des Großen?

**M1** *Das Reich Kaiser Karls des Großen*

**1** Wähle eine Aufgabe aus:
   **a)** Benenne heutige deutsche Städte, die damals im Frankenreich von 768 lagen.
   **b)** Arbeite aus der Karte heraus, welche Gebiete Karl der Große dazuerwarb.
   **c)** Beschreibe das Reich Karls des Großen mit drei Aussagen. Think-Pair-Share

## Wer war Karl der Große?

**M2** *Einhard, Biograf Karls des Großen, beschrieb diesen (15 Jahre nach dessen Tod) folgendermaßen*

Er war von breitem und kräftigem Körperbau und von hervorragender Größe. Seine Augen waren sehr groß und lebendig, seine Nase ging etwas über das Mittelmaß. Er hatte schöne graue Haare und ein
5 freundliches, heiteres Gesicht. So war seine Gestalt, mochte er sitzen oder stehen, höchst würdig und stattlich, obwohl sein Nacken dick und kurz, sein Bauch etwas herabhängend sein konnte. Er kleidete sich nach landestypischer, nämlich fränkischer
10 Weise. Bei festlichen Gelegenheiten trug er ein mit Gold durchwirktes Kleid und mit Edelsteinen besetzte Schuhe. Auf dem Kopf trug er dann eine aus Gold und Edelsteinen gefertigte Krone. Was er wollte, konnte er leicht und klar ausdrücken. Im
15 Lateinischen brachte er es so weit, dass er es wie seine Muttersprache redete.

**2** Stelle dar, wie Einhard das Aussehen Karls des Großen beschreibt.
**3** Vermute, wie der Biograf zu Karl dem Großen stand.
**4** Diskutiert, ob Karl der Große seinen Beinamen verdient hat. Kugellager

Lebenswelten im Mittelalter

*Wie regierten die Herrscher im Mittelalter?*

**Abb. 1** *Kaiser Otto I. und seine Frau Editha (Skulpturen aus dem 13. Jh., Magdeburger Dom)*

# Herrschaft im Mittelalter

### Das Reich der Ottonen
Nach dem Tod Karls des Großen war sein Reich in einen westlichen und einen östlichen Teil zerfallen. Die Stämme im ostfränkischen Teil wurden im 10. Jh. immer wieder von den Ungarn bedroht, die ins Land eindrangen und dieses plünderten. Herzöge und mächtige Stammesfürsten konnten den Bedrohungen jedoch Stand halten, so entstand ein Gefühl der Zusammengehörigkeit zwischen den ostfränkischen Stämmen. Heinrich I., aus der Herrscherfamilie der Ottonen, konnte gemeinsam mit den mächtigen Stammesherzögen 933 die Ungarn besiegen und so das Reich der Ottonen festigen.

### Der König wird gewählt
Die Könige wurden zu dieser Zeit gewählt. Heinrich I. konnte seinem Sohn Otto I. die Thronfolge sichern. So wählten Herzöge und Stammesfürsten im Jahr 936 Otto I. zum König. Anschließend wurde er in Aachen gekrönt, wo er den Thron Karls des Großen bestieg. Nun vereinte Otto I. die ostfränkischen Stämme unter sich und besiegte nahe Augsburg im Jahr 955 die Ungarn endgültig. Hier soll er den Beinamen „der Große" erhalten haben.

### Zusammenarbeit von König und Kirche
Die kirchlichen Vertreter wie Bischöfe unterstützten durch die Verwaltung einzelner Reichsteile als Grund- bzw. Lehnsherren König Otto I. bei seiner Herrschaft. Dies verlieh ihnen politische Macht.
König Otto I. verstand sich nicht nur als weltlicher Herrscher, sondern als von Gott in dieses Amt berufen. Daher wollte er auch in kirchlichen Angelegenheiten ein Mitspracherecht besitzen. Otto I. vergab Lehen an Angehörige der Kirche. Nach deren Tod ging das Lehen wieder an Otto I. zurück.
Die enge Verbindung zwischen König und Kirche zeigte sich, als Otto I. vom Papst um Schutz gebeten wurde. Otto I. zog mit großem Gefolge nach Rom, wo er 962 vom Papst zum Kaiser gekrönt wurde.
Otto I. verstand sich von da an als Schutzherr der römischen Kirche.

**A** Nenne Bedrohungen im ottonischen Reich.
**B** Berichte, wie Otto I. König wurde.
**C** Beschreibe die Zusammenarbeit von Kirche und König.

Film: *Königsherrschaft Otto I.*

## Mittelalterliche Herrschaftszeichen

**M1** *Bei der Krönung übergab der Papst dem Kaiser Herrschaftszeichen, sog. Reichsinsignien*

*Reichsschwert, Reichskrone, Reichsapfel, Reichskreuz*

1. Ordne die Herrschaftszeichen ①–④ den unten stehenden Begriffen zu.
2. Beschreibe eines der Herrschaftszeichen genauer.

## Wer kann König und Kaiser werden?

**M2** *Der Historiker Arne Borstelmann äußert sich zu oben genannter Frage (sprachlich vereinfacht).*
Noch im Fränkischen Reich des frühen Mittelalters erbten die Söhne den Königstitel von ihrem Vater. Später entschieden der hohe Adel und Klerus, d. h. die weltlichen und geistlichen Fürsten (Herzöge und
5 Erzbischöfe) als die „Großen" im Reich, wer König werden sollte. Sie wählten den besten Mann aus einer der vornehmsten Familien. Der König musste die Mehrheit des Adels und der Bischöfe auf sich vereinen können. Um die Herrschaftsberechtigung
10 vollends zu erlangen, waren ihm während der Krönungszeremonie die Reichsinsignien zu übergeben. Wer Kaiser des mittelalterlichen Reiches werden wollte, musste zunächst König des ostfränkischen Reiches sein und geloben, die Kirche vor
15 Feinden zu schützen. Wenn der Papst, der höchste geistliche Herrscher, einverstanden war, krönte der den König in Rom zum Kaiser. Das Kaiserreich umfasste neben Deutschland auch Teile von Italien und wurde zur Zeit Ottos I. „Heiliges Römisches
20 Reich" genannt.

3. Arbeite heraus, wie sich die Ernennung eines Königs im Laufe des Mittelalters änderte.
4. Beschreibe die Rolle des Papstes bei der Ernennung eines Königs zum Kaiser. Bushaltestelle

## Die Krönung zum Kaiser

**M3** *Vor seiner Krönung leistete Otto I. dem Papst ein Versprechen und einen Schwur.*
Dir, dem Herren Papste Johannes, werde ich, König Otto, beim Vater, beim Sohne und beim Heiligen Geiste versprechen und schwören [...]:
Wenn ich, so Gott will, nach Rom komme, dann
5 werde ich die Heilige römische Kirche und dich, ihren Leiter, nach bestem Vermögen hoch- und sicherstellen.
Und du sollst niemals mit meinem Willen oder meiner Zustimmung oder auf meine Veranlassung
10 [...] einen Schaden nehmen.

**M4** *Krönungszeremonie (Buchmalerei, um 1340)*

5. Wozu verpflichtet sich Otto I. in seinem Schwur?

Lebenswelten im Mittelalter

*Wer ist mächtiger – König oder Papst?*

**Abb. 1** *Christus übergibt Papst und Kaiser ein Schwert als Machtsymbol (Buchmalerei, 1231)*

# Der Investiturstreit

### Wer darf die Bischöfe einsetzen?
Lange Zeit war es im Mittelalter üblich, dass der König die Bischöfe, also die Vertreter der Kirche, in ihre Ämter einsetzte. Diesen Vorgang nennt man **Investitur.** Allerdings wollte Papst Gregor VII. im 11. Jh. alle Angelegenheiten, die die Kirche betrafen, selbst entscheiden. Er wollte daher die Investitur der Bischöfe selbst vornehmen und damit den Einfluss und die Macht der Kirche erweitern.

### Streit zwischen König und Papst
Ein Machtkampf entstand, als König Heinrich IV. im Jahr 1072 vorhatte, einen neuen Bischof einzusetzen. Dies wollte aber von nun an Papst Gregor VII. übernehmen. Heinrich IV. sah dies als Einmischung in seine Regierungsgeschäfte und als Einschränkung seiner Macht an. Als Heinrich IV. trotz Verbots des Papstes weiterhin Bischöfe benannte, wurde über ihn der **Kirchenbann** verhängt, d. h. er wurde aus der Kirche ausgeschlossen. Nun durfte ihm niemand mehr dienen, sonst würde er sich versündigen und große Schuld auf sich laden. Dadurch geriet der König im Reich unter Druck. Er musste sich vom Bann lösen, sonst würde ein neuer König gewählt werden. Die einzige Möglichkeit bestand darin, dem Papst Buße zu leisten, d. h. seinen Fehler einzugestehen.

### Der König reist zum Papst
Da die Herrschaft von König Heinrich IV. nun bedroht war, musste er den Papst um Verzeihung bitten. Um seinen Fehler wiedergutzumachen und Buße leisten zu können, reiste er im Dezember 1076 nach Italien zur Burg Canossa, wo sich der Papst aufhielt. Hier musste der König barfuß im Büßergewand, einem einfachen Hemd, vor der Burg ausharren und dem Papst schriftlich seine Unterwerfung versichern. Nachdem er drei Tage in eisiger Kälte gewartet hatte, löste Papst Gregor VII. den Kirchenbann und nahm Heinrich IV. wieder in die kirchliche Gemeinschaft auf.

### Wie wurde der Streit geklärt?
Der König konnte nun weiterregieren, aber der Streit um die Investitur war noch nicht gelöst. Erst im Jahr 1122 konnte der Streit im Wormser Konkordat, einem Vertrag, der in der Stadt Worms geschlossen wurde, beigelegt werden. Die Einsetzung der Bischöfe sollte nun zwischen König und Papst geteilt werden.

**A** Erkläre, warum es zwischen König und Papst zum Streit kam.
**B** Stelle dar, wie der Streit gelöst werden konnte.

Hörszene: *Gang nach Canossa*

## Die Einsetzung eines Bischofs

**M1** *Der König überreicht dem Bischof das Zeichen der Herrschaft, den Krummstab, und setzt ihn somit in das kirchliche Amt ein. (Buchmalerei, 10. Jh.)*

**M2** *Papst Gregor VII. legte 1075 seine kirchlichen Grundsätze im Schriftstück „dictatus papae" fest.*
II. Dass allein der römische Bischof (Papst) mit recht „allgemein" (allgemeinvertretend) genannt wird.
III. Dass allein er Bischöfe absetzen und wieder einsetzen kann.
5 VIII. Dass er allein die kaiserlichen Herrschaftszeichen (Insignien) verwenden kann.
IX. Dass alle Fürsten allein des Papstes Füße küssen.
XII. Dass es ihm erlaubt ist, Kaiser abzusetzen.

**1 a)** Benenne die Person, die laut M2 allein die Bischöfe einsetzen darf.
**b)** Zähle auf, welche Dinge der Papst in M2 noch für sich beansprucht.
**2** Begründe, inwieweit M2 der Buchmalerei M1 widerspricht.

## Wie kann der Streit beigelegt werden?

**M3** *Gang nach Canossa: Beratung zwischen König Heinrich IV., einem Abt und der Burgherrin Mathilde v. Tuszien (Buchmalerei, 12. Jh.)*

**M4** *Die Lösung des Investiturstreits im Wormser Konkordat von 1122*

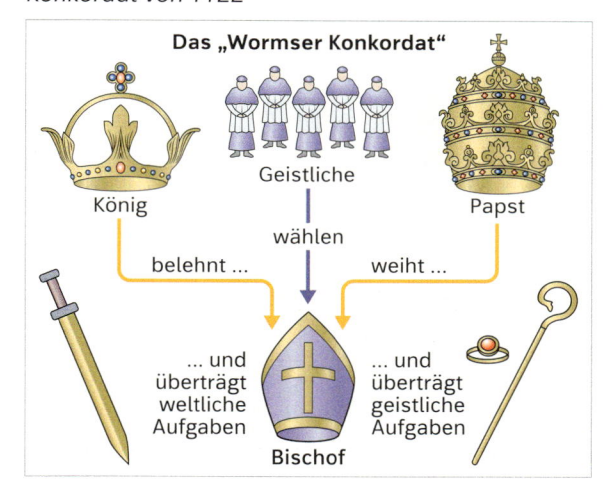

**Das „Wormser Konkordat"**

König — Geistliche — Papst
belehnt ... wählen weiht ...
... und überträgt weltliche Aufgaben — Bischof — ... und überträgt geistliche Aufgaben

**3** Stell dir vor, du nimmst an der Beratung vor der Burg teil. Vermute, welche Gefühle und Gedanken Heinrich IV. hier hatte. (M3)
Stühletausch
**4** Erläutere mithilfe des Schaubildes M4, welche Lösung für den Investiturstreit gefunden wurde.

Lebenswelten im Mittelalter

*Wie lebten die Bauern im Mittelalter?*

**Abb. 1** *Bauern bei der Getreideernte (Buchmalerei, um 1340)*

# Das Leben auf dem Land

### Die Lebenswelt der Bauern auf dem Land

Etwa 90 % der Menschen lebten im Mittelalter als Bauern auf dem Land. Hier wohnten sie zunächst in kleinen Siedlungen, bestehend aus einzelnen Höfen. Später entstanden aus diesen Bauernhöfen erste kleine Dörfer.

Die Bauern stellten nahezu alles, was sie zum Leben brauchten, selbst her. Sie versorgten sich damit selbst und mussten zudem einen Anteil ihrer Erzeugnisse an den Grundherrn abgeben. Bei Ernteausfällen konnte die Nahrung knapp werden.

### Über die Arbeit der Bauern

Die verschiedenen Jahreszeiten spielten für die Arbeit der Bauern eine große Rolle. Im Sommer konnten sie aufgrund des Tageslichtes länger arbeiten als im Winter. So konnte ein Arbeitstag im Sommer bis zu 16 Stunden lang sein.

Zu unterschiedlichen Jahreszeiten mussten bestimmte Arbeiten verrichtet werden. So wurden Obstbäume und Weinreben im Frühjahr beschnitten. Im Sommer stand die Heu- und Getreideernte an. Die Aussaat des Getreides und das Pflügen der Felder mussten die Bauern im Herbst durchführen.

Im Winter war keine Feldarbeit möglich, daher wurde in dieser Zeit vor allem auf dem Hof gearbeitet. Hier wurden beispielsweise Werkzeuge repariert oder Ställe ausgebessert.

### Wohnverhältnisse der Bauern

Die Bauern bauten ihre Häuser selbst aus Holz, Lehm und Stroh. Hierbei deckten sie ihre Dächer mit Stroh. Die Menschen kochten im Haus auf offenem Feuer. Dies war die einzige Wärmequelle. Stroh diente auch als Schlafunterlage auf dem Lehmboden. Die Fenster konnten mit Fensterläden verschlossen werden oder offen bleiben. Einfache Möbel oder Alltagsgegenstände wie Teller schnitzten die Bauern aus Holz. Auch ihre Kleidung fertigten sie selbst an. Das Vieh lebte mit den Bauern unter einem Dach. Im Haus gab es keine Toiletten. Auch das Wasser musste aus einem Bach oder Brunnen geholt werden.

**A** Nenne verschiedene Arbeiten der Bauern auf dem Land.

**B** Beschreibe die Wohnverhältnisse der Bauern.

Film: *Leben der Bauern*

## Arbeiten und Wohnen auf dem Land

**M1** *Tätigkeiten im Laufe eines Jahres (Buchmalerei, 1490)*

ⓐ Korn dreschen
ⓑ Wiesen mähen
ⓒ Wein keltern
ⓓ Gräben reinigen
ⓔ Schafe scheren
ⓕ Getreide ernten
ⓖ Saat ausbringen
ⓗ Falkenjagd
ⓘ ein Schwein schlachten
ⓙ Sträucher zurückschneiden
ⓚ Garten düngen
ⓛ Eicheln im Wald schlagen

**M2** *Bericht über das Wohnen der Bauern, 15. Jh.*

Ihre Lage ist ziemlich bedauernswert und hart. Sie wohnen abgesondert voneinander, demütig mit ihren Angehörigen und ihrem Viehstand. Hütten aus Lehm und Holz, wenig über die Erde hervorragend
5 und mit Stroh gedeckt, sind ihre Häuser. Geringes Brot, Haferbrei oder gekochtes Gemüse ist ihre Speise, Wasser […] ihr Getränk. Ein leinener Rock, ein paar Stiefel, ein brauner Hut ist ihre Kleidung. Das Volk ist jederzeit ohne Ruhe, arbeitsam,
10 unsauber.

1 Wähle eine Aufgabe aus:
  **I a)** Ordne den in M1 dargestellten Tätigkeiten ①–⑫ die Stichworte ⓐ–ⓛ unter der Abbildung zu.
  **II b)** Vermute, welches Bild keine Arbeit eines Bauern zeigt.
  **III c)** Erläutere, warum ein Bauer an die Jahreszeiten gebunden ist.
2 Berichte über das Arbeiten und Wohnen auf dem Land. Marktplatz

Lebenswelten im Mittelalter

*Wie veränderte sich die Arbeit der Bauern auf dem Land?*

**Abb. 1** *Bauern bearbeiten einen Acker (Buchmalerei, um 1340)*

# Fortschritte in der Landwirtschaft

### Die Dreifelderwirtschaft

Die Bauern eines Dorfes bewirtschafteten ihre Felder gemeinsam. Hierzu wurde jedem Bauern ein Streifen Ackerland zugeteilt. So ergaben sich Großfelder, die um das Dorf lagen. Die Bauern sprachen sich untereinander ab, was gesät und wann geerntet werden sollte.

Lange Zeit teilten die Bauern ihr Feld in zwei Teile: Das eine wurde bebaut, das andere lag brach, d. h., es wurde nicht genutzt. Hier graste das Vieh und gab Kot ab, so wurde der Boden mit Nährstoffen versorgt und konnte sich erholen. Diese Art der Bewirtschaftung nennt man Zweifelderwirtschaft.

Jedoch setzte sich im Laufe des 12. Jh. eine neue Art der Bewirtschaftung durch, die ertragreicher war, also mehr Menschen mit Nahrung versorgen konnte: die **Dreifelderwirtschaft**. Hier bebauten die Bauern drei Felder: Auf dem ersten Feld wurde Sommergetreide wie Hafer und Gerste angebaut, auf dem zweiten Wintergetreide wie Roggen und Weizen und das dritte Feld lag brach. Vorteile dieser Bewirtschaftung waren die ertragreicheren Ernten, die gleichmäßigere Verteilung der Arbeit der Bauern über das Jahr und der Schutz vor Missernten. Jedes Jahr wurde die Nutzung der Felder gewechselt.

### Neue Arbeitstechniken

Im Laufe des Mittelalters stieg die Einwohnerzahl aufgrund besserer Lebensbedingungen in den meisten Ländern stetig an. Daher mussten mehr Menschen ernährt werden. Neben der Dreifelderwirtschaft trugen verbesserte Arbeitsgeräte und Arbeitstechniken dazu bei, die Ernten zu vergrößern.

So ersetzte der Räderpflug den Hakenpflug. Das eiserne Pflugmesser des Räderpflugs konnte tiefer in den Boden dringen und lockerte den Ackerboden besser auf. Das führte dazu, dass sich Wurzeln von Unkraut und Gräsern schneller zersetzten und Nährstoffe aus tieferen Bodenschichten nach oben gelangten. So wurde der Boden fruchtbarer. Als Zugtiere wurden neben Ochsen nun auch Pferde eingesetzt. Sie konnten durch ein neuartiges Geschirr, eine Halterung zum Einspannen der Tiere um Brust und Hals, den Pflug leichter ziehen.

Die anstrengende Arbeit des Kornmahlens nach der Ernte leisteten Wasser- und später auch Windmühlen.

**A** Erkläre den Unterschied zwischen der Zwei- und Dreifelderwirtschaft.

**B** Nenne neue Arbeitstechniken, durch die die Bauern effektiver und leichter arbeiten konnten.

**Verbesserungen in der Landwirtschaft**

**M1** *Zweifelderwirtschaft*

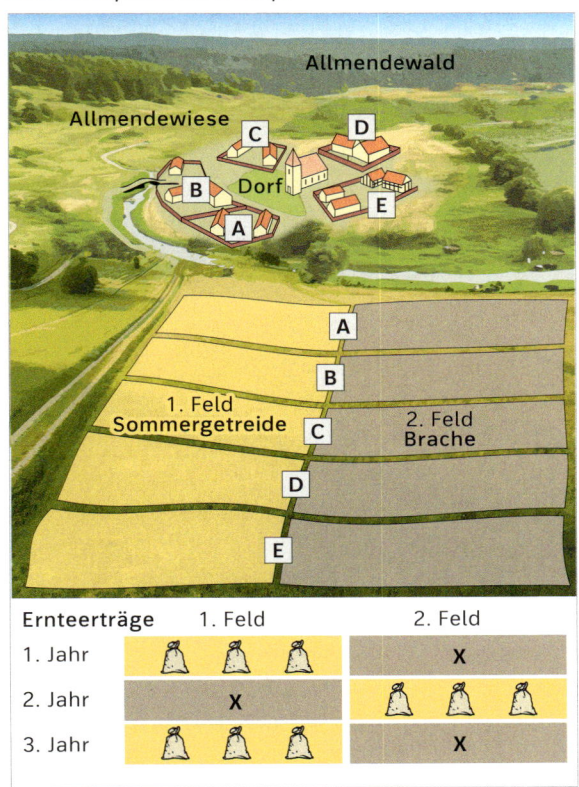

**M2** *Dreifelderwirtschaft*

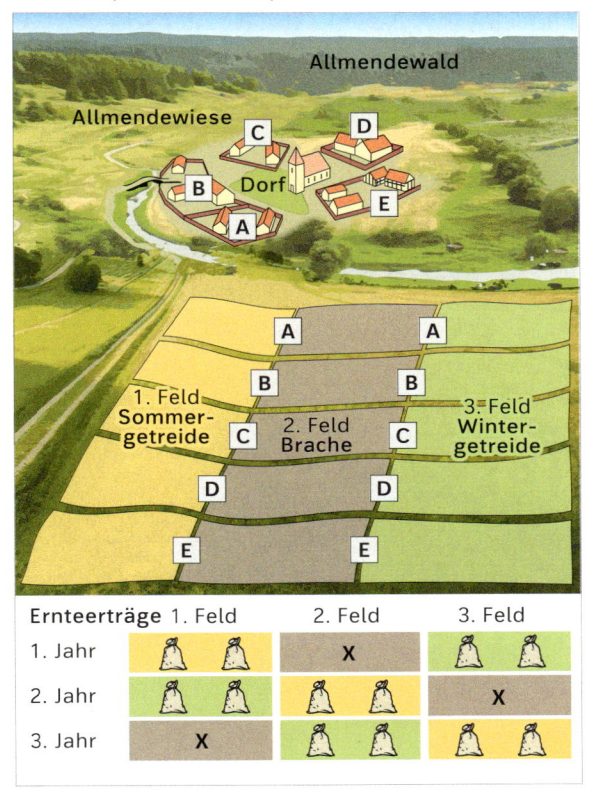

**M3** *Vergleich zwischen einem Haken- und Räderpflug*

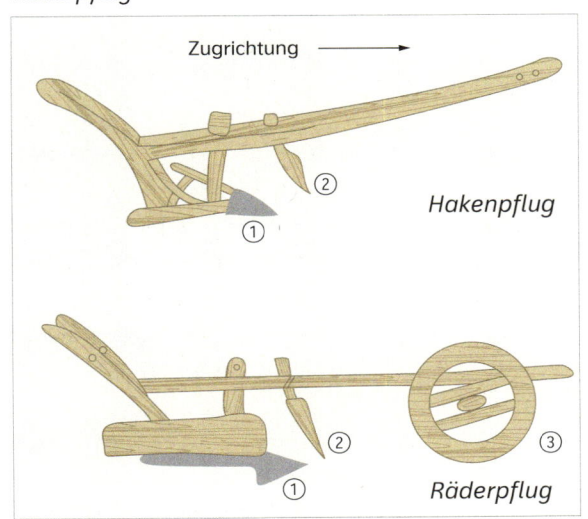

① *Pflugschar,* ② *Pflugmesser,* ③ *Radvorgestell*

**Allmende:** gemeinschaftliches Eigentum, das von der gesamten Bevölkerung genutzt werden kann (Landfläche, Gewässer, Wald)

1 Wähle eine Aufgabe aus:
  **I a)** Vergleiche die Schaubilder M1 und M2.
  **II b)** Erkläre, warum die Dreifelderwirtschaft höhere Ernteerträge erzielte.
  **III c)** Stelle dir vor, du triffst auf andere Bauern. Führe ein Gespräch, in dem du deine Erfahrungen mit der Dreifelderwirtschaft schilderst.

2 Stelle die Vorteile des Räderpflugs gegenüber dem Hakenpflug dar. (M3)

3 Das Leben der Bauern hat sich im Mittelalter stark verändert. Diskutiert Vorteile, die sich durch den Fortschritt ergeben haben, und mögliche Konsequenzen. Think-Pair-Share

Bildquellen erschließen

# Bildquellen erschließen

## Was sind Bildquellen?
Bilder, die Menschen in der Vergangenheit angefertigt haben, sind wichtige Quellen. Diese Bildquellen können Gemälde, Zeichnungen, Filme oder auch Fotos sein. Sie geben uns Auskunft darüber, wie das Leben damals ausgesehen hat. Selbst bei fehlenden Erklärungen können wir Bildern Informationen entnehmen. Dazu müssen die Bilder genau betrachtet und analysiert werden. Auch wenn das Bild klar zu erkennen ist, kann nicht immer zweifelsfrei geklärt werden, welche Bedeutung damit verbunden ist.

## Buchmalerei
Zu Beginn des Mittelalters wurden Bücher noch nicht gedruckt, sondern von Mönchen in Klöstern mit der Hand geschrieben. Mit aufwendig gemalten Bildern wurden diese Handschriften verziert, man schmückte also die Bücher mit Zeichnungen.
Diese Buchmalereien gehören zu den wichtigsten Bildquellen des Mittelalters.

**Schritt 1:** Die Entstehung des Bildes klären
- Wann ist das Bild entstanden?
- Wer hat es gemalt?
- Unter welchen Umständen ist das Bild entstanden?
- Wer war der Auftraggeber? Recherchiere hierzu, falls die Informationen nicht gegeben sind.
- Berücksichtige Zusatztexte, z. B. eine Bildunterschrift.

**Schritt 2:** Das Bild beschreiben
- Beschreibe, was du siehst.
- Welche Farben sind verwendet worden?
- Wie sind die einzelnen Teile des Bildes angeordnet? Achte auf die Position der einzelnen Personen bzw. Gegenstände, auf den Vorder- bzw. Hintergrund.

**Schritt 3:** Das Bild deuten
- Welche Bedeutung haben die dargestellten Personen und Gegenstände für die damalige Zeit? Versuche diese historisch einzuordnen.

**M1** *Schafzucht (englische Buchmalerei aus dem Lutrell Psalter, um 1340)*

**Musterlösung zur Erschließung der Bildquelle M1**

**Schritt 1:** Die Entstehung des Bildes klären
Das Bild entstand um 1340. Der Maler ist unbekannt. Über die Umstände der Entstehung des Bildes ist nichts bekannt. Vermutlich sollte dokumentiert werden, welche Arbeiten auf dem Land damals, genauer bei der Viehwirtschaft mit Schafen, verrichtet wurden. Eine Recherche ergab, dass das illustrierte Manuskript von einem wohlhabenden englischen Landbesitzer, Sir Geoffrey Lutrell, in Auftrag gegeben wurde.
Die Bildüberschrift gibt an, dass hier eine mittelalterliche Schafzucht gezeigt wird.

**Schritt 2:** Das Bild beschreiben
Abgebildet sind Schafe, von denen eines von einer Person gemolken wird. Zwei weitere Personen bringen die Milch in Gefäßen, die sie auf dem Kopf tragen, weg. Es wurden gedeckte, natürliche Farben verwendet. Die Farben könnten auch so in der Natur vorkommen, u. a. Braun, Grün und Beige, wie an der einfachen Kleidung der abgebildeten Personen zu erkennen ist.
Das Bild ist zweigeteilt. Auf der linken Seite befinden sich die eingezäunten Schafe, die dicht beieinanderstehen. Ein Schaf wird gemolken, ein anderes vermutlich geschoren. Auf der rechten Seite des Bildes laufen zwei Personen von den Schafen weg, vermutlich um die Milch fortzutragen. Alle Personen bzw. Tätigkeiten sind im Vordergrund dargestellt, es gibt keinen erkennbaren Hintergrund.

**Schritt 3:** Das Bild deuten
Gezeigt wird eine Szene aus der Landwirtschaft. Im Mittelalter lebten etwa 90 % der Menschen auf dem Land und arbeiteten als Bauern. Auf diesem Bild werden die Schafe gemolken und geschoren. Die gewonnene Milch diente den Menschen auf dem Land als Nahrung. Die Schafwolle wurde weiterverarbeitet und für die Herstellung warmer Kleidung verwendet. Die Bauern versorgten sich damit selbst und mussten außerdem Abgaben an ihren Grundherrn leisten. Es wird die Lebensgrundlage der Bauern gezeigt.

**1** Analysiere die Bildquelle M2. Partnervortrag

M2 *Bauer bei der Aussaat (englische Buchmalerei aus dem Lutrell Psalter, um 1340)*

## Lebenswelten im Mittelalter

*Wer bewohnte eine Burg und wie war diese aufgebaut?*

**Abb. 1** *Mittelalterliche Wasserburg Satzvey in Mechernich aus dem 12. Jh.*

# Leben auf einer Burg

### Der Aufbau einer Burg
Neben den Dörfern waren Burgen wichtige Lebensorte im Mittelalter. Sie waren im Mittelalter Herrschaftsmittelpunkt und Wohnort des Burgherrn. Viele Handelswege konnten von dort aus überblickt, kontrolliert und beschützt werden. Zudem war die Burg ein Zufluchtsort für die umliegende Bevölkerung bei Angriffen. Burgen sind befestigte und sichere Anlagen, die mit dicken Steinmauern und Türmen versehen sind.
Die Burgen waren immer ähnlich aufgebaut. Bestandteile waren z. B. der **Bergfried**, ein hoher Turm, von dem aus man das Umland überblicken konnte. Zudem hatten Burgen einen Burggraben, eine bewachte Zugbrücke und ein bewachtes Eingangstor.

### Die Lage einer Burg
Burgen wurden an bestimmten Stellen gebaut. Eine **Höhenburg** lag auf einem Berg bzw. einer Anhöhe. Von hier aus konnte man Feinde schon frühzeitig erkennen. Eine **Wasserburg** war von Flüssen oder einem See umgeben. Dies schützte die Burgbewohner zusätzlich vor Angriffen.
Im Laufe des Mittelalters veränderte sich das Aussehen der Burgen.

### Im Inneren einer Burg
Bei einer Burg konnte man zwei Bereiche unterscheiden: den **Palas** und den Bereich, in dem die Handwerker und Bediensteten lebten.
Im Palas lebte der Burgherr mit seiner Familie. Hier fanden Feste statt. Die Räume des Palas waren meist unbeheizt und dunkel, der Holzboden wurde mit Stroh und Fellen bedeckt. Wärme durch Kachelofen oder Kamin gab es nur in wenigen Bereichen. Die Wohnräume, die beheizt wurden, nannte man Kemenaten. Die Burgherrin kümmerte sich um den reibungslosen Ablauf des Haushalts und organisierte anstehende Feste. Wasser bekamen die Burgbewohner aus Brunnen oder aus Zisternen, das sind Sammelbehälter für Regenwasser. In der Burg verkauften Händler und Handwerker ihre Waren, die Dorfbewohner oder Reisende dort kaufen konnten.

**A** Nenne fünf Bestandteile einer mittelalterlichen Burg.
**B** An welchen Stellen wurden Burgen errichtet?
**C** Beschreibe das Innere einer Burg.

Film: *Burgen*

## Der Bau einer Burg

**M1** *Die Errichtung einer Burg (Buchmalerei, 15. Jh.)*

**1** Versetze dich in eine der Personen in M1 und schreibe ihre möglichen Gedanken auf.

## Leben auf einer Burg

**M2** *Ulrich von Hutten, der Sohn eines Ritters, berichtet über seine Jugend auf einer Burg. (1518)*

Die Burg selbst ist nicht als angenehmer Aufenthalt [...] gebaut. Sie ist von Mauern und Graben umgeben, innen ist sie eng und durch Stallungen für Vieh und Pferde zusammengedrängt. Daneben liegen
5  dunkle Kammern, vollgepfropft [...] mit Kriegsgerät. Überall stinkt es nach Schießpulver; und dann die Hunde und ihr Dreck, auch das – ich muss es schon sagen – ein lieblicher Duft!
Reiter kommen und gehen, darunter Räuber, Diebe
10 [...]. Man hört das Blöken der Schafe, das Brüllen der Rinder, das Bellen der Hunde, das Rufen der auf dem Feld Arbeitenden, das Rattern der Fuhrwerke und Karren [...].
Der ganze Tag bringt von Morgen an Sorge und
15 Plage. Äcker müssen umgepflügt und umgegraben werden, Weinberge müssen bestellt, Bäume gepflanzt, Wiesen bewässert werden; jetzt steht die Ernte bevor, dann die Weinlese. Wenn aber einmal ein schlechtes Ertragsjahr kommt [...], dann haben
20 wir fürchterliche Not und Armut.

**2** Gib die Eindrücke von Huttens vom Burgleben wieder.
**3** Stellt euch vor, ihr hättet damals als Jugendlicher auch auf einer Burg gelebt. Diskutiert Vor- und Nachteile.

## Leben auf einer Burg

### Aufbau einer Burg

**M3** *Eine mittelalterliche Burg (Rekonstruktionszeichnung)*

① Burggraben
② Burgmauer
③ Wehrgänge
④ Zinnen mit Schießscharten
⑤ Palas (Herrenhaus)
⑥ Küche, Vorratsräume
⑦ Rittersaal
⑧ Schlafräume
⑨ Toilettenerker
⑩ Bergfried
⑪ Verlies
⑫ Burggarten
⑬ Zugbrücke
⑭ Kapelle
⑮ Schmiede
⑯ Burgtor mit Fallgitter
⑰ Gesindehaus mit Pferdestall
⑱ Ziehbrunnen

Leben auf einer Burg | Digital+
WES-117845-211

4 Benenne die Bereiche, in denen der Burgherr wohnte.
5 Zähle die Gebäudeteile auf, die für die Verteidigung der Burg wichtig waren.
6 Führe einen Besucher oder eine Besucherin durch die Burg und erzähle Wissenswertes zum Aufbau.
7 Recherchiere nach Burgen in deiner Umgebung. Trage Bilder zusammen und beschrifte die einzelnen Burgelemente.

Lebenswelten im Mittelalter

**Abb. 1** *Ritter ziehen mit dem König in den Krieg (Buchmalerei, 12. Jh.)*

*Wie sah das Leben eines Ritters aus?*

# Die Welt der Ritter

### Wer waren die Ritter?
Ritter bildeten sich seit dem 11. Jh. aus den berittenen Kriegern und Verwaltern des Königs heraus. Die ursprünglich unfreien Dienstleute erhielten für ihre Erfolge vom König Land als Lehen. So wurden sie als Grundherren von Bauern versorgt und konnten sich ritterlichen Aufgaben zuwenden. Es entwickelte sich ein neuer Adelsstand, das Rittertum.

### Die Ausbildung eines Ritters
Bis zum siebten Lebensjahr wurde ein adliger Junge von seinen Eltern zu Hause erzogen.
Mit sieben Jahren begann meist die Ausbildung zum Ritter. Der Junge verließ sein Elternhaus und lebte als **Page** auf einer fremden Burg. Hier lernte er in seiner Ausbildung Klettern, Fechten, Reiten und den Kampf mit Waffen aus Holz. Außerdem wurde er im Tanzen, Musizieren und im angemessenen Benehmen am Hofe unterrichtet. Zudem lernte er lesen und schreiben.
Mit 14 Jahren wurde der Page zum **Knappen**. Nun erlernte er verschiedene Tätigkeiten eines Ritters. Er trainierte den Umgang mit Schwert und schwerer Rüstung. Zudem begleitete er seinen Herrn zu Turnieren und im Kampf.

Mit 21 Jahren war die Ausbildung zum Ritter abgeschlossen. In einer feierlichen Zeremonie wurde der Knappe zum Ritter erhoben. Ihm wurde feierlich ein Schwert überreicht, dies nennt man **Schwertleite**.

### Das Leben als Ritter
Ritter waren oft auf höfischen Festen zu Gast. Hier fanden Turniere statt, wo die Ritter mit stumpfen Waffen im sportlichen Wettkampf gegeneinander antraten. Neben dem höfischen Leben war der Ritter als Grundherr für seine Bauern verantwortlich. Außerdem gab es Lehnsdienste, denn der Ritter war seinem Lehnsherrn zu Treue verpflichtet und musste Kriegsdienst leisten.
Adlige Frauen waren Teil des höfischen Lebens. So verwalteten die Ehefrauen der Ritter in Kriegszeiten den Besitz. Auch bei Festen wollten Ritter durch Liebesgedichte, den sog. Minneliedern, adligen Frauen gefallen.

**A** Stelle die Entstehung des Rittertums dar.
**B** Erläutere, welche Phasen ein Junge in der Ausbildung zum Ritter durchlaufen musste.
**C** Beschreibe das Leben eines Ritters.

## Ausbildung eines Ritters

**M1** *Der Dichter Johannes Rothe (1360–1434) beschrieb die Ausbildung eines Ritters.*

Zu einem vollkommenen Manne gehört, dass er gut reiten, schnell auf- und absitzen, gut traben, rennen und wenden kann und mit Verstand von der Erde etwas aufnehmen. Zum Zweiten muss er schwim-
5 men, im Wasser tauchen und sich vom Rücken auf den Bauch und vom Bauch auf den Rücken drehen können […]. Zum Fünften muss er wohl turnieren können, streiten und stechen […]. Zum Sechsten muss er zu Abwehr und Angriff ringen können, auch
10 weit springen und mit der Linken ebenso gut fechten wie mit der Rechten. Zum Siebten muss er bei Tische aufwarten (bedienen) können, tanzen und hofieren, auch Schach zu spielen verstehen und alles, was ihm zur Zierde gereicht.

**M2** *Schwertleite, zeitgenössische Malerei*

**1 a)** Fasse die gewünschten Fähigkeiten eines Ritters zusammen.
**b)** Vermute, welche Ausbildungsinhalte für den Alltag eines Ritters wohl von großer Bedeutung waren.
**2** Stell dir vor, du erhältst nach 14 Jahren Ausbildung die Schwertleite. Schildere deine Gedanken. Marktplatz

## Das Leben als Ritter

**M3** *Ritterturnier (Buchmalerei um 1310–1340)*

**M4** *Eine unbekannte Frau wird in einem Minnelied gelobt (1300–1340).*

Gepriesen seist du „Frau", was für ein makelloses Wort! Wie wohltuend es doch ist, es auszusprechen und ihm Ehre zu erweisen!
Es geriet niemals etwas so lobenswert wie dort,
5 wo du es an jener wahren Güte teilhaben lässt, die du bist.
Niemand vermag dein Lob mit Worten vollständig zu beschreiben.
Wem immer du dich in Treue zuwendest, der ist ein
10 glücklicher Mann und kann mit Lust leben.
Du gibst der ganzen Welt Lebensfreude: könntest auch mir ein wenig davon geben!

**3** Beschreibe die dargestellte Szene eines Ritterturniers (M3).
**4** Gib mit eigenen Worten wieder, wie die Frau in dem Minnelied M4 beschrieben wird.

Film: *Die Welt der Ritter*

# Wir erstellen einen Podcast

Das Mittelalter ist auch heute noch an vielen Stellen in unserem Alltag präsent. Wir können Spuren aus dieser Zeit in unserer Umgebung finden.
Die Faszination für diese Zeit ist überall zu erleben und sichtbar, wie z. B. auf Burgen oder Burgruinen. Viele Mittelalterfans besuchen in ihrer Freizeit Mittelaltermärkte oder Ritterturniere, die die Zeit des Mittelalters wieder aufleben lassen.
Auch in den Medien begegnet uns das Mittelalter, ob in Büchern, Filmen oder Computerspielen.

**Erstellung eines Podcasts zum Thema: Warum ist das Mittelalter auch heute noch „in"?**
Um herauszufinden, in welchen Bereichen uns heute noch das Mittelalter begegnet, sollt ihr in Gruppen auf Spurensuche gehen und eure Ergebnisse in Form eines Podcasts der Klasse vorstellen.
**Tipp:**
Es gibt kostenlose Programme zur Erstellung eines Podcasts, die ihr in Absprache mit euren Eltern herunterladen könnt.

**Abb. 1** *Schüler erstellen ein Plakat, das ihren fertigen Podcast unterstützt.*

Ein Podcast ist ein Hörbeitrag. POD kommt vom MP3-Player einer amerikanischen Firma, CAST von „broadcast", das bedeutet das Ausstrahlen von Rundfunksendungen.
So könnt ihr einen Podcast erstellen:

**Schritt 1:** Gruppenbildung und Themenwahl
- Bildet Gruppen zu drei bis vier Personen.
- Sucht euch ein Thema aus, z. B. aus der nebenstehenden Collage M1.

**Schritt 2:** Recherche
- Recherchiert zu eurem Thema. Die Recherche kann im Internet stattfinden. Zudem könnt ihr beispielsweise Orte besuchen, die für euer Thema wichtig sind, und dort nach Informationen suchen.
- Findet weitere Beispiele für euer Thema, z. B. Computerspiele, die sich noch mit dem Mittelalter beschäftigen.
- Sucht euch Interviewpartner, die sich mit eurem Thema gut auskennen. Diese sollen dann in eurem Podcast als Experten erwähnt werden.

**Schritt 3:** Erstellung des Podcasts
- Fasst eure Ergebnisse zusammen.
- Überlegt euch, wie ihr diese in eurem Gespräch einbaut, sodass eine logische Abfolge entsteht. Macht euch hierfür Notizen, die euch während des Gesprächs helfen.
- Präsentiert nun mithilfe der Notizen eure Ergebnisse und nehmt die Gesprächsrunde mit einem Smartphone als Podcast auf.

**Schritt 4:** Präsentation des Podcasts
- Präsentiert den fertigen Beitrag eurer Klasse.
- Unterstützt euren Podcast durch weitere mitgebrachte Materialien. Dies können Plakate oder andere Präsentationsformen sein.

Film: *Erstellung eines Podcasts*

Wir erstellen einen Podcast | Digital+
WES-117845-215

## Wo begegnet uns das Mittelalter heute?

**M1** *Themenvorschläge für einen Podcast*

① Mittelaltermarkt

② Ritterturnier

③ Brettspiel

④ Jugendbuch – Claudia Frieser: Oskar und das Geheimnis der verschwundenen Kinder

⑤ Film – Der Brief für den König

⑥ Computerspiel – Die Sims Mittelalter

Projekt

Lebenswelten im Mittelalter

*Wie lebten die Menschen im Kloster?*

**Abb. 1** *Nonnen pflegen kranke Menschen. (Buchmalerei, 1483)*

# Das Leben im Kloster

### Wer lebte in Klöstern?
Im Mittelalter war der christliche Glaube für viele Menschen sehr wichtig. Einige wollten ihr Leben ganz in den Dienst Gottes stellen. Daher entschieden sie sich dafür, in ein Kloster zu gehen und als **Nonnen** bzw. **Mönche** dort zu leben. Wer ein Kloster leitete, wurde Abt bzw. Äbtissin genannt.

### Ein Leben nach festen Regeln
Im 4. Jh. entstanden die ersten Klöster. Hier kamen gläubige Christen zusammen, um ihr Leben im Einklang mit dem christlichen Glauben zu führen.
Sie hielten sich an strenge Klosterregeln. Der Mönch Benedikt von Nursia stellte im Jahr 529 Regeln auf, die allgemein gültig waren. So verpflichteten sich die Mitglieder der Klostergemeinschaft zu Besitzlosigkeit, zu Gehorsam und zu Kinderlosigkeit. Zudem war der Tagesablauf im Kloster streng festgelegt und die Mönche und Nonnen lebten nach dem Leitsatz **„Ora et labora"**, d. h., bete und arbeite.
Daher begann der Tag schon sehr früh mit Gebeten. Über den ganzen Tag verteilt kamen alle zu Gottesdiensten zusammen. In der übrigen Zeit arbeiteten die Klostermitglieder in Werkstätten oder auf den Feldern. Zudem beschäftigten sie sich mit religiösen Schriften.

### Klöster als Zentren des Wissens
Damals waren Klöster Orte, an denen sich Mönche und Nonnen mit Wissenschaft und Kunst beschäftigten. Dies lag u. a. daran, dass im Mittelalter, abgesehen von den Klostermitgliedern, nur wenige Menschen lesen und schreiben konnten.
Das Wissen wurde in Klöstern in Büchern festgehalten und konnte so weitergegeben werden. In klösterlichen Schreibstuben wurden Texte sorgfältig niedergeschrieben und kunstvoll gestaltet.
Die Klöster sollten sich selbst versorgen, daher arbeiteten die Nonnen und Mönche auf den Feldern und in den Gärten des Klosters. Heilpflanzen wurden im Kloster angebaut, daraus stellten die Mönche und Nonnen in ihren Apotheken Arzneimittel her. Durch ihr umfangreiches Wissen waren sie in der Lage, kranke Menschen zu pflegen.
In Klöstern entstanden auch die ersten Schulen. Hier wurde die lateinische Sprache gelehrt. So konnten Kinder, die einem Kloster übergeben wurden, lesen und schreiben lernen.

**A** Benenne die Bewohner eines Klosters.
**B** Zähle verschiedene Klosterregeln auf.
**C** Erkläre, warum Klöster Zentren des Wissens waren.

## Leben im Kloster

**M1** *Ein Kind wird dem Kloster übergeben, dafür erhielt es Geld oder Ländereien. (Buchmalerei, 14. Jh.)*

**M3** *Maulbronner Zisterzienser Mönche beim Klosterbau (Gemälde, 1450)*

**M2** *Mönch beim Unterrichten (Buchmalerei, 12. Jh.)*

**M4** *Mönch erntet Getreide (Buchmalerei, 12. Jh.)*

Film: *Die Äbtissin Hildegard von Bingen*

1 Beschreibe die dargestellten Szenen aus dem Leben im Kloster.
2 Erkläre, warum Klöster im Mittelalter bedeutsam waren. Think-Pair-Share

Lebenswelten im Mittelalter

## Wie sahen Klöster aus?

**M5** *Plan eines idealen mittelalterlichen Klosters, entwickelt im 9. Jh. im Kloster Reichenau (Nachzeichnung)*

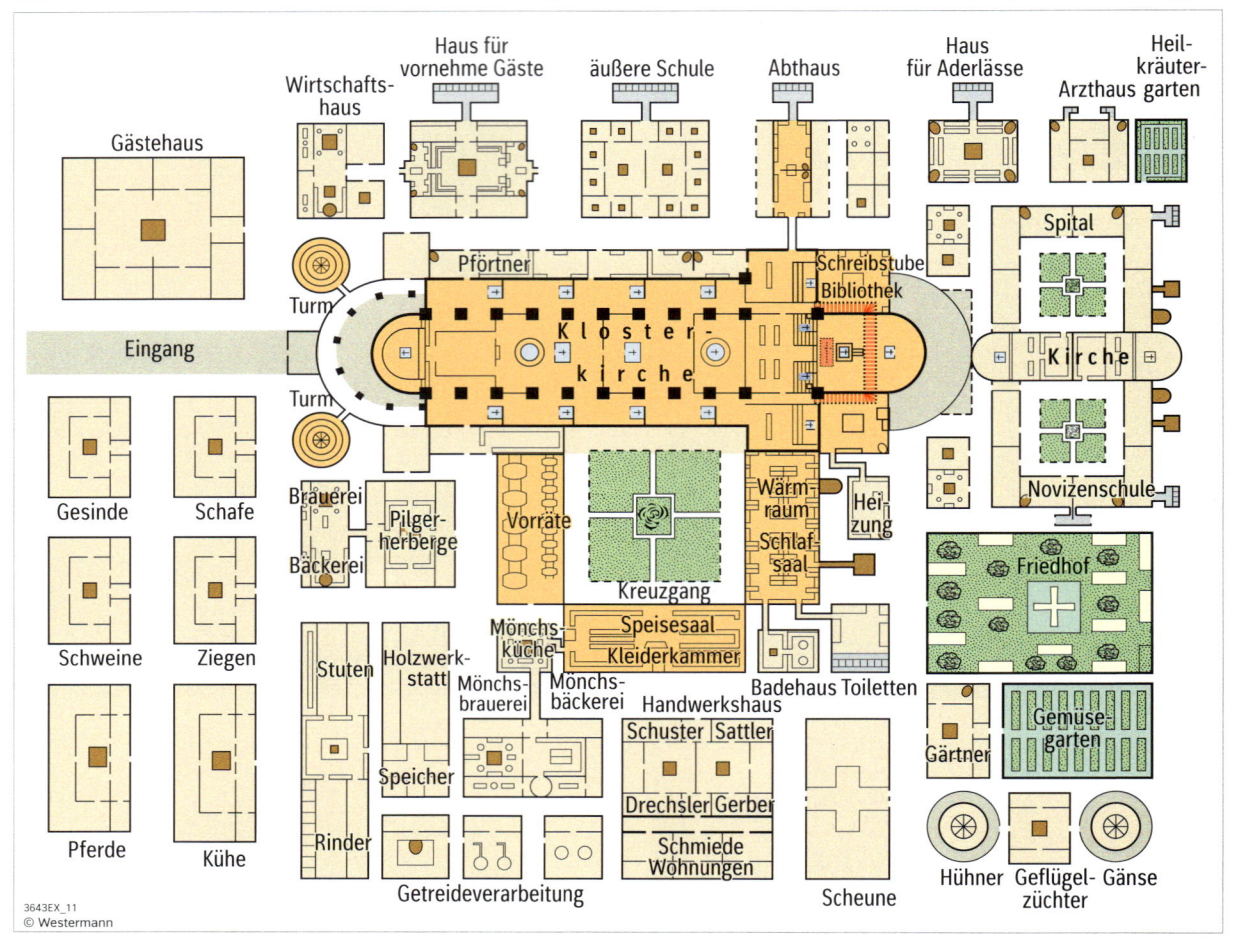

**M6** *Kloster Reichenau heute*

**3 a)** Benenne Gebäude, die das Zentrum des Klosters darstellten.

**b)** Zähle Gebäude des Klosters auf, die sich mit religiösen, wirtschaftlichen und wissenschaftlichen Aufgaben befassten.

**4** Wie sieht das heutige Klosterleben aus? Recherchiere und vergleiche deine Ergebnisse mit dem Klosterleben im Mittelalter.

**Novize:** eine Person, die neu in ein Kloster eingetreten ist und sich in der Ausbildung befindet
**Spital:** Krankenhaus
**Aderlass:** Heilverfahren, bei dem dem Körper Blut entnommen wird

## Leben in der Klostergemeinschaft

**M7** *Tagesablauf in einem Kloster*

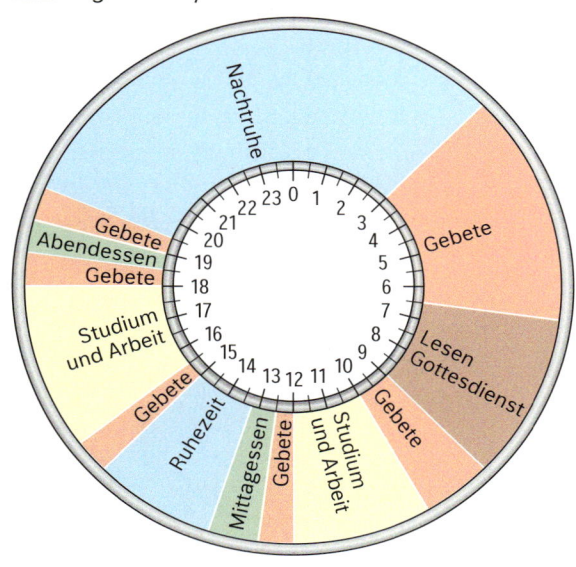

**M9** *Betende Mönche (Buchmalerei, 1310–1340)*

**Reisiglager:** eine Schlafmöglichkeit aus dünnen Ästen und Zweigen
**verstatteten:** gestatteten

Film: *Leben im Kloster*

**M8** *Ein Bischof über das Leben der Mönche, 1146*

Sie leben in einer Gemeinschaft, „ein Herz und eine Seele", in Klöstern und Kirchen, sie legen sich gleichzeitig schlafen, sie stehen einmütig auf zum Gebet, sie nehmen gemeinsam in einem Raum die
5 Mahlzeiten ein, und Tag und Nacht beschäftigen sie sich mit Beten, Lesen und Arbeiten mit so unermüdlichem Fleiß, dass sie es für einen Verstoß gegen göttliches Gebot halten, außer der kurzen Zeit, in der sie den müden Gliedern Ruhe auf kargem
10 Reisiglager oder grober Decke gönnen, auch nur einen winzigen Teil der Stunden ohne Beschäftigung mit dem Göttlichen verstreichen lassen, sodass sie sogar bei den Mahlzeiten beständig der Heiligen Schrift lauschen und lieber den Geist als den Leib
15 sättigen wollen: Sie enthalten sich ferner alle des Fleischgenusses. Manche nehmen keinerlei feinere Speisen und keinen Wein zu sich und nähren sich bisweilen nur von Gemüse, bisweilen nur von Brot und Wasser. Was soll ich von der Ehelosigkeit
20 sprechen? Verwerfen sie doch den allgemein dem Menschengeschlecht verstatteten Brauch der Eheschließung [...]. Alle Werkstätten der verschiedenen Handwerker, der Bäcker, Schmiede, Weber usw., liegen nämlich im Inneren, damit keiner von
25 ihnen Anlass hat hinauszugehen; sie sind sorgfältig eingezäunt, und das Tor liegt im Vorhof. Dort sitzt ständig ein frommer, gottesfürchtiger Bruder und empfängt alle ankommenden Gäste, Pilger und Armen freundlich und gütig wie Christum selber und
30 geleitet sie zunächst in den Betsaal; darauf führt er sie in die Gastzelle, nachdem er ihnen zuvor die Füße gewaschen [...] hat.

**5** Ermittle aus M7 die Anzahl der Stunden, die für Gebete vorgesehen waren.
**6** Wähle eine Aufgabe aus:
   **a)** Nenne Dinge, die Mönche gern taten (M8).
   **b)** Beschreibe Dinge, die Mönche nicht tun durften. (M8)
   **c)** Erläutere die Bedeutung des Betens im Alltag der Mönche. (M7, M9)

# Lebenswelten im Mittelalter

## Die Ständeordnung
Im Mittelalter waren die Menschen in einer festgefügten Ständeordnung, die für gottgewollt gehalten wurde, eingeteilt: Von Geburt an gehörte man zum Adel oder zum dritten Stand. Zum Klerus kam man über das Leben als Geistlicher.

**Abb. 1** *Menschen lebten in einer festgefügten Ordnung.*

## Das Lehnswesen
Der König regierte sein Reich nicht allein, denn er verlieh Teile seines Landes an Vasallen. Diese herrschten nicht nur über das Land, sondern auch über die dort lebenden Menschen. Deshalb wurden die Vasallen zu Grundherrn, dieses Prinzip nennt man Grundherrschaft. Grundherrn konnten Adlige oder Geistliche sein. Die Lebensumstände der Bauern waren unterschiedlich, es gab freie Bauern, Hörige und Leibeigene.

**Abb. 2** *Hörige leisten Abgaben an ihren Grundherrn.*

## Ein König auf Reisen
Ein bekannter mittelalterlicher König war Karl der Große, der sein Land bereiste und keine Hauptstadt hatte. Diese Art Herrschaft bezeichnet man als Reisekönigtum. Unterstützt wurde der König von Königsboten, wie Bischöfen, die der König in ihr Amt einsetzte.

**Abb. 3** *Ein König auf Reisen*

## Leben auf Burgen und in Klöstern
Burgen waren wichtige Lebensorte und dienten dem Schutz der Bevölkerung. Eine neue gesellschaftliche Gruppe entstand mit den Rittern. Den Abschluss der Ausbildung dieser berittenen Krieger bildete die Schwertleite. Viele Menschen entschieden sich dafür, als Nonnen und Mönche in Klöstern zu leben, die im Mittelalter auch Zentren des Wissens waren.

**Abb. 4** *Nonnen pflegen kranke Menschen.*

### Wichtige Begriffe
Adel, Bauern, Burg, Dorf, Dreifelderwirtschaft, Grundherrschaft, Hörige, Investitur, Karl der Große, Klerus, Kloster, Lehnswesen, Leibeigene, Pfalzen, Reisekönigtum, Ritter, Ständeordnung, Vasallen

## Mittelalterliche Ständeordnung

**M1** *Aufbau der mittelalterlichen Gesellschaft*

1. Beschreibe mithilfe von M1 den Aufbau der mittelalterlichen Gesellschaft.
2. Die Menschen im Mittelalter gingen davon aus, dass die Einteilung in Stände gottgewollt ist. Erkläre die daraus entstehenden Folgen.

## Lehnswesen und Grundherrschaft

**M2** *Schüttelrätsel*

A) UND – CH - RRS – **GR** – HE – AFT
B) LL - SA – **VA** – EN
C) RI – **HÖ** – GE
D) ISE- ÖNU – **KA** – RKR – NG
E) HN - SWE – **LE** – SEN
F) NE - IBE – **LE** – IGE
G) UE – **BA** – RN

3. Bringe die Silben der gesuchten Begriffe in die richtige Reihenfolge. Die Anfangsbuchstaben sind jeweils fett gedruckt.
4. Vorsicht Fehler! Ein Begriff passt nicht zum Thema. Hast du ihn erkannt?

## Königsherrschaft im Mittelalter

**M3** *Karl der Große (Skulptur aus Bronze, um 870)*

Im Jahr 800 wurde ich ...

Ich beherrsche mein Land als Reisekönig, das heißt ...

5. Übertrage die Sprechblasen und ergänze sie.

## Leben auf dem Land

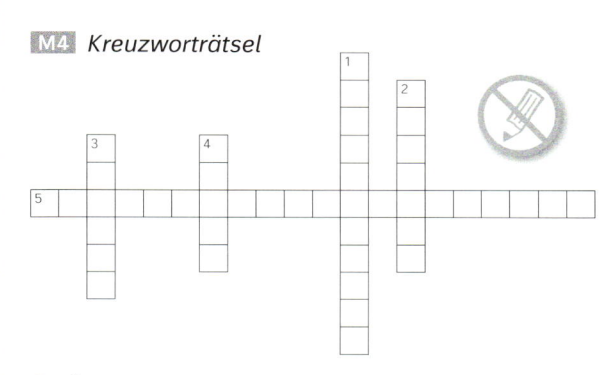

**M4** *Kreuzworträtsel*

6. Übertrage das Kreuzworträtsel und löse es.

**SENKRECHT**
1. Dieser Bauer hatte keine Rechte und keinen Besitz.
2. Diesem Stand gehörten die Bauern an.
3. Dieser Bauer musste für den König in den Krieg ziehen.
4. landwirtschaftliches Gerät zum Feldumgraben

**WAAGERECHT**
5. Diese Bewirtschaftung der Felder führte zu einer besseren Ernte.

Lösungen: *Lerncheck*

## Seite 11

**1 b)** So gehst du vor: Betrachte die einzelnen Abbildungen genau. Überlege, was sie darstellen und welchen Bezug sie zu Geschichte haben könnten. Erstelle z. B. eine Tabelle und ordne deine Antworten ein:

| Persönlichkeiten | Freizeit | Gebäude/Orte |
|---|---|---|
| Arminius | Playmobil | Burg |
| ... | ... | ... |

## Seite 13

**2 b)** Die verschiedenen Quellenarten findest du auf Seite 12. Du kannst eine Tabelle anlegen:

| Quellenart | Quelle |
|---|---|
| Schriftquelle | Zeitung, ... |
| Bildquelle | ... |

**2 c)** Eine Postkarte zeigt auf der Vorderseite meistens ein Bild, auf der Rückseite einen Text. Sie kann also sowohl eine Bildquelle als auch eine Textquelle sein. Versuche diese Erklärung auf andere Quellen aus der Kiste zu übertragen.

**4** Beschreibe die Quelle z. B. hinsichtlich: Aussehen, Funktion, Alter, Herkunft, Fundort und Quellenart. Was erfahren wir durch die Quelle über die Vergangenheit?

## Seite 15

**1** So kannst du beginnen: Ein Museum hat verschiedene Aufgaben. Es vermittelt und informiert die Besucherinnen und Besucher, indem es die ausgestellten Objekte erklärt. ...

**3** 1. Schauen ja, anfassen nein! (1 – c)
2. Gib deine Jacke und Tasche ... (2 – ...)
3. ....

## Seite 17

**2 a)** Du kannst von oben nach unten vorgehen. Benutze z. B. folgende Satzanfänge: Oben ist ein Autoreifen zu sehen. Er steht auf ... Darunter sieht man ... In einer tieferen Erdschicht ... Ganz unten ...

**3** Archäologen graben nicht einfach drauflos. Sie überlegen sich vorher, wo eine geeignete Grabungsstelle sein könnte. Fotos aus der Luft können einen großen Bereich abbilden und Auffälligkeiten zeigen. Erläutere, warum diese Fotos den Archäologen helfen können, die richtige Stelle zum Graben zu finden.

## Seite 19

**1** Benutze z. B. folgende Satzanfänge: Für unsere Vorfahren ... Sie nutzten ... Erst in den Klöstern ... In den Städten gab es schließlich ... Diese signalisierten ... Eine einheitliche Zeit wurde ...

## Seite 21

**3 a)** Du kannst eine Tabelle anlegen:

| Geschichtsepoche | Zeitraum | Merkmale |
|---|---|---|
| Die Vorgeschichte | Beginn vor über 2,5 Millionen Jahren | • Längste Epoche der Menschheitsgeschichte<br>• ... |
| Die Frühgeschichte | ... | ... |

**3 b)** Recherchiere in einer Suchmaschine z. B. folgende Schlagwörter: „Erfindungen im Mittelalter" oder „Persönlichkeiten im Mittelalter".

## Seite 25

**1** Beginne mit der oberen Reihe und arbeite dich nach unten durch. Diese Satzanfänge kannst du nutzen: Luca ist das jüngste Kind von ... Luca und Sophia sind ... Yasmin ist die ... von Ayla.
Gib die Informationen aus dem Stammbaum für jede einzelne Generation und die jeweiligen Verwandtschaftsbeziehungen wieder.
Benutze dafür z. B. die folgenden Begriffe: Geschwister, Schwester, Halbschwester, Bruder, Eltern, Mutter, Vater, Großeltern, Großmutter, Großvater, Urgroßeltern, Urgroßmutter, Urgroßvater, Kinder, Enkel, Urenkel.

## Seite 33

**1 a)** Beginne links. Achte vor allem darauf, wann sich neue Vertreter der Gattung Mensch entwickelt haben (farblich markiert). Achte auch darauf, aus welchen Vertretern sich neue Vertreter herausentwickelt haben (z. B. der

Frühmensch aus dem Vormenschen). Diese Satzanfänge kannst du nutzen: Vor etwa vier Millionen Jahren existierte ... Vor etwa 2,5 Millionen Jahren entwickelte sich dann ...

**2 a)** Schaue dir zunächst an, wo das Ursprungsgebiet des Jetztmenschen liegt (rote Fläche). Von dort gehen rote Pfeile ab. Die Pfeile sind mit Zahlen markiert, die Zahlen bedeuten, wie viele Jahre vor heute der Jetztmensch in dieses Gebiet vorgedrungen ist. Du kannst nach Kontinenten vorgehen (Nach Europa kam der Jetztmensch ... Jahre vor heute). Du kannst auch nach Zahlen vorgehen: Hohe Zahlen bedeuten, dass die Ausbreitung in das Gebiet schon länger her ist. Schaue dir an, wo sich der Jetztmensch zuerst ausgebreitet hat und wo erst später (niedrigere Zahlen).

### Seite 35

**1 a)** So kann deine Tabelle aussehen:

| Körperteil | Verwendungsmöglichkeit |
|---|---|
| 1 Sehnen | B Schnüre, Nähgarn |
| 2 Fell/Haut | ... |
| ... | ... |

**2 a)** Arbeite mit einem aktuellen Atlas. Du brauchst eine Karte, die Europa zeigt. Du kannst dich an Deutschland orientieren, das ist in M2 orange eingekreist. Suche Deutschland auf der Karte im Atlas und finde von dort ausgehend heraus, welche Länder in M2 mit Eis bedeckt waren. Als Orientierung kann auch die heutige Küstenlinie in M2 dienen.

### Seite 41

**1 a)** Wichtige Begriffe sind hier: älteste Jagdwaffen der Menschheit, sorgfältig bearbeitet, Wurfspeere.

**1 c)** Benutze z. B. folgende Satzanfänge: Die Speere zeigen ein großes handwerkliches ... Sie sind vergleichbar mit ... Nur mit Planung und Kommunikation war ...

**3** Wichtige Begriffe sind hier unter anderem: Nahrung, Energie, Gehirn, weiterentwickeln.

### Seite 43

**1 b)** Schau dir die orangenen Punkte an. Sie zeigen einige der Orte, an denen wichtige Funde von Neandertalern gemacht wurden. Arbeite mit einem aktuellen Atlas. Du brauchst eine Karte, die Europa und Asien zeigt.

**1 c)** In der Legende auf der rechten Seite der Karte sind die verschiedenen natürlichen Bedingungen erklärt. Die hellgrüne Farbe beschreibt z. B. Grasland. Schau dir die Legende genau an. Schau im Verbreitungsgebiet des Neandertalers (Aufgabe 1a), welche Darstellungen aus der Legende du dort wiederfindest.

**2 b)** Bei der Recherche ist es wichtig, auf das Datum zu achten. Das findest du meistens zu Beginn oder am Ende des Artikels. Je neuer der Artikel ist, desto aktueller ist wahrscheinlich auch das Forschungsergebnis. Als Stichworte kannst du zum Beispiel „Aussterben Neandertaler" eingeben.

### Seite 45

**1 a)** Wichtige Begriffe sind: rund, schwarzbraun, Beine, Rüssel, Ohren, Schwanz, Rücken
So kannst du anfangen: Das geschnitzte Mammut ist schwarzbraun. Hinten sieht man ... Der Rücken ist ... Vorne ist ... zu erkennen.

**1 b)** Wichtige Begriffe sind hier z. B.: erste vollständige Elfenbeinfigur, klein und detailreich, Steinwerkzeuge, Kunstfertigkeit, hoch entwickelte Kunst.

**2** Zur Begründung musst du in den Quellen und Texten entsprechende Hinweise suchen wie: Tote wurden beerdigt, liebevoll bestattet, Grabbeigaben in Form von Schmuck, Waffen, aufwendige Grabanlagen.
So kannst du beginnen: Die Wissenschaft geht davon aus, dass die Menschen religiöse Vorstellungen hatten, weil sie ihre Toten ...

### Seite 47

**1 a)** Du kannst hier mit einer Tabelle arbeiten, um dir die Vergletscherung und die Vegetationszonen genauer anzusehen:

**Hilfen**

|  | Karte 1 | Karte 2 |
|---|---|---|
| Vergletscherung / heutige Gletscher | Vergletscherung einer großen Fläche im Norden und zum Teil Nord-Westen Europas/ nördlich von Italien | Vereinzelt Gletscher: … |
| Kältesteppe | … | … |
| Nadelwald | … | … |

**1 b)** Das veränderte Klima führte unter anderem dazu, dass es mehr Laubwälder und Landschaften mit Gräsern und Sträuchern gab. Außerdem entstanden Seen und Flüsse durch das Abschmelzen des Eises. Überlege dir, was das für die Jagdmöglichkeiten der Menschen bedeutete.

**2 c)** Benutze z. B. folgende Satzanfänge: Sie sammelten wilde … Durch Beobachtungen erkannten sie … Wildgräser wuchsen auch dort, wo sie Körner … Mit diesem Wissen war …

### Seite 49

**1 c)** Beginne z. B. so: In den drei Zeichnungen sind jeweils drei gleiche, quadratische Flächen (1 km lang – 1 km breit) eingezeichnet. Sie zeigen, wie viele Menschen … Beim Ackerbau sind … Insgesamt wird deutlich, dass …

### Seite 51

**1 a)** Wichtige Begriffe sind hier: Griff, Pflugsohle, Ast. So kannst du beginnen: Links sieht man … Der Griff ist … Unten …

**1 b)** Diese Teile des Pflugs sind für die Erklärung wichtig: Ast – Griff – Pflugsohle.
Diese Aufgaben mussten die einzelnen Teile erfüllen: Ziehen des Pflugs – den Pflug beim Ziehen in den Boden drücken – Bearbeitung und Anritzen des Bodens, um ein Saat-Beet zu schaffen.

**2** Recherchiere in einer Suchmaschine folgendermaßen: „Name des Gerätes und Jungsteinzeit", z. B.: „Sichel und Jungsteinzeit".
Beschreibe das Gerät, erkläre, wozu die Menschen es benutzten, welche Vorteile sie durch das Gerät hatten, …

### Seite 57

**1 c)** Lies in M2 nach, was die Jungsteinzeitmenschen den Verstorbenen als Beigaben mit ins Grab gegeben haben. Wie begründen diese Dinge den Glauben an ein Leben nach dem Tod?

**2 b)** Denke daran, dass es damals keine technischen Geräte wie Kran, Bagger, Flaschenzug, Radlader gab. Beachte das Gewicht, die Größe.

### Seite 59

**1** Du kannst folgende Begriffe benutzen: abkühlen, abschlagen, einfacher, erhitzt, Gesteine

### Seite 65

**2** Beginne z. B. mit: In den Monaten … ist das Wasser sehr niedrig.
Dann kannst du schreiben, wie sich der Wasserstand in den einzelnen Monaten verändert.

**5 a)** Mehr Ellen bedeutet, dass das Wasser des Nils steigt. Bei 12 Ellen ist das Wasser also am niedrigsten, bei 16 Ellen am höchsten. Was passiert, wenn das Wasser steigt?

### Seite 67

**1 c)** Betrachte, wer die Autoren der beiden Quellen sind. Welches Wissen können sie über die Arbeit der Bauern in Ägypten haben? Haben sie die Arbeit der Bauern selbst erlebt? Beziehe ihre Perspektiven in deine Erläuterungen ein.

### Seite 68

**2 a)** Viele Bauern führen dieselben Arbeiten aus. Unterteile die Bauern deshalb in Gruppen und beschreibe nicht jede Person einzeln. Beginne z. B. oben links und arbeite dich Gruppe für Gruppe voran. So kannst du anfangen: Einige Bauern fischen auf dem Fluss. Andere sind damit beschäftigt, … Ein anderer Bauer …

### Seite 71

**2 b)** Du kannst das in einer Tabelle notieren. So kann deine Tabelle aussehen:

| Beruf | Probleme |
|---|---|
| Holzarbeiter | schwere körperliche Arbeit |
| … | … |

## Seite 75

**1** Du kannst die Anleitung in sechs Punkte unterteilen und so beginnen:
1. Die Papyruspflanze wird geschält.
2. Die geschälte Pflanze wird …
3. …

**3** Auf dem Stein von Rosette steht derselbe Text in drei Sprachen. In den Hieroglyphen ist der Name von Pharaonen immer eingekreist. Daher konnte der Name des Pharaos Ptolomaios erkannt werden. Beschreibe, warum das hilfreich war, um auch den Rest des Textes zu entschlüsseln.

## Seite 77

**4** Überlege, welche Dinge alle vorbereitet und ausgeführt werden müssen. Denke hier z. B. an Körperpflege, Kleidung, Schminke, Schmuck …

## Seite 79

**1 a)** Links stehen eine Frau und ein Mann aus einer Bauernfamilie. Rechts stehen eine Frau und ein Mann aus einer Beamtenfamilie. So kannst du anfangen: Die Frau der Bauernfamilie trägt … Der Mann der Bauernfamilie trägt …

**2 a)** Beachte, dass die Frau direkt neben dem Mann auf gleicher Höhe sitzt.

## Seite 81

**1 a)** Beschreibe die Personen(gruppen) nacheinander. Achte dabei auf die Kleidung, die Frisuren und darauf, wo sich die Personen befinden und was sie tun. Beginne z. B. mit den Enkelkindern: Auf der Wandmalerei sind vier Kinder zu sehen. Sie … Außerdem ist eine Frau abgebildet. Sie …

**6** Überlege dir sinnvolle Vergleiche wie Schreibmaterial, Medien, Inhalte, Methoden, Materialien, Maßnahmen. So kann deine Tabelle aussehen:

|  | damals | heute |
|---|---|---|
| Schreibmaterial | Papyrus | Papier |
| Medien | … | … |

## Seite 83

**1 c)** In der Siedlung Deir el-Medina lebten viele Menschen dicht an dicht, während die Menschen in dem Anwesen viel Platz für sich allein hatten. Überlege dir, wie du dich als Bewohner der Siedlung gefühlt hättest. Hättest du auch gerne in einem großen Anwesen gewohnt? Überlege dir, wie du dich als Bewohner des Anwesens gefühlt hättest. Findest du es richtig, dass du so viel Platz hast und andere Menschen sich wenige Zimmer teilen müssen?

## Seite 85

**3** Um die Leistung zu beurteilen, erinnere dich an Folgendes: Die Cheopspyramide ist 146 m hoch, das ist fast so hoch wie der Kölner Dom. Sie ist 230 m lang, das sind ca. zwei Fußballfelder. Die 2,5 Mio. Steinblöcke, die für den Bau benötigt wurden, mussten weit transportiert werden, bis sie bei der Baustelle ankamen. Alles musste mit einfachen Werkzeugen geschafft werden. Kräne oder Maschinen gab es nicht. Die Arbeit war lebensgefährlich, oft kam es zu Unfällen.

## Seite 87

**1 c)** Überlege, was passieren würde, wenn z. B. die Organe nicht entfernt würden. Denke mal an Lebensmittel, die zu lange in der Sonne liegen.

## Seite 89

**1 a)** Du kannst eine Tabelle anlegen, um die Götter zu vergleichen:

| Gott | Aussehen | Aufgabe |
|---|---|---|
| Anubis | Kopf eines Schakals | Gott der Mumifizierung und Wächter der Grabstätten |
| Horus | … | … |

**2** Der Ägypter, der Kritik an den Opfergaben übt, kann z. B. aus einer Familie stammen, die nicht genug zu Essen hat. Wie könnte er es finden, dass viele Lebensmittel, die seiner Familie helfen könnten, dem Tempel geschenkt werden?

## Seite 90

**6** Diese Rollen müssen besetzt werden: Hunefer, Anubis, Thot, Horus, Osiris, Maat, Isis, Nephthys. Ihr könnt euch an den Zahlen 1 – 10 (M4) orientieren.

*Hilfen*

Teilt die einzelnen Rollen unter euch auf. Überlegt euch, was Hunefer aus seinem Leben zu erzählen hat und wie er sich gefühlt haben könnte. Was könnte für die Götter wichtig sein? Geht die einzelnen Schritte der Verhandlung durch und überlegt euch, wie Hunefer und die Götter sich verhalten. Nutzt auch eure Lösung aus Aufgabe 3.

### Seite 95

**2 a)** Beginne in der Mitte der Abbildung und beschreibe zunächst das Schiff und die Menschen, die es beladen. Achte auf Details wie z. B. die Gegenstände, die die Menschen auf das Schiff tragen. Beschreibe anschließend, was noch auf der Abbildung zu sehen ist. So kannst du anfangen: Unter dem Schiff ... Rechts und links vom Schiff ...

**3** Du kannst auch die Karte M2 von Seite 65 nutzen.

**4** Um die Expeditionen beurteilen zu können, erinnere dich an Folgendes: Die Schiffe mussten zunächst gebaut werden, Bauholz musste dafür eine weite Strecke transportiert werden. Anschließend mussten die Schiffe 175 Kilometer weit durch die Wüste transportiert und dafür zunächst auseinandergebaut werden. Die gleiche Strecke mussten die Menschen mit Wasser und Proviant zurücklegen. Dann wurden die Schiffe wieder zusammengebaut. Der Rückweg gestaltete sich ähnlich, nur mussten jetzt zusätzlich alle Dinge transportiert werden, die die Menschen von der Expedition mitbrachten. Dabei gab es keine Transportmittel wie Autos oder Flugzeuge.

### Seite 97

**1** Achte hier besonders auf die Flüsse, die in der Karte eingezeichnet sind.

**2** Überlege dir, welche kulturelle Entwicklung die Abbildungen in M2 zeigen. So zeigt z. B. die Tontafel, dass es in der Hochkultur in Mesopotamien eine Schrift gab und die Errichtung von Bauwerken mithilfe der Schrift berechnet wurde. Die Abbildung der Sonnenuhr zeigt ...

**3** Die Abbildungen in M2 zeigen die Überreste verschiedener Hochkulturen. Dort kannst du eine Hochkultur auswählen, zu der du recherchieren möchtest. Du kannst dein Lernplakat in verschiedene Kategorien unterteilen, z. B. Lage der Hochkultur, Schrift, Bauwerke oder Kunst. Diese Kategorien helfen dir auch bei der Recherche.

### Seite 105

**1 a)** Folgende Formulierungen sind möglich: Im Zentrum der Stadt befindet sich ... Auf der rechten Seite erkennt man ... Daneben steht ... Im Hintergrund ist ... zu sehen.

**1 b)** So kannst du beginnen:
Sehr geehrte Damen und Herren! Ich freue mich, dass Sie sich zu meiner Führung durch das antike Korinth eingefunden haben. Ich werde Ihnen viele interessante Dinge über diese wundervolle Stadt berichten können. Im Augenblick stehen wir vor ...

**2 b)** Gehe chronologisch vor: Was passierte zuerst? Was passierte danach? So kannst du beginnen: Zuerst fuhren zwei Schiffe nach Platea. Dort ... Danach ...

### Seite 109

**1 b)** Zur Erinnerung: Eine Volksherrschaft (Demokratie) bedeutet, dass die Menschen einer Gesellschaft bei politischen Entscheidungen mitbestimmen dürfen. Es gibt also nicht nur einen Herrscher, wie einen König (das wäre eine Monarchie), oder einige wenige Herrscher, wie zum Beispiel reiche Kaufleute (das wäre eine Aristokratie). In einer Volksherrschaft werden die Entscheidungen vom Volk getroffen.

**1 c)** Bedenke, was durch ein Losverfahren gegenüber einer Wahl verhindert werden kann und welche Einflussmöglichkeiten das Verfahren bietet. Überlege gleichzeitig, warum das Amt eines Heerführers nicht ausgelost wurde.

### Seite 113

**1 a)** So kann deine Tabelle aussehen:

| Personengruppe | Zahl |
|---|---|
| Athener Männer | … |
| … | … |
| … | … |
| … | … |
| Gesamt: Bevölkerung Athens | ca. 300 000 |

**3 b)** Überlege dir, welche Rechte ein Athener Bürger und ein Metöke in Griechenland jeweils hatte. Informationen dazu findest du auf Seite 112. Wie könnte sich das auf die Stimmung der beiden auswirken?

**3 c)** Kann Dimitrios die Kritik von Salvo verstehen? Findet er es genauso ungerecht wie Salvo, dass dieser weniger Rechte hat als er? Stimmt Dimitrios Salvo zu oder nicht?

### Seite 115
**2** Bei der Recherche kannst du unter anderem folgende Seiten nutzen:
https://stakijupa.de/
https://www.bpb.de/lernen/angebote/grafstat/partizipation-vor-ort/157328/kinder-und-jugendparlamente/
https://jugendbeteiligung-in-nrw.lwl.org/de/
https://www.dkjgthueringen.de/

### Seite 117
**1 c)** Zur Erinnerung: Mit *oikos* waren alle Personen gemeint, die zusammen in einem Haus lebten. Das können neben Eltern und Kindern auch die Großeltern, die Bediensteten oder Sklaven gewesen sein.

### Seite 119
**2** Pädagogen sind heute z. B. Erzieher oder Lehrkräfte. Überlege, was deren Aufgaben sind und vergleiche mit dem *paidagogos*.
Folgende Formulierungen kannst du verwenden: Ein *paidagogos* war ein …, der die Aufgabe hatte, … Unter einem Pädagogen verstehen wir heute, dass … Beiden ist gemeinsam, dass … Ein heutiger Pädagoge ist aber …

### Seite 121
**1** Folgende Bereiche sind zuzuordnen: Göttin der Schönheit und der Liebe – Gott der Kunst und Musik – Göttin der Jagd – Gott des Meeres – Göttin der Weisheit – Götterbote

**3 c)** Diese Fragen können dir helfen: Ist Zeus mit seiner Wahl zufrieden? Was könnte Prometheus den Menschen noch beigebracht haben und wie könnte Zeus das finden?

### Seite 123
**1 b)** Du solltest folgende Funktionsbereiche bestimmen: Wettkampf – Religion – Verwaltung

**2 b)** Folgende Formulierungen sind möglich:
Der Autor der Quelle 1 ist der Meinung, dass … Der Autor der Quelle 2 vertritt jedoch die Ansicht, dass … Als Begründung führt er an, dass … Seine Meinung begründet er damit, dass …

### Seite 125
**1 a)** Einige Städte waren mehrfach Austragungsort der Olympischen Spiele:
<u>Sommerspiele:</u>
London: 1908 – 1948 – 2012
Paris: 1900 – 1924 – 2024
Athen: 1896 – 2004
Los Angeles: 1932 – 1984
Tokio: 1960 – 2020
<u>Winterspiele:</u>
St. Moritz: 1928 – 1948
Lake Placid: 1932 – 1980
Innsbruck: 1964 – 1976
Peking richtete 2008 die Sommerspiele aus und im Jahr 2022 die Winterspiele.

### Seite 127
**1 a)** Nenne diese Kategorien: Name, Geburtsdatum, Geburtsort, Beruf, Bedeutung für heute.

**1 c)** Nenne diese Kategorien: Name, Geburtsdatum, Geburtsort, Beruf, Lebensstationen, wissenschaftliche Leistungen, Bedeutung für heute. Du kannst unter anderem auswählen: Aristoteles, Platon, Sokrates, Thales, Pythagoras, Euklid, Archimedes, Erathosthenes

Hilfen

**2** Du kannst zum Beispiel eine Tabelle anlegen. So kann deine Tabelle aussehen:

|  | Tragödie | Komödie |
|---|---|---|
| Wirkung |  |  |
| Figuren |  |  |
| Inhalt |  |  |
| Ende |  |  |

### Seite 129

**1** Bei einem Lexikonartikel sind diese Punkte wichtig:
- Definiere den Begriff kurz in einem Satz.
- Gib dann weitere Informationen zu dem Begriff.
- Vermeide Fachbegriffe oder erkläre diese.
- Schreibe sachlich.

**3 a)** Folgende Formulierungen sind möglich: Aufgrund der Abholzung der Wälder kam es zu … Wasser sorgte jetzt dafür, dass … Die Folge war … Noch heute ist zu erkennen, dass …

**3 b)** Du kannst in einer Tabelle die Aussagen zu „früher" und „heute" gegenüberstellen:

|  | früher | heute |
|---|---|---|
| Vegetation |  |  |
| Böden |  |  |
| Folgen |  |  |

### Seite 131

**1 b)** Du kannst in einer Tabelle die Ausbildung von Jungen und Mädchen gegenüberstellen:

|  | Jungen | Mädchen |
|---|---|---|
| Ab welchem Alter? | Ausbildung ab Geburt | Ausbildung ab sieben Jahren |
| Art der Ausbildung | Ausbildung zum Krieger | … |
| Ab 18 Jahren? | … | … |
| Leben als Erwachsene | … | … |

**1 c)** Geschichtsblogs sind Internetseiten, auf denen Menschen, die sich für Geschichte interessieren, ihre Gedanken aufschreiben. Deinen Text könntest du so beginnen:

Wir haben uns heute in der Schule mit dem Leben der Menschen im antiken Sparta beschäftigt. Dabei haben wir erfahren, wie Mädchen und Jungen dort auf ihre künftigen Aufgaben in der Polis vorbereitet wurden. So habe ich mir die Frage gestellt, ob ich gern in Sparta gelebt hätte. Diese Frage möchte ich nun beantworten.

### Seite 133

**1 b)** Liste folgende Stationen auf:
334 v. Chr.: über … bis …
333. v. Chr.: Schlacht bei …
332 v. Chr.: bis nach ….
331 v. Chr.: über … und … bis nach Mesopotamien zur Schlacht bei … und dann in südlicher Richtung weiter entlang der Flüsse … und …
330 v. Chr.: ins Partherreich bis nach …
329 v. Chr.: in der Region des Pamirgebirges und dann in südlicher Richtung weiter bis …
327 v. Chr.: Kriegszüge im Gebiet des …-Gebirges
326 v. Chr.: in südlicher Richtung entlang der Flüsse … und …
325 v. Chr.: Kriegszüge in westlicher Richtung entlang des … Ozeans und am … Golf
324 v. Chr.: erneuter Feldzug im Gebiet der Flüsse … und …
323 v. Chr.: auf diesem Kriegszug starb Alexander in …

**1 c)** Arbeite auch mit einem aktuellen Atlas. Folgende Formulierungen kannst du benutzen: Das Reich Alexander des Großen reichte vom … im Nordwesten bis zum … im Nordosten. Im Südosten dehnte sich das Reich bis zum … aus. Heute befinden sich an der damaligen Ostgrenze folgende Staaten …
Im Südwesten reichte das Herrschaftsgebiet bis in das heutige …

**2 b)** Wichtige Begriffe sind hier: brutaler Besserwisser, Schummler, unbeirrbarer Eroberer, pragmatisch, entschlossen.
So kannst du anfangen: Alexander wird in dem Artikel als … beschrieben. Es werden verschiedene Sichtweisen dargestellt: …

### Seite 141

**1 c)** Wichtige Begriffe: Sumpfgebiete, Tiber, Furt, Handelsweg.
Diese geografischen Besonderheiten waren für Rom von Vorteil. Schaue im Informationskasten nach, warum.

**2** Überlege zunächst, was auf der Münze und dem Foto der Street Art zu sehen ist. Warum wollten die Ersteller der Münze bzw. des Kunstwerks genau diese Szene abbilden?

### Seite 147

**2** Plinius der Ältere zählt zehn Dinge auf, die einen hoch angesehenen Patrizier ausmachen. Du kannst diese in einer Liste notieren:
1. der erste Krieger sein
2. der beste Redner sein
3. ...

### Seite 149

**1** Beginne deine Beschreibung oben links. Beschreibe zunächst den Senat und die Regierungsämter und wie diese mit dem Diktator zusammenhängen. Beschreibe anschließend die Volksversammlung und die Plebejerversammlung und wie diese über die Volkstribunen und Wahlen mit der obersten Regierungsebene verknüpft sind. Gehe abschließend auf die Frauen, Fremden und Sklaven ein.
Folgende Satzanfänge kannst du benutzen: Der Senat besteht aus ... Die Regierungsämter sind ... Sie wählen in Notzeiten ... Die Plebejerversammlung wählt ... Zur Volksversammlung gehören ... Keine politische Macht hatten ...

**3 a)** Folgende Begriffe helfen dir: Stimmtafel, Wahlurne, Wähler, Kasten.

### Seite 151

**1 a)** Sueton kritisiert verschiedene Verhaltensweisen Caesars. Wichtige Begriffe sind z. B.: Ehren/Ehrungen – Ämter – Senatoren.
So kannst du beginnen: Sueton kritisiert zunächst, dass Caesar ...

**3 b)** Achte auf die Worte, mit denen Tacitus die Handlungen von Augustus beschreibt: an sich nehmen, beseitigen, Knechtschaft. Sind diese Worte eher positiv oder eher negativ? Was sagt das über Tacitus' Bewertung des Augustus aus?

**4** Nutze deine Ergebnisse aus den Aufgaben 2b und 3b. So kannst du beginnen: Augustus beschreibt sich selbst als ... Tacitus hingegen sieht ihn eher ...

### Seite 153

**3** Beziehe deine Auswertung der Quelle und deinen Vergleich aus Aufgabe 3 mit ein. Stelle dir folgende Fragen: Wie glaubwürdig ist die Quelle? Was sagen andere Quellen über die Person Augustus? Wie möchte sich ein Herrscher selbst darstellen, welche Ziele verfolgt er damit?

### Seite 159

**2** Zum Vergleichen kannst du folgende Punkte verwenden:
- Wie ist die Örtlichkeit der Schule? Wo liegt sie?
- Wie sieht der Bau aus? Was für Räume gibt es?
- Anzahl der Schülerinnen und Schüler insgesamt.
- Gibt es so etwas wie eine Klasse?
- Welches Unterrichtsmaterial wird benutzt?
- Welche Rolle hat der Lehrer/die Lehrerin?
- Welche Unterrichtsformen gibt es?

Lege hierzu eine Tabelle an, um einen besseren Überblick zu erstellen. So kannst du vorgehen:

|  | Schule im alten Rom | Schule heute |
|---|---|---|
| Örtlichkeit der Schule | Gebäude mit Säulengang und Hof mit Sandboden | ... |
| Unterrichts-material | Schriftrollen, Wachstafeln, Griffel | ... |
| ... | ... | ... |

### Seite 161

**3** Diese Fragen können dir helfen: Wie hat Augustus die Stadt laut Sueton übernommen? Wie hat

**Hilfen**

er sie laut Sueton hinterlassen? Nutze auch den Infokasten zu „Marmor".

### Seite 166

**1 a)** Du kannst von innen nach außen vorgehen und dich an den Nummern orientieren. Diese Formulierungen kannst du nutzen: In der Mitte des Kolosseums war … Rechts davon … Die Ein- und Ausgänge waren … Ganz oben …

**1 b)** Eine Idee für ein Gebäude aus der heutigen Zeit findest du z. B. auf Seite 138: das Fußballstadion von Borussia Dortmund. Du kannst die Gebäude in einer Tabelle vergleichen und zum Beispiel diese Kategorien verwenden:

|  | Kolosseum | Gebäude heute |
|---|---|---|
| Sitzplätze |  |  |
| Logen |  |  |
| Innenraum |  |  |
| Dach |  |  |
| … |  |  |

### Seite 174

**3** Diese Begriffe sind z. B. wichtig: Wichtigkeit der Angelegenheit – Ausrüstung – Zustimmung/Ablehnung – …

### Seite 175

**5 a)** Du kannst die Beschreibungen in zwei Kategorien unterteilen:
1. Aussehen/Körperbau
2. Charaktereigenschaften

**5 c)** Tacitus war ein römischer Historiker, Seneca war ein römischer Politiker. Beziehe die Herkunft der beiden in deine Vermutungen mit ein.

### Seite 177

**2** Wichtige Begriffe sind hier z. B.: Grenzanlagen – Kastelle – Grenzübergänge – Handelsplätze.

### Seite 179

**2** Diese Kategorien kannst du zum Vergleichen nutzen: Wasserversorgung – Tempel – Ort für Feste – Paläste – Thermen – Ort für Unterhaltung/Freizeitaktivitäten – Anbindungen an den Handel – Schutz der Stadt.

### Seite 181

**3** Denke hier vor allem an die Verwaltung: Die war für das große Reich nicht mehr ausreichend. Auch die Sicherung der Grenzen wurde immer schwieriger.

### Seite 183

**1** Diese Informationen könnt ihr z. B. recherchieren: In welchem heutigen Land Europas steht das Bauwerk? – Alter des Bauwerks – Größe des Bauwerks – Entstehung – frühere Nutzung des Bauwerks – Nutzung des Bauwerks heute.

### Seite 189

**4** Überlege dir, welche Aufgaben der dritte Stand erfüllte. Was würde passieren, wenn er seiner Aufgabe nicht mehr nachkäme? Schau dir noch einmal den Text und die Abbildung 1 auf der Seite 188 genauer an.

### Seite 191

**1** Beginne oben und beschreibe zunächst den König und seine Verbindung zu den Kronvasallen. Beschreibe dann die Kronvasallen und ihre Verbindung zu den Untervasallen. So kannst du anfangen: Der König ist … Er verleiht … und bietet … Die Kronvasallen sind … Sie verleihen … Die Untervasallen …

**3** Schlüpft für die Diskussion in eine bestimmte Rolle. Wählt euch hierzu eine Person aus der Lehnspyramide aus. Diese Rollen müssen besetzt werden: König, Kronvasallen, Untervasallen. Schaut euch die gelben Pfeile und Kästen in M1 genau an, um die Vorteile zu erarbeiten.

### Seite 193

**2** Beschreibe hierfür die einzelnen Gruppen nacheinander. Beginne z. B. links mit den freien Bauern. Wichtig sind die Bildunterschriften und die Beschriftung des Pfeils, der von den Bauern zum Grundherrn zeigt.

### Seite 195

**1 c)** Zur Erinnerung: Wenn der König zu einer Pfalz reiste, begleitete ihn sein Hofstaat, das konnten über 100 Personen sein. Diese mussten alle verpflegt werden. Schaue dir außerdem die Zahlen 1–7 (M1) an. Was musste in den einzelnen Bereichen der Pfalz vorbereitet werden? (Beispiel: Die Unterkünfte für die Bediensteten mussten für den Hofstaat des Königs hergerichtet werden.)

## Seite 197

**2** Gehe besonders auf das Aussehen, die Eigenschaften und die Kleidung Karls des Großen ein.

## Seite 199

**3** Im frühen Mittelalter wurde im Fränkischen Reich der Königstitel über das Erbe vom Vater an den Sohn weitergegeben. Wie war es später?

## Seite 201

**2** Wiederhole hier zunächst, welche Grundsätze der Papst in M2 festlegt. Sind diese mit M1 vereinbar? Sieh dir hierzu in M1 genau an, wer hier einen Bischof in das Amt einsetzt.

## Seite 203

**1 c)** Überlege dir, ob alle Arbeiten zu jeder Jahreszeit ausgeführt werden können. Wie sah es beispielsweise im Winter mit der Feldarbeit aus? Als Hilfe kannst du dir den Text auf Seite 202 noch einmal anschauen.

## Seite 205

**1 a)** Diese Fragen können dir helfen: Wie viele Felder sind auf den Schaubildern jeweils zu sehen? Was wird auf den Feldern angebaut? Wie viel Korn wird pro Jahr geerntet? Du kannst für den Vergleich als Hilfe auch eine Tabelle anlegen:

|  | Zweifelderwirtschaft | Dreifelderwirtschaft |
| --- | --- | --- |
| Anzahl der Felder | zwei | drei |
| Nutzung der Felder | Sommergetreide, Brache | ... |
| Geerntetes Korn pro Jahr | ... | ... |

## Seite 209

**1** Mögliche Gedanken eines Arbeiters: müde/kaputt, anstrengende Arbeit, gefährlich, guter Fortschritt, ...

Mögliche Gedanken eines Aufsehers: gut im Zeitplan, Probleme bei der Beschaffung von Material, hoffentlich klappt alles wie geplant, ...

## Seite 213

**1 b)** Überlege dir, wie das Leben eines Ritters nach dem Ende seiner Ausbildung aussah. Welche Dinge musste er dafür besonders gut beherrschen? Schaue zur Erinnerung noch einmal in den Text auf Seite 212.

**3** Überlege dir, wo du mit der Beschreibung anfängst. Gehe z. B. von oben nach unten vor. So kannst du beginnen: Oben im Bild sieht man ... Darunter sind ... abgebildet. Unten links sind ... zu sehen.

## Seite 217

**1** Überlege dir, wo du mit der Beschreibung anfängst, z. B. beginnst du mit dem Vordergrund und beschreibst dann, was im Hintergrund zu sehen ist. So kannst du anfangen: Im Vordergrund des Bildes sind ... zu sehen. Links im Bild ist ... abgebildet. Im Hintergrund ...

## Seite 218

**3 b)** Du kannst folgende Tabelle anlegen:

| Religiöse Aufgaben | Wirtschaftliche Aufgaben | Wissenschaftliche Aufgaben |
| --- | --- | --- |
| Kirche | Bäckerei | äußere Schule |
| ... | ... | ... |

## Seite 219

**6 c)** Überlege, wie viel Zeit die Mönche mit dem Beten verbracht haben (Aufgabe 5). Überlege dir, wofür du in deinem Leben viel Zeit investierst. Übst du zum Beispiel oft ein Musikinstrument oder verbringst du viel Zeit beim Sport? Überlege, welche Bedeutung diese Sachen für dich haben und was das für die Bedeutung des Betens für die Mönche bedeuten könnte.

Arbeitstechniken

# Eine Mindmap erstellen

Eine Mindmap ist eine Landkarte deiner Gedanken. Hier kannst du alles, was dir zu einem Thema einfällt, notieren und Gedanken durch Linien und Pfeile miteinander verbinden. So entsteht eine bildliche Darstellung zu einem bestimmten Thema.

Eine Mindmap hilft dir dabei, noch unbekannte Texte oder Themen besser zu verstehen und einzuordnen. Durch die Methode kannst du ganz einfach auch schwere Texte für dich strukturieren. Dabei verbindest du den Text mit deinen Gedanken. Am Ende erhältst du eine Übersicht, mit der du das Thema besser verstehen kannst.

**1. Schritt: Mindmap beginnen**
- Nimm ein weißes Blatt Papier, am besten mindestens in DIN-A4-Größe. Lege es im Querformat vor dich.
- Schreibe das Thema der Mindmap in einen Kreis in die Mitte des Blattes (Mittelkreis).

**2. Schritt: Unterthemen anlegen**
- Zeichne vom Mittelkreis aus mehrere Linien. Dort notierst du dann deine Unterthemen.
- Achte darauf, dass du die Unterthemen übersichtlich um deinen Mittelkreis verteilst und genug Platz zwischen den einzelnen Unterthemen lässt.
- Du kannst auch unterschiedliche Farben für die Unterthemen nutzen.
- Verwende eindeutige Stichwörter und schreibe sauber und ordentlich.

**3. Schritt: Mindmap weiter verzweigen**
- Wenn dir etwas einfällt, das zu einem der Unterthemen passt, so ziehst du von diesem Unterthema wieder eine Linie. Am Ende dieser Linie schreibst du das neue Stichwort auf.
- Die bereits notierten Stichwörter und die Verbindungen zwischen den Stichwörtern werden dir immer wieder neue Ideen geben. So verzweigt sich deine Mindmap immer weiter.

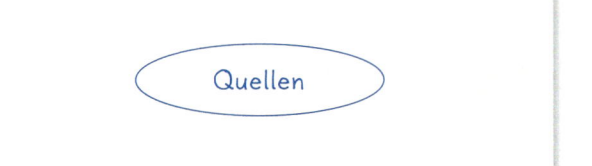

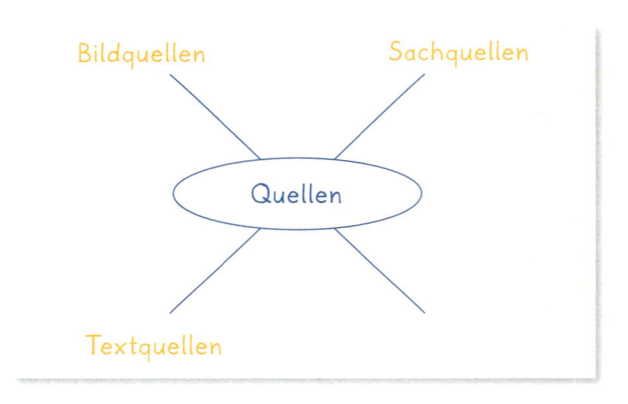

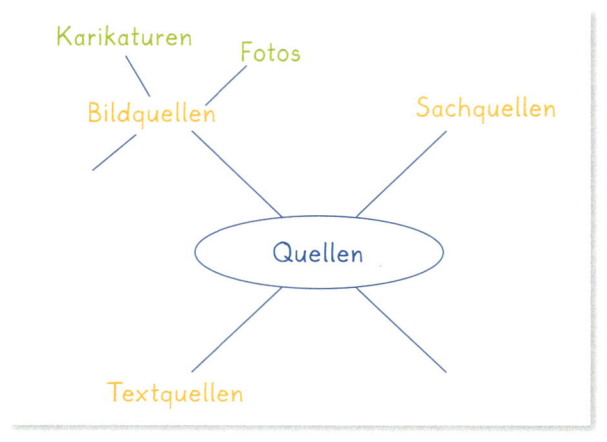

*Beispielmindmap zum Thema Geschichtsquellen*

Arbeitstechniken

# Im Internet recherchieren

Du hast bestimmt schon einmal im Internet nachgeschaut, wenn du eine Frage hattest. Auch wenn du Informationen für eine Hausaufgabe suchst, recherchierst du. Vielleicht ist dir aufgefallen, dass es sehr viele Informationen im Internet gibt. Schnell verliert man die Übersicht. Hier lernst du, wie du bei deiner Informationssuche den Überblick behältst.

### 1. Schritt: Thema eingrenzen
- Überlege dir genau, wonach du suchen möchtest. Je genauer dein Thema ist, desto besser kannst du Informationen finden.
- Notiere dir **Schlagwörter**, die dein Thema beschreiben. Diese kannst du nutzen, um in der Suchmaschine Ergebnisse zu finden. Willst du etwa einen Vortrag über das Thema „Die Volksherrschaft in Athen" halten, können dir die folgenden Schlagwörter helfen:

> **Thema:** „Die Volksherrschaft in Athen"
> **Schlagwörter:**
> - Athen
> - Demokratie
> - Volksversammlung
> - Rat der 500
> - Scherbengericht

### 2. Schritt: Suchmaschine benutzen
- Wähle nun eine **Suchmaschine** aus. Es gibt besondere Suchmaschinen für Kinder, die dir bei deiner Suche helfen.
- Jetzt gibst du deinen **Suchbegriff** in die Suchleiste ein und klickst auf den „Suchen"-Knopf.
- Zeigt dir die Suchmaschine sehr viele Informationen an, wird es unübersichtlich. Kombiniere deine notierten Schlagwörter miteinander. Dann werden die **Ergebnisse** genauer und passender zu deinem Thema.
- Oft sind die von dir gefundenen Inhalte schwierig zu verstehen. Es hilft, wenn du zusätzliche Begriffe wie „leicht verständlich" oder „einfach erklärt" in die Suchmaschine eingibst.
Beispiel: „Demokratie einfach erklärt".

### 3. Schritt: Suchergebnisse auswerten
- Nun solltest du dir genau anschauen, wo du deine Informationen gefunden hast. Besonders bei Beiträgen von Privatpersonen in Sozialen Medien ist Vorsicht geboten.
- Die folgenden Dinge können ein Hinweis darauf sein, dass du deiner Quelle vertrauen kannst:
  – Die Webseite enthält keine Rechtschreibfehler.
  – Die Informationen auf der Webseite sind aktuell.
  – Du erkennst, wer die Webseite betreibt, und hast auch die Möglichkeit Kontakt aufzunehmen.
  – Es gibt keine oder nur wenig Werbung.
  – Wenn du passende Informationen gefunden hast, speichere sie in einem Dokument oder Ordner ab. So findest du sie schneller wieder. Wichtig: Schreibe dir dazu, wo du die Informationen gefunden hast.

### 4. Schritt: Informationen aufbereiten
- Nachdem du nun viele Informationen gesammelt hast, musst du diese in deinen eigenen Worten zusammenfassen. Schreibe es nicht einfach ab, sondern erkläre es so, dass du es selbst verstehen kannst.
- Deine Ergebnisse können in unterschiedlicher Form präsentiert werden:
  – als Referat
  – als Plakat
  – als digitale Präsentation
  – als eigenes Erklärvideo

Kooperative Lernformen

### Think – Pair – Share
*Kooperatives Lernen in einem 3-Schritt-System, Austausch von Ideen und Gedanken*

1. Nachdenken:
   Denkt in Einzelarbeit über die Aufgabe nach, löst sie und macht euch Notizen.
2. Austauschen:
   Stellt eure Lösungen einander vor, lernt die Lösung des anderen kennen.
3. Stellt euch gegenseitig Fragen und tauscht euch aus. Notiert dann ein gemeinsames Ergebnis.
4. Vorstellen:
   Stellt die gemeinsame Lösung in der Klasse vor, lernt weitere Lösungen kennen und vergleicht sie wieder mit der eigenen Lösung.

### Bushaltestelle (Lerntempoduett)
*Lernen in individuellem Tempo mit kooperativem Austausch*

1. Jede Schülerin und jeder Schüler bearbeitet die Aufgabe zunächst in Einzelarbeit.
2. Wenn jemand fertig ist, steht sie oder er auf und wartet auf die nächste Person, die fertig ist.
3. Beide Schüler vergleichen ihre Ergebnisse. Sie sind nun ein Expertenpaar.
4. Eine Wiederholung dieses Ablaufs mit weiteren Aufgabenstellungen ist möglich.

Zur Durchführung des Lerntempoduetts kann ein fester Treffpunkt im Klassenraum vereinbart und mit einem Schild als Bushaltestelle markiert werden.

### Partnervortrag
*Vergleich und Vorstellung von Ideen, Materialien, Ergebnissen*

1. Lest die Aufgabenstellung.
   Arbeitet in Einzelarbeit einen Vortrag aus.
2. Setzt euch zu zweit zusammen und einigt euch, wer zuerst Sprecherin oder Sprecher ist und wer zuhört.
3. Die Zuhörerin oder der Zuhörer hört aufmerksam zu und wiederholt dann das Erzählte. Die Sprecherin oder der Sprecher achtet darauf, ob der Vortrag vollständig und richtig wiedergegeben wird.
4. Danach wechselt ihr die Rollen.

### Galeriegang
*Präsentation von Gruppenergebnissen*

1. Bildet möglichst gleich große Gruppen.
2. Jede Gruppe bearbeitet ein anderes Thema.
3. Anschließend werden die Gruppen neu zusammengesetzt: Aus jeder alten Gruppe wechselt ein Experte in eine neue Gruppe.
4. Die Gruppen wandern von Station zu Station. Dort präsentiert eine Expertin oder ein Experte die Ergebnisse und beantwortet Fragen.

## Kooperative Lernformen

### Stühletausch

*Vergleich und Vorstellung von Ideen, Materialien, Ergebnissen, gemeinsame Auswertung*

1. Jeder Schüler löst die gestellte Aufgabe und legt sein Ergebnisblatt auf seinen Stuhl.
2. Nun sucht sich jeder Schüler einen anderen Stuhl und liest das dort ausgelegte Ergebnis. Dann notiert er eine Rückmeldung.
3. Jeder geht auf seinen Platz zurück und prüft die Rückmeldung zu seiner Lösung.
4. Gemeinsam wird in der Klasse ein auswertendes Gespräch geführt.

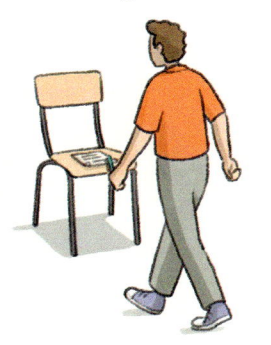

### Placemat

*Zusammenführen von individuellen Gedanken als Gesprächsanlass, um zu einem Gruppenprodukt zu kommen*

1. Ein Blatt wird entsprechend der Anzahl an Diskutierenden in gleich große Felder aufgeteilt. In der Mitte bleibt ein Feld für die Ergebnisse frei. Jeder schreibt seine Ergebnisse zum Arbeitsauftrag in ein Außenfeld.
2. Diese Ergebnisse werden anschließend in der Gruppe besprochen.
3. In der Mitte wird dann das übereinstimmende Arbeitsergebnis notiert.
4. Die Gruppe stellt ihre Ergebnisse vor.

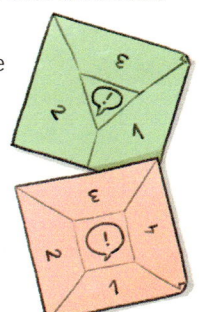

### Bienenkorb

*Austausch von Informationen*

1. Findet euch mit euren Sitznachbarinnen und -nachbarn zu zweit oder zu mehreren zusammen.
2. Tauscht euch gemeinsam zur jeweiligen Fragestellung aus: Sammelt Ideen und Lösungsvorschläge oder vergleicht vorhandene Ergebnisse.
3. Sprecht anschließend gemeinsam in der Klasse.

### Partnerabfrage

*Vergleich von Ideen, Materialien, Ergebnissen, Aktivierung und Festigung des Gelernten durch Formulieren und Beantworten von Fragen*

1. Findet euch mit einer Partnerin oder einem Partner zusammen.
2. Bearbeitet zunächst die vorgegebene Aufgabe allein.
3. Formuliert ausgehend von eurer Lösung verschiedene Fragen, die ihr eurem Partner stellen könnt.
4. Fragt euch nun mit euren Fragen gegenseitig ab. Wechselt nach jeder Frage.
   Derjenige, der eine Frage stellt, kann Hinweise und Tipps geben. Nachdem die Frage beantwortet wurde, liest derjenige, der die Frage gestellt hat, seine Antwort noch einmal vor.

## Kooperative Lernformen

### Fishbowl

*Diskussionsform eines Themas in einer Kleingruppe, während eine Großgruppe zuhört und sich beteiligen kann*

1. Die Arbeitsgruppe setzt sich in einen inneren Stuhlkreis und diskutiert ein Thema/Problem. Ein Stuhl bleibt für einen Gast frei.
2. Die übrigen Schüler/-innen sitzen in einem äußeren Stuhlkreis und hören zu.
   Die Gruppe im Innenkreis stellt ihre Arbeitsergebnisse vor.
3. Die Zuhörer/-innen im Außenkreis können sich am Gespräch beteiligen. Wer mitdiskutieren möchte, setzt sich als Gast auf den freien Stuhl bei der Arbeitsgruppe und äußert seinen Beitrag. Danach verlässt er oder sie den Innenkreis und setzt sich wieder auf seinen ursprünglichen Platz.
4. Andere, die nicht mehr mitdiskutieren möchten, können aussteigen und sich ebenfalls in den Außenkreis setzen. Zum Abschluss erfolgt eine Reflexion des Gesagten.

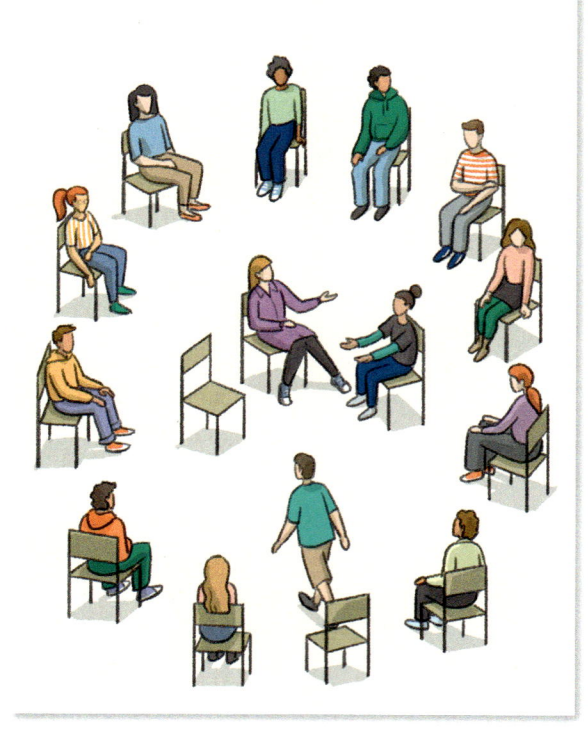

### Marktplatz

*Austausch von Informationen und Meinungen*

1. Geht im Raum umher, bis ihr ein Signal von der Lehrkraft bekommt.
2. Bleibt dann stehen und besprecht mit der Person, die euch am nächsten steht, eure Aufgabe. Beim nächsten Signal geht ihr wieder weiter.
3. Wenn erneut das Signal erklingt, bleibt ihr wieder stehen und sprecht mit einer Person.

### Kugellager

*Vergleich und Vorstellung von Ideen, Materialien, Meinungen, Hausaufgaben, Ergebnissen einer Einzelarbeit*

1. Teilt euch in zwei Gruppen. Bildet dann einen inneren und einen äußeren Stuhlkreis. Eine Person aus dem Innenkreis und die Person gegenüber aus dem Außenkreis bilden Gesprächspartner/-innen.
2. Der Schüler bzw. die Schülerin aus dem Außenkreis stellt Fragen, die Person aus dem Innenkreis beantwortet sie.
3. Die Gesprächspartner/-innen wechseln, indem der Außenkreis sich einen Platz weiterbewegt. Jetzt stellt die Person aus dem Innenkreis ihre Fragen und die zugehörige Person im Außenkreis beantwortet sie.
4. Der Platz- und Rollenwechsel wird zwei- bis dreimal wiederholt.

## Kooperative Lernformen

### Gruppenpuzzle

*gegenseitige Präsentation von Gruppenergebnissen, Bearbeitung von jeweils einem anderen Themenbereich*

1. In der Stammgruppe:
   In der ersten Arbeitsphase bearbeitet jeder aus der Stammgruppe allein ein bestimmtes Teilthema der Aufgabe. Nach Beendigung der Arbeit bereitet ihr Stichpunkte zu eurem Teilthema für die Expertengruppe vor.
2. In der Expertengruppe:
   Ihr bildet nun neue Gruppen, zu jedem Teilthema eine. In diesen Expertengruppen finden sich diejenigen zusammen, die zuvor das betreffende Teilthema bearbeitet haben. Ihr diskutiert über die in der ersten Phase erarbeiteten Inhalte eures Teilthemas und vertieft sie. Eure Ergebnisse haltet ihr schriftlich fest, um im Anschluss die Mitglieder eurer Stammgruppe informieren zu können.
3. Rückkehr in die Stammgruppe:
   In der dritten Gruppenarbeitsphase kehrt ihr wieder in eure Stammgruppe zurück, um euer in den Expertengruppen erworbenes Wissen zu eurem Teilthema zu präsentieren.
4. Wertet in einem offenen Klassengespräch die inhaltlichen Ergebnisse eurer Arbeit aus.

### Partnerpuzzle

*intensives Erfassen eines Themas durch gegenseitiges Erklären und Unterstützen*

1. Bildet 4er-Gruppen, in denen sich jeweils zwei als Partner zusammenfinden (A+A und B+B).
2. Jede Gruppe beschäftigt sich mit zwei Aufgaben, wobei A+A und B+B jeweils die gleiche Aufgabe bearbeiten. Zunächst arbeitet jeder allein an seiner Aufgabe.
3. A+A und B+B sprechen nach einer zuvor vereinbarten Zeit miteinander über ihr Thema. Dabei könnt ihr euch über offene Fragen austauschen oder Fehler korrigieren.
4. Nun arbeiten jeweils A+B und A+B zusammen. Stellt euch gegenseitig die Ergebnisse eurer vorherigen Partnerarbeit vor. Jeder ist einmal Experte und einmal Zuhörer.

### Graffiti

*Vorwissen oder bereits Gelerntes sammeln, strukturieren und visualisieren*

1. Bildet so viele Gruppen, wie es Aufgaben gibt. Jede Gruppe erhält einen Arbeitsauftrag und einen Papierbogen.
2. Jede Gruppe beginnt mit ihrer Aufgabe. Jedes Gruppenmitglied schreibt seine Ideen/Gedanken zu der Aufgabe auf und achtet nicht darauf, was die anderen schreiben.
3. Nach einer gewissen Zeit wechselt ihr an einen anderen Gruppentisch und notiert dort eure Ideen. Ihr wechselt so lange die Tische, bis ihr wieder an dem eigenen ankommt.
4. Lest alle auf dem Bogen stehenden Ideen, ordnet sie, fasst die Ergebnisse zusammen und stellt sie der Klasse vor.

# Textquellenverzeichnis

**Kapitel 1: Geschichte – dein neues Fach**

**S. 19, M1:** Die Geschichte der Uhrzeit. https://www.dhm.de/blog/2016/10/28/die-geschichte-der-uhrzeit/ (Zugriff: 10.9.2024).

**S. 21, M2:** Kircher-Kannemann, Anja: Kultur – Gedanken, Ideen und Fragen. https://tour-de-kultur.de/2019/07/09/kultur-gedanken-ideen-und-fragen/ (Zugriff: 10.9.2024).

**Kapitel 2: Leben in der Vorgeschichte**

**S. 41, M2:** Älteste Speere der Welt erhalten neues Zuhause. Neues Forschungs- und Erlebniszentrum soll am Fundort der Schöninger Speere entstehen. https://www.archaeologie-online.de/nachrichten/aelteste-speere-der-welt-erhalten-neues-zuhause-1421/ (Zugriff: 10.9.2014).

**S. 41, M4:** Lamm, Lisa: 800 000 Jahre alte Spuren des Feuermachens gefunden. https://www.nationalgeographic.de/geschichte-und-kultur/2022/07/800000-jahre-alte-spuren-des-feuermachens-gefunden (Zugriff: 10.9.2024).

**S. 43, M2:** Osterkamp, Jan: Starb der Neandertaler einfach so aus? https://www.spektrum.de/news/starb-der-neandertaler-einfach-so-aus/1688798 (Zugriff: 10.9.2024).

**S. 45, M2:** Ausgrabungen am Vogelherd liefern neue Kunstwerke aus der Eiszeit. https://www.archaeologie-online.de/nachrichten/ausgrabungen-am-vogelherd-liefern-neue-kunstwerke-aus-der-eiszeit-635/ (Zugriff: 10.9.2024).

**S. 45, M4:** Altsteinzeitliche Säuglingsgräber lassen soziologische Rückschlüsse zu. „Erstaunlich feinfühlig": Liebevolle Bestattung scheint kein Sonderfall, sondern die Regel gewesen zu sein. https://www.derstandard.at/story/2660763/altsteinzeitliche-saeuglingsgraeber-lassen-soziologische-rueckschluesse-zu (Zugriff: 10.9.2024).

**S. 47, M2:** Sohnemann, Julia: Wie der Mensch zur Landwirtschaft kam. https://www.faz.net/aktuell/wissen/erde-klima/archaeologie-wie-der-mensch-zur-landwirtschaft-kam-1174720.html (Zugriff: 10.9.2024).

**S. 49, M1:** Es gibt keine „Wiege der Landwirtschaft". https://sciencev2.orf.at/stories/1720792/index.html (Zugriff: 10.9.2024).

**S. 53, M1:** Stang, Michael: Vor 90 Jahren. Entdeckung des Pflugs von Walle. https://www.deutschlandfunk.de/vor-90-jahren-entdeckung-des-pflugs-von-walle-100.html (Zugriff: 10.9.2024).

**S. 57, M2:** Was ist eigentlich Megalithkultur? Trichterbecher, Teufelswerk und Totenkult – Mythos Großsteingrab. https://strassedermegalithkultur.de/de/was-ist-eigentlich-megalithkultur#:~:text=In%20der%20Jungsteinzeit%20waren%20Gro%C3%9Fsteingr%C3%A4ber%20f%C3%BCr%20die%20meisten,konnte%20Skelettreste%20von%20bis%20zu%20150%20Individuen%20enthalten. (Zugriff: 10.9.2024).

**Kapitel 3: Das alte Ägypten – eine Hochkultur**

**S. 65, M3:** Tondok, Wil: Ägypten individuell. Tondok, München 2011, S. 180.

**S. 67, M1:** Assmann, Jan: Ägyptische Hymnen und Gebete. Vandenhoeck & Ruprecht, Saint-Paul/Zürich 1975, S. 500 ff.

**S. 67, M2:** Ranke, Hermann (Hg.): Ägypten und ägyptisches Leben im Altertum. Gerstenberg Verlag, Hildesheim 1987, S. 532.

**S. 71, M2:** von Bissing, Friedrich Wilhelm (Hg.): Alt-ägyptische Weisheit. Artemis Verlag, Zürich 1955, S. 57 f.

**S. 77, M2:** Schlott, Karin: Wachsköpfe für die Ewigkeit. https://www.spektrum.de/news/wachskoepfe-fuer-die-ewigkeit/1692120 (Zugriff: 10.9.2024).

**S. 79, M3:** Brunner, Helmut (Hg.): Altägyptische Weisheit. Lehren für das Leben, übers. von Helmut Brunner. Artemis Verlag, Zürich/München 1988, S. 199 f.

**S. 81, M4:** Schreiber. https://www.medu-netscher.de/schreiber/ (Zugriff: 10.9.2024).

**S. 87, M1:** Herodot von Halikarnass: Band 1, Buch 2, Kap. 86 – 88. Zit. nach Geschichten und Geschichte, Bd. 1, übers. von Walter Marg. Artemis Verlag, Zürich/München 1973, S. 164 f.

**S. 89, M2:** Booth, Charlotte: Das Alte Ägypten für Dummies. Lernen Sie Hieroglyphen entziffern und entdecken Sie die wunderbare Welt der Pharaonen. Wiley-VCH, Weinheim 2008, S. 42.

**S. 91, M5:** Schlögel, Hermann (Hg.): Das Alte Ägypten. C.H. Beck, München 2006, S. 52.

**S. 95, M1:** Franz, Angelika: Das sagenhafte Goldland Punt. https://www.wissenschaft.de/geschichte-archaeologie/das-sagenhafte-goldland-punt/ (Zugriff: 10.9.2024).

**Kapitel 4: Das antike Griechenland**

**S. 105, M2:** Herodot: Historien IV, 151, Deutsche Gesamtausgabe, übers. von August Horneffer, neu hrsg. von Hans Wilhelm Haussig. Kröner Verlag, Stuttgart 1955, S. 307 f.

**S. 109, M2:** Thukydides: Der Peloponnesische Krieg, hrsg. und übers. von Georg Landmann. 3. Aufl. Duden/Cornelsen Verlag, Düsseldorf 2010, S. 113.

**S. 113, M2:** Wagner Hasel, Beate: Das antike Griechenland. Diesterweg, Frankfurt/M. 1988, S. 114 f.

**S. 115, M1:** Meller Kreisblatt, 8.3.2023.

**S. 115, M2:** Waffeln für den guten Zweck. Jugendparlament spendet Einnahmen von Bodensee-Weihnacht an Häfler Tafel. https://www.wochenblatt-news.de/region-bodensee/friedrichshafen/jugendparlament-spendet-einnahmen-von-bodensee-weihnacht-an-haefler-tafel/ (Zugriff: 11.9.2024).

# Textquellenverzeichnis

**S. 115, M3:** Ostthüringer Zeitung, 23.1.2023.

**S. 115, M4:** Westdeutsche Zeitung, 28.1.2023

**S. 115, M5:** Westfälische Rundschau, 3.2.2023.

**S. 123, M2:** Lautemann, Wolfgang / Schlenke, Manfred: Geschichte in Quellen, Bd. 1. Altertum. Bayer. Schulbuchverlag, München 1978, S. 126.

**S. 123, M3:** Curtius, Ernst / Hürlimann, Martin / Ascherfeld, Jürgen: Olympia: mit ausgewählten Texten von Pindar, Pausansias, Lukian. Atlantis Verlag, Berlin 1935, S. 125.

**S. 127, M3:** Traurig oder lustig: das griechische Theater. https://www.kinderzeitmaschine.de/antike/griechen/lucys-wissensbox/kunst-und-architektur/traurig-oder-lustig-das-griechische-theater/ (Zugriff: 11.9.2024).

**S. 129, M2:** Garbrecht, Günther: Wasser. Vorrat, Bedarf und Nutzung in Geschichte und Gegenwart. Rowohlt, Reinbek 1985, S. 101 f.

**S. 133, M3:** Sepehr, Jana: Zack, fertig!; in: Spiegel Geschichte (3/2018), S. 62.

## Kapitel 5: Imperium Romanum

**S. 147, M2:** Gehrke, Hans-Joachim / Schneider, Helmuth: Geschichte der Antike. Ein Studienbuch. Metzler Verlag, Stuttgart 2019, S. 209.

**S. 151, M1:** Suetonius Vol. I. De Vita Caesarum Libri, übers. von Westermann-Autor. B. G. Teubner, Stuttgart 1958, S. 76 ff.

**S. 151, M3:** Lautemann, Wolfgang / Schlenke, Manfred: Geschichte in Quellen, Bd. 1. Altertum. Bayer. Schulbuchverlag, München 1978, S. 563.

**S. 153, M2:** Meine Taten / Res gestae divi Augusti, übers. und hrsg. von Ekkehard Weber. Artemis und Winkler Verlag, Düsseldorf / Zürich 2004, S. 41 f.

**S. 153, M3:** Augustus, lateinisch / deutsch, übers. von Dietmar Schmitz. Reclam Verlag, Stuttgart 1988, S. 21 ff.

**S. 159, M2:** Lautemann, Wolfgang / Schlenke, Manfred: Geschichte in Quellen, Bd. 1. Altertum. Bayer. Schulbuchverlag, München 1978, S. 462.

**S. 161, M2:** Weeber, Karl-Wilhelm: Das antike Rom. Eine Kulturgeschichte in zeitgenössischen Quellen. WBG Verlag, Darmstadt 2017, S. 312.

**S. 169, M7:** Ebenda, S. 31.

**S. 169, M8:** Decker, Georg Jacob: Die Satiren des Decimus Junius Juvenalis in einer erklärenden Übersetzung. https://digital.slub-dresden.de/werkansicht/dlf/69231/7 (Zugriff: 11.9.2024).

**S. 174, M2:** Germania, lateinisch / deutsch, übers. von Manfred Fuhrmann. Reclam, Stuttgart 1978, S. 5.

**S. 175, M4:** Ebenda, S. 9, 31.

**S. 175, M5:** Lautemann, Wolfgang / Schlenke, Manfred: Geschichte in Quellen, Bd. 1. Altertum. Bayer. Schulbuch-Verlag, München 1975, S. 883.

**S. 181, M1:** Ebenda, S. 790.

**S. 181, M2:** Ebenda, S. 794.

## Kapitel 6: Lebenswelten im Mittelalter

**S. 189, M1:** Schmid, Heinz Dieter (Hg.): Fragen an die Geschichte. Bd. 2. Hirschgraben-Verlag, Frankfurt/ M. 1975, S. 15.

**S. 191, M2:** Koschorrek, Walter: Der Sachsenspiegel in Bildern. Insel Verlag, Frankfurt/ M. 1976, S. 118 f.

**S. 193, M2:** Franz, Günther: Quellen zur Geschichte des deutschen Bauernstandes im Mittelalter. Wissenschaftliche Buchgesellschaft, Darmstadt 1967, S. 111/113.

**S. 197, M2:** Einhard: Vita Caroli Magni. Das Leben Karls des Großen, übers. von Evelyn Scherabon Firchow. Reclam, Stuttgart 1981, S. 7.

**S. 199, M2:** Borstelmann, Arne: Voraussetzungen im mittelalterlichen römisch-deutschen Reich. Zit. nach: Praxis Geschichte (1/2011), S. 20.

**S. 199, M3:** Hartmann, Wilfried / Müller, Rainer A. (Hg.): Deutsche Geschichte in Quellen und Darstellung. Band 1: Frühes und hohes Mittelalter 750 – 1250. Reclam, Stuttgart 1995, S. 158 ff.

**S. 201, M2:** Ebenda, S. 294 ff.

**S. 203, M2:** Günther, Franz: Quellen zur Geschichte des deutschen Bauernstandes in der Neuzeit, Bd. 1. Wissenschaftliche Buchgesellschaft, Darmstadt 1963, S. 3.

**S. 209, M2:** Borst, Arno: Lebensformen im Mittelalter. Ungekürzte Ausgabe. 14. Auflage. Ullstein, Frankfurt/ M. 1995, S. 174 f.

**S. 213, M1:** Bumke, Joachim: Höfische Kultur. Literatur und Gesellschaft im hohen Mittelalter, Bd. 2. dtv Verlagsgesellschaft, München 1986, S. 431 ff.

**S. 213, M4:** Liebeslieder aus dem Codex Manesse, zit: https://www.ub.uni-heidelberg.de/ausstellungen/manesse/exponate/lieder/reinmar.html#:~:text=Gepriesen%20du,%20%E2%80%9AFrau%E2%80%99,%20was%20f%... ein%20makelloses%20Wort!%20Wie (Zugriff: 26.9.2...

**S. 219, M8:** Ziti. nach: Quellen zur Alltagsgeschichte... Hochmittelalter, erster Teil, Darmstadt 2003, Seit... u. übersetzt von Ulrich Nonn.

# Bildquellenverzeichnis

|action press, Hamburg: VPS Agency 124.1, 136.1. |akg-images GmbH, Berlin: Titel, 3.2, 4.2, 27.1, 31.1, 38.1, 44.1, 71.2, 86.1, 102.1, 109.1, 122.1, 122.2, 125.2, 125.4, 135.1, 135.2, 135.3, 135.4, 135.5, 135.6, 135.7, 148.1, 166.2, 170.3, 189.1, 190.1, 192.1, 194.1, 199.1, 201.1, 209.1, 213.1, 216.1, 220.2, 220.3, 220.4; archaeologyillustrated.com, Balogh, Balage 123.1; Balage Balogh/archaeologyillustrated.com 126.1; British Library 188.1, 206.1, 217.1, 220.1; Connolly, Peter 110.1, 110.2, 111.1, 160.1, 164.1, 166.1; De Agostini Picture Lib./G. Dagli Orti 127.2, 136.3; De Agostini Picture Lib./W. Buss 89.9; Erich Lessing 132.1; Heine, Heiner 198.1; Held, André 154.1; Henn, Evelyn 57.4; Hervé Champollion 80.1; Jemolo, Andrea 88.1; Lessing, Erich 67.1, 67.2, 67.3, 67.4, 67.5, 71.1, 76.1, 79.2, 81.1, 87.1, 91.1, 97.1, 100.3, 116.1, 127.1, 185.2; Mondadori Portfolio/Anelli, Sergio 141.1; MPortfolio / Electa 157.1; P. Connolly 142.1, 184.1; Schütze / Rodemann 56.1. |Alamy Stock Photo, Abingdon/Oxfordshire: Album/British Library 202.1; Burch, Robert 94.1; de Pompeis, Luigi de 144.1; Diegues, Georges 141.2; EmmePi Travel 185.1; Ermis, Kelly 183.3; Gerald, Eddie 101.1; Hergenhan, Georg 40.1; Heritage Image Partnership Ltd 53.2, 204.1; Horree, Peter 70.1, 100.4; imageBROKER.com GmbH & Co. KG 82.1, 140.1; Jimlop collection 201.2; Lombardo, Giuseppe 24.1; PAINTING 207.1; Penta Springs Limited 61.2; PRISMA ARCHIVO 6.1, 186.1; public domain sourced/access rights from Cultural Archive 152.1, public domain sourced/access rights from History and Art Collection 199.2; public domain sourced/access rights from WBC ART 97.3; Reddy, Simon 12.1; Ritterbach, Juergen 183.6; Rodgers, Gina 127.3; Science History Images 77.1; shapencolour 156.1; The Protected Art Archive 219.4; World History Archive 58.1, 217.4; World of Triss 95.1. |Alamy Stock Photo (RMB), Abingdon/Oxfordshire: Arco Images GmbH 61.1; ART Collection 150.1, 184.2; Dale, Veryan 11.3; Heritage Image Partnership Ltd 213.2; jackie ellia 87.3; Kurmis, Mindaugas 29.4; Masterpics 87.2; REDA &CO srl 64.1; robertharding 151.1; Skyscan Photolibrary 183.5; The Picture Art Collection 125.3. |Antikenmuseum Basel und Sammlung Ludwig, Basel: 81.2. | archeoParc Schnalstal, Senales: 53.4. |Asmodee GmbH, Essen: 215.6. |Barth, Wera, Rangsdorf: 92.1; Spangenberg, F. 93.1. |bpk-Bildagentur, Berlin: 29.2, 29.3, 75.7, 217.2; Münzkabinett, SMB/Sonnenwald, Dirk 149.2; RMN - Grand Palais/Berizzi, Jean-Gilles 221.2; RMN - Grand Palais/Jean Schormans 52.1; RMN/Les frères Chuzeville 158.1; Scala 161.1; SMB/Ägyptisches Museum und Papyrussammlung/M. Büsing 97.2; SMB/Antikensammlung/J. Laurentius 118.1. |Bridgeman Images, Berlin: 165.2; Bibliotheque de L'Arsenal, Paris 196.1; British Library, London 217.3; © British Library Board. All Rights Reserved 221.1; ©Mimmo Frassineti/AGF/Leemage 165.1. |Diaz, Danae, Stuttgart: 219.2, 219.3, 219.5, 219.6, 232.1, 234.1, 234.2, 234.3, 234.4, 235.1, 235.2, 235.3, 235.4, 236.1, 236.2, 236.3, 237.1, 237.2. |Dinter, Stefanie, Nürnberg: 214.1. |EA Games, Redwood City, CA: The Sims and screenshots of it are licensed property of Electronic Arts, Inc. 215.5. |fotolia.com, New York: Antje Lindert-Rottke 11.1; Arpingstone 97.4; Boehmer, Oliver 233.1; Ergler, Anja 218.1; S. Körber 183.4; sborisov 5.1, 139.1. |Getty Images, München: De Agostini Editorial 105.1. |Getty Images (RF), München: Rakusen, Monty 10.1; The Image Bank Unreleased/Greuel, Jorg 20.1. |Gottschild, Denise, Meuselwitz: 22.1, 23.1, 23.2, 23.3. |Heimatfilm GmbH + CO KG, Köln: Zorro Medien GmbH 215.3. |Herzog August Bibliothek, Wolfenbüttel: Cod. Guelf. 3.1 Aug. folio 10r (public domain) 200.1. |Historisches Museum der Stadt Aurich, Aurich: 53.1. |HüttenWerke, Klaus Kühner, Hamburg: 1, 180.1, 181.1. |Imago Editorial, Berlin: Schöning 3.1, 9.1. |Institut für Ur- und Frühgeschichte und Archäologie des Mittelalters - Universität Tübingen, Tübingen: Foto: Hilde Jensen, Copyright: Universität Tübingen 45.1. |Interfoto, München: 39.1; mova/Barbara Boensch 27.2; PHOTOAISA 34.1, 60.2. |iStockphoto.com, Calgary: daverhead 182.1; Florent 128.1; rmcguirk 215.4; roman_slavik 63.1; sculpies 4.1, 62.1; Vallenari, Flavio 215.2; WitR 84.1, 100.2. |Klingeberg, Berlin: 134.2, 134.3. |Kock, Hauke, Kiel: 13.1, 17.1, 19.1, 19.2, 19.3, 19.4, 19.5, 32.1, 35.1, 41.2, 41.3, 45.2, 48.1, 57.2, 57.3, 59.1, 59.3, 59.4, 66.1, 68.1, 75.1, 75.2, 75.3, 75.4, 75.5, 75.6, 78.1, 79.1, 81.3, 83.1, 85.1, 87.4, 89.1, 89.4, 89.5, 89.6, 89.7, 89.8, 108.1, 112.1, 113.1, 117.1, 119.1, 119.2, 121.1, 129.1, 131.1, 136.2, 145.1, 146.1, 155.2, 155.3, 155.4, 159.1, 168.1, 172.1, 173.1, 175.1, 177.1, 195.1., 210.1 |Kriek, Mikko: 178.1. |Landesmuseum, Oldenburg: Fotograf: Wolfgang Kehmeier, Titel: Nachbau eines jungsteinzeitlichen Wagens 53.3. Werbeagentur GmbH, Hemmingen: 75.8. |Limesmuseum, Aalen: 176.1. |Lohse, Ulrike, Diepersdorf: 99.1. |mbH, Mittenwald: age 33.4; AGF / Mahaux Charles 120.1; Fancy 11.7. |Niedersächsisches Landesamt für ver: Volker Minkus 41.1. |Österreichische Nationalbibliothek, Wien: Cod. 2580 fol. 199v 203.1. |Pankratz, 54.1, 54.2, 55.1, 55.2, 55.3. |Picture-Alliance GmbH, Frankfurt a.M.: 43.1, 130.1, 133.1; akg-images/ 16.1; blickwinkel/S. Ziese 11.4; DigVentures/Cover Images 8.1; dpa 21.3, 125.1; dpa/G. Breloer 1.2; dpa/Jensen, Rainer 15.2; dpa/Katja Lenz/Wissenschaftliche Rekonstruktionen: 33.3; dpa/ atja /Wissenschaftliche Rekonstruktionen: W.Schnaubelt/N.Kieser (Wildlife Art) für Hessisches 5; dpa/Roessler, Boris 115.2; dpa/Sauer, Stefan 103.1; DUMONT Bildarchiv/Frank Heuer 162.1; Goldmann, Ralph 11.5; Hackenberg, Rainer 14.1, 28.1; imageBROKER/Boensch, Barbara seum Bonn/Atelier WILD LIFE ART/Breitenau/WW 42.1; Warmuth, Angelika 114.1. |PLAY- & Co. KG, Zirndorf: 11.9. |Riediger, Achim, Paderborn: 26.1. |Römisch-Germanisches IA¦3D 179.1. |Shutterstock.com, New York: bbernard 30.1; D-VISIONS 183.2; kavram 38.1; Sergii_Petruk 187.1; Vlas Telino studio 183.1. |Song, Baoquan/Ruhr-Universität Frithjof, Konstanz: 170.1, 170.2, 170.4, 170.5. |Staatsbibliothek, Bamberg: Msc. ichshafen, Friedrichshafen: 115.1. |stock.adobe.com, Dublin: Annas, Karin & Uwe enza, Nicola Titel, 21.5; Honcharuk, Valerii 29.1; Karin & Uwe Annas 7.1, 98.1; SLOFF VERLAG, Nürnberg: WAS IST WAS Band 58 Wikinger, Copyright © 2016 2. |Visum Foto GmbH, Asbach: euroluftbild.de 21.4. |Waibel-Gassert, Kirsten, chland e.V., Berlin: Meersdonk, F./CC BY-SA 4.0 27.3. |Wildermuth, Werner, 9.3, 59.2, 72.1, 73.1, 98.3, 108.1, 113.1, 134.1, 147.1, 149.1, 163.1, 167.1, 1. |© dtv Verlagsgesellschaft mbH & Co. KG, München: Claudia Frieser: ISBN 978-3-423-71277-4, Umschlagbild: Constanze Spengler 215.1.